Paul Stoller
Cheryl Olkes

»Im Schatten der Zauberer«

Aus dem Englischen von
Kristian Lutze

Paul Stoller
Cheryl Olkes

»Im Schatten der Zauberer«

PIET MEYER VERLAG

Die englische Erstausgabe dieses Buches erschien 1987. Bereits damals hatten sich die Zustände in Niger und in ganz Afrika gegenüber den Jahren 1976 bis 1984, in denen Paul Stoller und Cheryl Olkes ihre hier beschriebenen Reisen machten, stark verändert. In der vorliegenden Ausgabe wurden ihre Schilderungen unverändert belassen, sodass das »Heute« des Erzählers als 1987 gedacht werden muss.

Originalausgabe: *In Sorcery's Shadow. A Memoir of Apprenticeship among the Songhay of Niger*
Licensed by The University of Chicago Press, Chicago, Illinois, USA

Bundu si te kaare
»Ein schwimmender Baumstamm
wird nie ein Krokodil sein.«

SONGHAI-SPRICHWORT

»... während wir wohl die gerade breite Straße
vor uns sehen, sie aber freilich
nicht benutzen können,
weil sie permanent gesperrt ist.«

WITTGENSTEIN

Inhalt

IV. 1982–83

V. 1984

Vorwort

Von 1976 bis 1984 war ich Lehrling mehrerer Songhai-Zauberer, die in den Dörfern Méhana und Tillabéri in der Republik Niger leben. Die Songhai bewohnen die Region seit dem 8. Jahrhundert und waren einst kampferprobte Herrscher eines großen und mächtigen Reiches; heute* bauen sie Hirse und Reis für den eigenen Bedarf an. Meine Lehre, die sich über fünf Feldforschungsaufenthalte erstreckte, führte mich auch nach Wanzerbe, einem Ort im entlegenen nordwestlichen Winkel von Niger. Die Bewohner Wanzerbes, die meisten von ihnen Nachfahren von Sonni Al Ber (1463–1491), dem magischen König des Songhai-Reiches, werden für ihre besonderen Fähigkeiten in der Zauberei geachtet und gefürchtet.

Als Lehrling lernte ich magische Beschwörungsformeln auswendig, nahm die Initiationsspeisen zu mir und war indirekt an einem Akt der Zauberei beteiligt, der zur vorübergehenden Gesichtslähmung eines Menschen führte. Als ich tiefer in die Welt der Songhai-Zauberei eindrang, wurde ich von anderen Zauberern angegriffen, was bei einem der Angriffe zu einer vorübergehenden Lähmung meiner Beine führte. Nach dieser Erfahrung im Jahr 1979 lernte ich, die Pulver zu essen und die Objekte am Körper zu tragen, die

* Gemeint sind die 1970er- und frühen 1980er-Jahre, als Paul Stoller und Cheryl Olkes die in diesem Buch beschriebenen Reisen unternahmen.

mich vor solchen Ereignissen schützen würden. So fühlte ich mich sicher genug, erneut in den Niger zu reisen, um meine Lehre fortzusetzen. Nach dem gemeinsamen Aufenthalt im Niger mit Cheryl Olkes 1984 konnte ich diese persönliche Suche nach Erkenntnis und Macht nicht mehr fortsetzen; die Welt, die ich betreten hatte, war zu sehr Teil von mir geworden.

Die Darstellung der Zauberei

Die Erfahrungen, die ich als Lehrling gemacht habe, sind keineswegs einzigartig. Es ist sogar sehr wahrscheinlich, dass Zauberer Ethnologinnen und Ethnologen in anderen Gesellschaften angegriffen haben. Trotzdem sprechen Kolleginnen und Kollegen, die Beobachtungen oder Erfahrungen außerhalb der Rationalität gemacht haben, eher selten darüber – wenn überhaupt, dann beim Essen oder bei einem Drink. Eine ernsthafte ethnologische Diskussion des Außergewöhnlichen dringt tatsächlich nur selten aus der Bar oder dem Restaurant hinaus (wie etwa in Jeanne Favret-Saadas *Die Wörter, der Zauber, der Tod – Der Hexenglaube im Hainland von Westfrankreich* oder Larry Peters *Ecstasy and Healing in Nepal*). Im Rahmen offizieller Äußerungen erwartet man von Ethnologen, dass sie leidenschaftslos analysieren; Begegnungen mit dem Übernatürlichen sind unwissenschaftlich, deshalb sollen sie nicht Teil des akademischen Diskurses sein. Es gilt als schlicht unangemessen, die Beschaffenheit unseres Herzens und die Ungewissheiten unseres »Blicks« zu offenbaren.

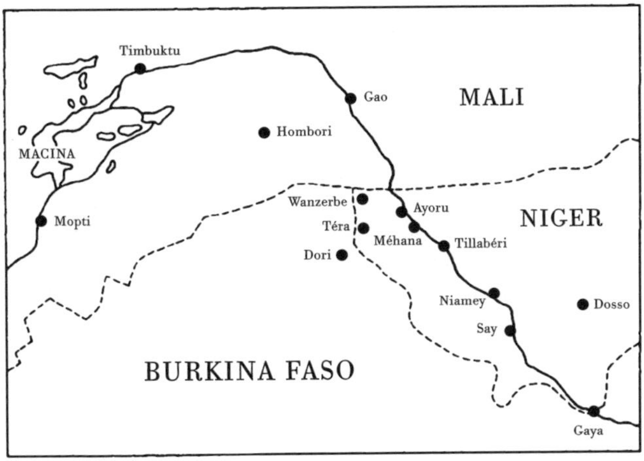

Hauptorte im Gebiet der Songhai

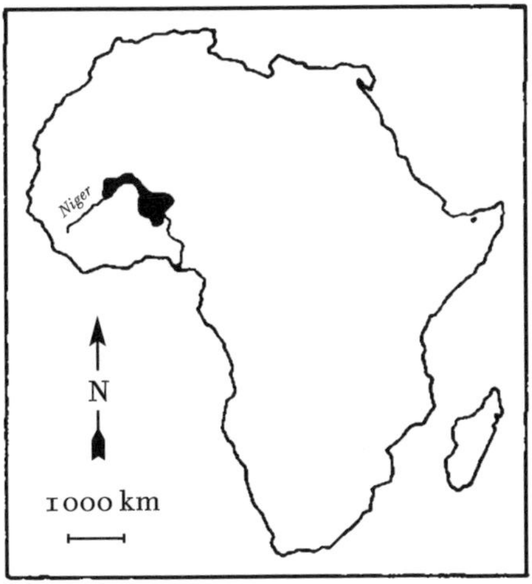

Das Gebiet der Songhai

Sollte ich über meine Lähmung in Wanzerbe schreiben? Sollte ich berichten, wie eine Priesterin Geister geschickt hatte, die mich angreifen sollten? Ist es angemessen, persönliche und bizarre Schilderungen in den ethnologischen Diskurs einzuführen? 1979 habe ich all diese Fragen spontan mit einem emphatischen »Nein!« beantwortet. In meinem ersten Aufsatz über Songhai-Zauberei vermied ich penibel jeden Hinweis darauf, dass ich an viele meiner Informationen als initiierter Lehrling gelangt war. Meine persönliche Verwicklung tauchte nur in einer Fußnote auf, in der ich beschrieb, wie ein Zauberer in der Gemeinde Méhana mich als seinen Schüler angenommen hatte. Warum habe ich mich selbst aus dem Bericht so herausgenommen? Die Antwortet lautet: Weil wir in der Regel nicht das schreiben, was wir schreiben wollen. In meinem Fall hatte ich mich an eine Konvention des ethnografischen Realismus angepasst, nach der der Autor in einem ethnografischen Text möglichst unsichtbar sein sollte. Es gibt viele weitere Konventionen ethnografischer Darstellung, an die sich Ethnologinnen und Ethnologen stillschweigend halten. Mittlerweile haben Autorinnen und Autoren wie Rabinow, Favret-Saada, Crapanzano, Dumont, Riesman und andere in ihren Werken an einigen dieser Konventionen gerüttelt.

In *Kreis der Feuer – Aus dem Leben der Yanomami-Indianer* vermutet Jacques Lizot einen Zusammenhang zwischen der Länge eines Feldforschungsaufenthalts und der Form der Ethnografie, die daraus entsteht. Lizot verbrachte sechs Jahre praktisch ohne Unterbrechung bei den Yanomami-Indianern. Das Ergebnis ist eine Ethnografie in Form von Geschichten über Leben, Tod, Jagd, Liebe und Eifersucht. In diesen Geschichten kommen auch offene Dialoge und lebhafte Schilderungen vor – Techniken, die den Leser in die Welt der Yanomami ziehen.

Wie *Kreis der Feuer* ist auch das vorliegende Buch das Ergebnis einer langen und intensiven Verbindung mit einem Volk, den Songhai in der Republik Niger. Aus persönlichen Gründen wollte Lizot nicht selbst als Figur in seinen Erzählungen über die Yanomami in Erscheinung treten, aber im Vorwort des Buches räumt er seine zentrale Rolle in den beschriebenen Situationen ein. Im vorliegenden Buch trete ich als Figur im Text auf; es ist eine Schilderung meiner Erfahrungen in der Welt der Songhai.

Alle Ethnologinnen und Ethnologen sind Protagonisten in den Berichten über ihre Arbeit. In manchen Geschichten legt es die Form der Erzählung nahe, dass die Erzählerfigur Abstand zum Beschriebenen wahrt, in anderen ist gerade ihre Präsenz Ursprung der narrativen Stärke des Textes. Michel Leiris tritt im Text seines monumentalen *Phantom Afrika* in Erscheinung, einem persönlichen Tagebuch, das gleichzeitig eine Ethnografie darstellt. Das Gleiche könnte man von Favret-Saadas und Contreras *Corps pours Corps*, Reads *The High Valley*, Agees *Preisen will ich die großen Männer* oder sogar Lévi-Strauss' *Traurige Tropen* sagen.

Im Schatten der Zauberei (*In Sorcery's Shadow*) ist ein Memoir, das aus der Atmosphäre und den Stimmen ethnografischer Beobachtungen gestaltet ist. Es ist keine übliche Ethnografie, sondern eine persönliche Erinnerung. In dieser Geschichte gibt es keine Songhai-Informanten; die Menschen sind Individuen, die sehr individuell agieren und reagieren. Durch den gesamten Text zieht sich das Thema der Konfrontation, des Zusammenpralls von zwei verschiedenen Wahrnehmungswelten. Wie weit dürfen wir in unserem Versuch gehen, andere Menschen zu verstehen? Ist es moralisch zu rechtfertigen, dass Wissenschaftler in ihrem Bemühen, etwas über Zauberei zu erfahren, selbst Zauberer werden? Und was ist mit unseren Motiven als Ethnologinnen und Ethnologen? Suchen wir Erkenntnis? Selbstverwirklichung? Macht? *Im Schatten der Zauberei* versucht, auch diesen Fragen nachzugehen.

Struktur und Entstehung dieses Buches

Der vorliegende Text folgt der Chronologie meiner Lehre bei Songhai-Zauberern und ist in fünf Abschnitte unterteilt, die die Ereignisse der Jahre 1976 bis 1977, 1979 bis 1980, 1981, 1982 bis 1983 und 1984 schildern. Ein zentrales Element des Buches sind die vielen Dialoge. Längere Erzählungen wie die von Adamu Jenitongo wurden auf Band aufgenommen und übersetzt. Andere Szenen, in denen Dialoge vorkommen, wurden aus meinen Feldnotizen rekonstruiert. Besondere Ereignisse hielten Cheryl Olkes und ich normalerweise in unseren Notizbüchern fest, inklusive Erinnerungsprotokoll der stattgefundenen Gespräche. Während bestimmter Rituale war es uns nicht möglich, schriftliche Aufzeichnungen zu machen. In diesen Fällen haben wir das Geschehene im Nachhinein festgehalten, sobald wir die Gelegenheit dazu hatten. Natürlich gibt es keine fehlerfreie Methode für die Rekonstruktion persönlicher Erlebnisse. Auf Band mitgeschnittene Gespräche sind besser als aus der Erinnerung rekonstruierte. Aber auch aufgezeichnete Gespräche müssen transkribiert und übersetzt werden. Und wie Sprachwissenschaftler nur allzu gut wissen, leiden auch auf der Grundlage von Tonbandaufzeichnungen verschriftlichte Texte an den »Überschwänglichkeiten und Unzulänglichkeiten« der Transkribierenden und Übersetzenden, um Anton Leopold Beckers treffenden Ausdruck zu verwenden.

Je intensiver die Erfahrungen waren, die wir im Feld gemacht haben, desto empfindlicher werden wir gegenüber unseren Rekonstruktionen und distanzierenden Texten. Einige der Figuren in *Im Schatten der Zauberei* kenne ich seit mehr als siebzehn Jahren, andere sind neuere Bekannte. Wir haben gelernt, die Redeweise des jeweils anderen zu verstehen, und wir haben die – guten und schlechten – Motive des jeweils anderen erfahren. Wir waren zufrieden mit- und enttäuscht voneinander, und all diese Erfahrungen sind die Basis unserer Rekonstruktion der Episoden im vorliegenden Buch.

Die Idee für *Im Schatten der Zauberei* hatten die Autoren schon 1981. Nach diversen Fehlversuchen und verworfenen Entwürfen stellten wir im Juni 1984 eine erste Version fertig, die wir jedoch unbefriedigend fanden, weil eine winzige, kaum messbare Zutat fehlte. Nach unserer Rückkehr aus Niger im August 1984 schlug Cheryl Olkes vor, das Manuskript umzuschreiben. In Zusammenarbeit mit Olkes erweiterte ich den Text von *Im Schatten der Zauberei* beträchtlich. Im Winter 1984/85 überarbeitete Olkes wesentliche Passagen. Im Frühjahr 1985 erstellten wir gemeinsam die endgültige Fassung.

Danksagung

Dieses Buch ist das Ergebnis der gemeinsamen Arbeit vieler Menschen. Ohne die Unterstützung zahlreicher Stiftungen und Institutionen hätte ich den Niger nicht bereisen können. Die Feldforschung 1976 bis 1977 wurde durch großzügige Stipendien des Fulbright Doctoral Dissertation Program (G00-76-03659) und der Wenner-Gren Foundation for Anthropological Research (Nr. 3175) finanziert. Die Forschungen im Niger 1979 bis 1980 konnten im Rahmen einer NATO Postdoctoral Fellowship in Science durchgeführt werden. Meine Arbeit bei den Songhai in den Jahren 1981 und 1982 bis 1983 wurde durch Stipendien der American Philosophical Society und der West Chester University ermöglicht, die Feldforschung im Sommer 1984 wieder durch Stipendien der Wenner-Gren Foundation for Anthropological Research und der West Chester University. Meine Mentoren an der University of Texas, Anette B. Weiner und Joel Sherzer, haben mir neben vielem anderen auch beigebracht, wie man einen unterstützungswürdigen Forschungsantrag schreibt. In Niger gilt unser Dank S. E. General Seyni Kountché, Präsident der Republik Niger, für die zahlreichen Genehmigungen zur Durchführung unserer ethnografischen Feldforschungen bei den Songhai. Am Institut de Recherche en Sciences Humaines der Université de Niamey erhielten wir freundliche Ermutigung und Unterstützung von Djouldé Laya, Djibo Hamani und Harouna Sidikou, den ehemaligen Direktoren des Instituts, sowie von Boubé Gado, dem amtierenden Direktor. Nach Monaten im Busch haben uns Jean-François Berger, Tom und Barbara Hale sowie Jim und Heidi Lowenthal in ihre Häuser eingeladen und waren sehr freundlich und gütig zu uns. Paul Riesman, Jeanne Favret-Saada, Martin Murphy, Dan Rose, Judith Gleason,

Jim Fernandez, John Chernoff sowie Theresa und Chris Soufas haben das Manuskript gelesen und kommentiert. Besonders hilfreich waren die Anmerkungen von John Chernoff. Üblicherweise danken Ethnologinnen und Ethnologen in einem eigenen Abschnitt ihren Informanten. Wir hoffen, dass der folgende Text deren Beitrag zu diesem Buch ausreichend deutlich macht.

Personen

IN TILLABÉRI

Adamu Jenitongo	mächtiger Zauberer und ritueller Priester
Kedibo Jenitongo	Schwester von Adamu Jenitongo
Moru Adamu	Sohn von Adamu Jenitongo; Trommler in der Besessenheitstruppe von Tillabéri
Moussa Adamu	Sohn von Adamu Jenitongo; Schneider
Djebo Zeinabou	Ehefrau von Moru Adamu
Djemma	Ehefrau von Adamu Jenitongo
Hadjo	Ehefrau von Adamu Jenitongo, auch bekannt als Moussa Nya (»Moussas Mutter«)
Daouda Godji	Mitglied der Besessenheitstruppe von Tillabéri; spielt die einsaitige Geige
Djingarey Sodje	Zauberer und in Tillabéri stationierter Soldat
Halidou Gasi	Neffe von Adamu Jenitongo und Trommler der Besessenheitstruppe von Tillabéri
Oungunia Harouna	bester Busfahrer in Tillabéri
Salou	ständig betrunkener Vorsteher des Busbahnhofs

IN MÉHANA

Idrissa Dembo	Gärtner und Bauer; Hausmeister des von Paul Stoller leihweise bewohnten Gehöfts
Jitu	Ehefrau von Idrissa Dembo
Harijitu	Tochter von Idrissa Dembo und Jitu
Djibo Mounmouni	*Sorko*, der in Méhana und Namarigungu lebt
Zakaribaba	Kräuterkundiger und Djibo Mounmounis Bruder
Mounmouni Koda	Vater von Djibo Mounmouni und Zakaribaba; gestorben 1980 in Méhana
Maymuna	Ehefrau von Djibo Mounmouni
Moussa Djibo	Beamter, der mittlerweile in Diffa lebt; Cousin von Djibo Mounmouni
Abdu Kano	Ladenbesitzer
Abdoulaye	islamischer Geistlicher (Imam)
Amadu Zima	mächtiger Zauberer und ritueller Priester; verstorben 1984
Bankano	beste Köchin am Westufer des Nigers in der Republik Niger
Fatouma Seyni	Marktfrau und Wahrsagerin
Hamidou	Bootsmann auf dem Niger, der Passagiere von Méhana nach Bonfebba fährt
Mamadou Djamona	Besitzer eines motorisierten Einbaums; verstorben 1984
Tondi Bello	Dorfvorsteher (*Amiru*) von Méhana

IN WANZERBE

Kassey Sohanci	bekannteste Zauberin im westlichen Niger
Hassane Sohanci	Sohn von Kassey Sohanci
Mumay	Tochter von Kassey Sohanci und die beste Köchin in Wanzerbe
Dembo Moussa	Vater von Idrissa Dembo; auch bekannt als Kundiababa
Dunguri	Priesterin und Zauberin
Mossi Sirfi	*Guunu* oder Beschneider von Wanzerbe; verstorben 1984
Djibril	Fahrer auf der Strecke von Dolsul nach Markoy via Wanzerbe

ANDERE

Howa Zima	Priesterin der Besessenheitstruppe in Ayoru; verstorben 1984
Olkes, Cheryl	Ehefrau und Mitarbeiterin von Paul Stoller; Soziologin und Kennerin der Songhai
Stoller, Paul	Ethnologe und langjähriger Kenner der Songhai
Susan	Peace-Corps-Freiwillige, die längere Zeit in Ayoru gelebt hat

I

1976–77

I

Méhana

Endlich verließ der Lkw der alten französischen Marke Berliet die Dünenstraße, um am Westrand des Marktes von Méhana stotternd zum Stehen zu kommen. Ein Kinderschwarm umringte den Laster und rief im Chor: »*Anasara, Anasara*«, das Songhai-Wort für »Europäer«. Unerschrocken öffnete ich die Wagentür und betrat den sandigen Boden. Die Kinder bildeten einen Kreis um mich und starrten mich mit offenem Mund an. In sonorem Tonfall und meinem besten Songhai fragte ich, worin sich Menschen, die andere Menschen anstarrten, von Eseln unterscheiden würden. Dies löste Gelächter bei den Erwachsenen aus, die die Szene beobachteten. Während die Kinder mich, einen der seltenen Weißen in diesen Breiten, weiter angafften, kamen die Älteren näher, stellten sich vor und bekundeten ihre Freude darüber, dass ein *Anasara* so gut Songhai sprach.

»Aber ich kann eigentlich kein Songhai. Ich habe nur ein paar Brocken aufgeschnappt«, widersprach ich.

»Aber ja doch, *Anasara*. Du sprichst es so gut wie ich«, beharrte ein Mann.

»Nein, nein, ich kenne nur wenige Songhai-Wörter.« Die Männer um mich herum lachten erfreut und boten an, mich zu begleiten, als ich den Wunsch äußerte, den Dorfvorsteher Tondi Bello kennenzulernen. Auf dem Weg über den Markt zu seinem Haus begrüßte ich die Menschen auf Songhai, was die meisten verblüffte. Meine Begleiter erklärten ihnen, dass ich ein Weißer sei, der sehr gut Songhai spräche und eine Zeit lang in Méhana bleiben wolle.

An jenem Markttag im August 1976 besuchte ich zwar die Stadt Méhana zum ersten Mal, gleichzeitig war es für mich aber auch eine Rückkehr in das Gebiet der Songhai in der Republik Niger. Fünf Jahre zuvor war ich als Peace-Corps-Freiwilliger in einem Nachbardorf gewesen, hatte gelernt, die Sprache fließend zu sprechen, und dabei auch etwas über die Kultur der Songhai erfahren. Deshalb wusste ich ansatzweise, wie ich mich in ihrer Welt zu bewegen hatte, und sah meiner Einführung in das Leben von Méhana zuversichtlich entgegen.

Der Dorfvorsteher wohnte hinter einer knapp drei Meter hohen Mauer aus Lehmziegeln. Wir öffneten ein Wellblechtor und betraten ein karges Grundstück, das etwas größer als ein Fußballfeld war. Darauf standen drei rechteckige, wie die Mauer aus Lehmziegeln gebaute Häuser mit einer Grundfläche von jeweils etwa drei mal sieben Metern, eins für den Dorfvorsteher und eins für jede seiner beiden Ehefrauen. Der Dorfvorsteher selbst saß mit drei anderen Männern, vor der grellen Sonne der Sahel-Zone geschützt, unter einem Vordach aus Stroh. Als wir näher kamen, brachte einer seiner Diener ein Sitzkissen, während einer meiner Begleiter mich vorstellte.

Ich wandte mich an den Dorfvorsteher: »Ich grüße Sie, *Amiru* Tondi [*Amiru* = Chef/Anführer]. Ich grüße Ihre Frauen, Ihre Brüder und Ihre Schwestern. Ich frage Sie nach Ihrer Gesundheit und der Gesundheit Ihres Haushaltes.«

»Ich grüße dich, *Anasara*. Wie ist deine Gesundheit und die Gesundheit deiner Leute?«

Paul Stoller in Méhana, Niger, 1976
FOTO: ISSIFI DJIBO

»Gottlob geht es allen gut.«

»Gott sei gelobt.« Er fixierte mich mit seinen stechenden schwarzen Augen. »Wie hat ein *Anasara* gelernt, so gut Songhai zu sprechen?«

»Ich spreche es nicht gut. Das bisschen Songhai, das ich kann, habe ich in Tera und Tillabéri gelernt. Ich habe vor sechs Jahren in Tera und vor fünf Jahren in Tillabéri als Lehrer gearbeitet.«

Der *Amiru* trug eine wallende weiße Robe; sein von einem weißen, bis zum Kinn reichenden Turban umkränztes Gesicht wirkte mit den markanten Wangenknochen wie gemeißelt. Er wedelte mit seinem Holzstock. »Warum bist du hierher nach Méhana gekommen?«

»Ich möchte hier leben.«

»Du möchtest hier leben?« Er blickte kurz zu seinen Nachbarn. »Wir hatten noch nie einen *Anasara*, der bei uns gelebt hat. Vor vielen Jahren hat uns einmal ein Franzose besucht, aber noch nie hat ein *Anasara* je in Méhana gelebt.«

»Ich würde gerne hier leben, *Amiru*.«

»Aber warum willst du hier leben?«

»Ich bin gekommen, um ein Buch über die Menschen von Méhana zu schreiben.« Mein Doktorvater hatte mir geraten, ich solle den Leuten erzählen, ich würde ein Buch schreiben, weil sie diese Erklärung verstehen würden.

»Sehr schön.« Er lächelte breit, und seine ebenfalls in weiße Roben gehüllten Nachbarn nickten zustimmend, wie ich hoffte. »Werden wir ein Exemplar dieses Buches bekommen?«

»Oh ja. Ich werde Ihnen wie auch dem Subpräfekten und der Zentralregierung Exemplare schicken.«

Der *Amiru* fuhr sich mit den Fingern durch den Bart. »Sag mir, *Anasara*, warum ...«

»*Amiru*, ich bitte Sie: Nennen Sie mich nicht *Anasara*.«

Der *Amiru* und seine Freunde schwiegen verdutzt.

»Und warum sollen wir dich nicht *Anasara* nennen?«

»Weil *Anasara* weder ein Name noch ein Titel ist. Mich *Anasara* zu nennen ist, als würde ich Sie mit *Boro bi* [Schwarzer Mann] anreden. Würde es Ihnen gefallen, wenn ich bei jeder unserer Begegnungen: ›Hey, *Boro bi*, hey‹ rufen würde?«

Alle Männer lachten laut. »In dem, was du sagst, liegt Wahrheit«, räumte der *Amiru* ein. »Aber wie ist dein Name?«

Ich sagte es ihm.

Der *Amiru* streckte die Hand aus. »Mein Name ist Tondi. Mein Vater heißt Bello.« Auch die anderen Männer stellten sich vor. Darauf wandte sich der *Amiru* wieder an mich: »Wie kannst du hier leben, Monsieur Paul? Wir können dir kein *Anasara*-Haus mit Ventilator und elektrischem Licht bieten. Aber vielleicht kannst du in dem *campement* außerhalb des Dorfs wohnen.«

Einer seiner Begleiter schüttelte den Kopf. »Nein, das *campement* ist zu weit vom Dorf entfernt. Er muss irgendwo hier im Dorf wohnen.«

Ein anderer fragte: »Was ist mit Boulhassanes Gehöft? Steht es leer?«

Der *Amiru* nickte. »Das ist bestimmt gut für dich, Monsieur Paul. Es liegt direkt neben dem Markt in der Ortsmitte.«

Er erhob sich und schlug vor, zum Markt zu gehen, damit ich das Leben der Songhai in all seinen bunten Facetten beobachten konnte. Wir kauften nicht ein, sondern setzten uns am Rand des Marktes auf eine Strohmatte und nahmen die guten Wünsche der Dorfbewohner und -besucher entgegen. Kurz nachdem wir Platz genommen hatten, brach ein Streit zwischen zwei Frauen aus. Die eine hatte die andere beschuldigt, ihr zu wenig Wechselgeld herausgegeben zu haben. Die eine, eine hochgewachsene dünne Frau mit einer Haut, die wirkte, als sei sie eine Nummer zu groß für ihren Körper, begann die andere Frau, die ebenfalls hochgewachsen, aber eher übergewichtig war und bunt gemusterte, neue Kleider trug, zu beschimpfen. Die Dünne zog die Würde von Mutter, Vater, Onkel und Großeltern der Dicken in Zweifel und deutete an, sie wären von einer Eselin empfangen worden. Die beiden Frauen kreischten immer lauter und fuchtelten mit ihren Zeigefingern, als ob sie Säbel wären. Trotzdem unternahm niemand in der Nähe einen Versuch, zwischen den beiden zu vermitteln. Der *Amiru* erklärte mir lächelnd, so etwas geschehe andauernd, vor allem an Markttagen. Plötzlich ließ die dünne Frau ihr Bündel fallen und holte zu einem Schlag aus. Aber ihre Hand fand ihr Ziel nicht, weil sich unvermittelt ein Mann aus der Menge gelöst hatte und die Ohrfeige abfing. Er hielt die Frau fest und führte sie von ihrer Gegnerin weg. Irgendwann beruhigte sich die dünne Frau wieder und verließ den Marktplatz. Ich fragte mich: Konnte es sein, dass die Songhai eine unausgesprochene Regel hatten, nach der es angemessen war, andere zwar verbal, jedoch nicht körperlich anzugreifen?

Der *Amiru* riss mich aus meinem ethnologischen Gedankenspiel. Sein jüngerer Bruder würde mir helfen, mich auf Boulhassanes Gehöft einzurichten, erklärte er mir. Wir holten meine Ausrüstung vom Lkw und baten einige Jugendliche, die in der Nähe standen, sie zum Gehöft zu tragen, wozu sich die Burschen gegen ein kleines Honorar auch bereit erklärten. Boulhassanes Gehöft lag am nördlichen Rand des Marktes direkt gegenüber den von Fliegenschwärmen heimgesuchten Ständen der Metzger. Durch eine grüne Tür in einer gut drei Meter hohen Lehmziegelmauer betraten wir eine riesige Freifläche, auf der nur zwei Häuser und eine kümmerliche Akazie standen. Der Bruder des *Amirus* führte mich zu dem kleineren Haus und stellte mir Idrissa vor, einen kleinen schreckhaften Mann, der Boulhassanes Gehöft bewachte. Wir handelten seinen Monatslohn und die Höhe meiner Miete aus, und ich zog sogleich in das zweite, etwas größere Haus auf dem Gehöft, zwei Zimmer, Lehmboden und ein Dach aus mit Lehm verputzten Ästen. Möbliert war es mit einem Eisenbett samt Strohmatratze, einem wackeligen Klapptisch aus Metall und einem alten Stuhl.

Idrissa führte mich über das Gelände. Die mangelnde Vegetation erklärte er schlicht damit, dass die Erde nicht gut sei. Und der Boden war tatsächlich steinhart.

»Und wo ist das stille Örtchen?«, fragte ich besorgt.

Idrissa wies zum anderen Ende des Gehöfts, doch ich sah nichts. Wir gingen gut fünfzig Meter in diese Richtung, bis wir ein Loch in der Erde neben der Grundstücksmauer erreichten. Die Privatsphäre war durch eine weitere knapp einen Meter hohe Lehmziegelmauer geschützt.

»Ist das auch stabil?«, fragte ich und spähte durch das Loch in eine dem Anschein nach etwa fünf Meter tiefe Grube. »Ich werde nicht hineinfallen, oder?« Der Gestank faulender Exkremente schlug mir entgegen.

»Oh ja«, bestätigte Idrissa meine erste Frage, »sehr stabil. Du wirst schon nicht hineinfallen. Aber komm nachts lieber nicht hierher.«

Das Büro des Ethnologen,
Méhana, Niger, 1976

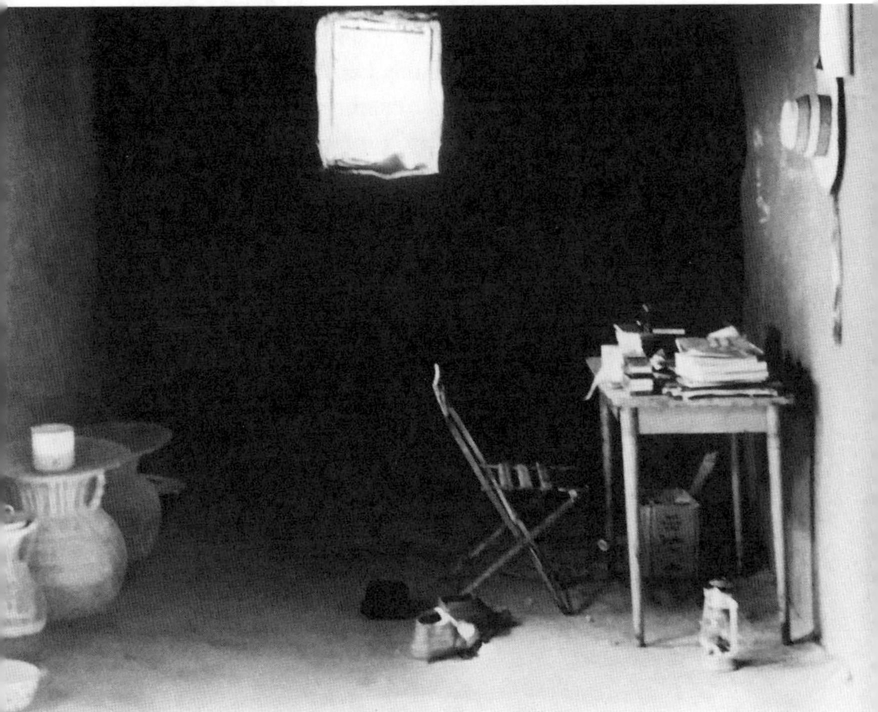

»Nachts?«

»Schlangen.«

»Schlangen!«

»Kobras und Vipern. Und in der Grube leben Fledermäuse. Nachts fliegen sie rein und raus.«

»Großartig! Was kannst du mir sonst noch über dieses Scheißloch sagen?«

»Nichts.«

Ich bat Idrissa zu gehen, weil ich aufs Klo musste. Während ich mich vorbereitete – das heißt, in die Hocke ging, um den Sichtschutz der ein Meter hohen Mauer zu genießen –, hörte ich ein Kichern. Ich blickte auf und sah zwei Jungen und zwei Mädchen, die mich vom Dach eines Nachbarhauses beobachteten. Sie zeigten lachend mit dem Finger auf mich, und ich konnte deutlich das Wort »*Anasara*« verstehen. Die Aussicht, tagsüber beobachtet und nachts von Schlangen gebissen zu werden, begeisterte mich wenig. Aber ich war entschlossen, also ignorierte ich die Kinder und verrichtete mein Geschäft. Als ich fertig war, stand ich auf und starrte die belustigten Kinder böse an, bis sie ihren Beobachtungsposten auf dem Dach räumten. Danach kehrte ich mit einem Triumphgefühl in mein neues Haus zurück: Ich hatte nicht nur meine stockende Verdauung, sondern auch die Nachbarskinder bezwungen. Vielleicht ein gutes Omen für meine Arbeit in Méhana.

2

Eine Lehre für den Forschenden

Nach nur wenigen Tagen der Eingewöhnung begann ich meine Forschungsarbeit. Ich wollte die Beziehung zwischen Sprachgebrauch und lokaler Politik bei den Songhai untersuchen. Dafür musste ich als Erstes einen Katalog von Fragen über Einstellungen zur Sprache erstellen, den ich dann sorgfältig ausgewählten Probanden vorlegen konnte.

Ich entwarf einen Fragebogen mit zwanzig Punkten und führte eine Probebefragung durch. Da keiner der Befragten Probleme hatte, die Fragen zu beantworten, verfolgte ich meinen Plan weiter, die Dorfbewohner zu interviewen. Ich wusste aufgrund meiner bisherigen Erfahrungen mit den Songhai, dass bei den notwendigen Vorbereitungen der Umfrage einiges an diplomatischem Geschick erforderlich sein würde. Deshalb suchte ich zuerst *Amiru* Tondi Bello auf, der auch sehr erfreut war, mich zu sehen. Er gab mir seinen Segen für mein Projekt, empfahl mir jedoch, auch die *Amirus* der acht Viertel von Méhana zu besuchen, bevor ich Leute dort befragte. Da jeder dieser Besuche zu einer längeren Unterhaltung ausartete, brauchte ich drei Tage, um alle acht *Amirus* aufzusuchen. Schließlich war ich so weit. Nach dieser Erfahrung hätte ich eigentlich darauf vorbereitet sein müssen, dass aus jedem Interview ein längerer Besuch werden würde, sodass ich nur sechs solcher Interviews am Tag durchführen konnte: Es dauerte mehr als einen Monat, bis ich die angestrebten einhundertachzig Befragungen durchgeführt hatte. So analysierte ich schon während der Befragungsphase die bereits gesammelten Daten und entdeckte bald, dass Mehrsprachigkeit weit häufiger verbreitet war, als ich es erwartet hatte. Eine erste Durchsicht der Spracheinstellungen legte zudem nahe, dass zwischen den verschiedenen Bevölkerungsteilen in Méhana ein hohes Maß an Feindseligkeit herrschte.

Gegen Ende der Erhebung führte ich ein Interview mit einem Ladenbesitzer namens Abdou Kano durch, ein kleiner buckliger Mann mit einem ansteckenden zahnlosen Lächeln. Abdou erzählte mir unter anderem, dass er vier Sprachen spräche (Songhai, Hausa, Fulani und Tamaschek). Nachdem die Befragung abgeschlossen war, ging ich zu seinem Nachbarn Mahamane Boulla, einem Ladenbesitzer wie Abdou, den ich ebenfalls fragte, wie viele Sprachen er beherrschte.

»Oh, ich spreche drei Sprachen: Songhai, Hausa und Fulani.«

Während unserer Unterhaltung fragte Mahamane mich, wie viele Sprachen Abdou könne.

»Abdou sagt, dass er vier Sprachen spricht.«

»Ha! Ich weiß sicher, dass Abdou nur zwei Sprachen spricht.«

»Was? Das ist nicht wahr! Wie konnte er mich anlügen?« Abrupt erhob ich mich und stürmte mit hochrotem Gesicht zurück zu Abdous Laden. Abdou begrüßte mich lächelnd.

»Ah, Monsieur Paul. Was möchtest du heute kaufen?«

»Abdou, Mahamane hat mir gerade erzählt, dass du nur zwei Sprachen sprichst. Ist das wahr?«

»Ja, das ist wahr. Ich spreche nur zwei Sprachen.«

»Warum hast du mir dann erzählt, dass du vier Sprachen sprichst?«

Abdou zuckte mit den Schultern und lächelte. »Welchen Unterschied macht das?« Er wandte den Blick kurz zum Himmel und fragte dann: »Sag, Monsieur Paul, was hat Mahamane dir erzählt, wie viele Sprachen er spricht?«

»Mahamane hat gesagt, dass er drei Sprachen spricht.«

»Ha! Ich weiß sicher, dass Mahamane nur eine Sprache spricht. Er kann Songhai, sonst nichts.«

»Was?!«

Ich stürmte zurück zu Mahamanes Laden.

»Abdou sagt, dass du nur eine Sprache kannst. Aber du hast mir gerade eben erzählt, du sprichst drei Sprachen. Was ist nun wahr?«

»Ah, Monsieur Paul, Abdou hat dir die Wahrheit gesagt.«

»Aber wie konntest du mich anlügen?«

»Welchen Unterschied macht das, Monsieur Paul?«

In der folgenden Woche suchte ich verzweifelt die anderen einhundertachtundsiebzig Personen auf, die ich im vergangenen Monat befragt hatte. Zu meinem großen Ärger stellte ich fest, dass mich alle belogen hatten und die mühsam gesammelten Daten wertlos waren. Dennoch war es eine wertvolle Lektion für mich: Informanten belügen Ethnologen regelmäßig aus den verschiedensten Gründen. »Welchen Unterschied macht das?« »Wir kennen dich nicht.« »Wir kennen dich, aber wir trauen dir nicht.« »Weil du noch so jung bist, können wir dir nicht die Wahrheit sagen, aber wir sind zu höflich, um dich wegzuschicken.« Und so weiter.

Vielleicht konnte ich mich aber auch glücklich schätzen. Ich hatte nach nur einem Monat Feldforschung gemerkt, dass die Menschen mich belügen. Viele Kollegen hatten vielleicht nicht so viel Glück. Eine weitere glückliche Fügung führte mich zu Abdoulaye, einem alten Marabout (einem islamischen Geistlichen), der bereit war, mich in meiner Forschung zu unterstützen.

»Monsieur Paul, du wirst nie etwas über uns erfahren, wenn du die Gehöfte der Leute besuchst, ihnen persönliche Fragen stellst und die Antworten aufschreibst. Selbst wenn du ein oder zwei Jahre hierbleibst und uns auf diese Art befragst, würden die Leute dich immer noch belügen.«

»Und was soll ich machen?«

»Du musst lernen, mit den Menschen zusammenzusitzen, Monsieur Paul. Du musst lernen, stillzusitzen und zuzuhören. Du musst die Bedeutung des Songhai-Sprichwortes lernen: Man tötet etwas, das äußerlich dünn erscheint, nur um zu entdecken, dass es von innen fett ist.«

3

Diskussionsgruppen

Immer wieder musste ich an das Sprichwort des Marabouts denken: »Man tötet etwas, das äußerlich dünn erscheint, nur um zu entdecken, dass es von innen fett ist.« Bezog der Satz sich auf meine gescheiterte Umfrage, auf einen kompletten Monat verschwendeter Zeit, auf meine Unfähigkeit zu sehen, zu reflektieren? Bedeutete es, dass ich mich zu schnell hatte unterkriegen lassen? Ich beschloss, den Rat meines Freundes, des islamischen Geistlichen, zu befolgen. Ich würde stillsitzen und den Leuten zuhören wie ein gehorsames Kind und so versuchen, etwas über sie zu lernen. So sehr diese unstrukturierte Herangehensweise jeder Methodik, die ich an der Universität gelernt hatte, widersprach, was sollte ich machen? Welche andere Wahl hatte ich, außer Méhana zu verlassen und nach Niamey zurückzukehren, wo ich Bier trinken, Hamburger essen und mich mit meinen Landsleuten unterhalten konnte? Aber die Songhai faszinierten mich. Sie waren stolz. Sie waren stur. Wie die Krieger ihrer imperialen Vergangenheit waren sie hart und aggressiv. Diese Eigenschaften der Songhai faszinierten mich, weil ich mehr so sein wollte wie sie. Angezogen vom Ethos dieser Menschen entschied ich, mich von ihnen führen zu lassen.

Im Alltag eines Songhai-Mannes nimmt die Diskussionsgruppe einen zentralen Platz ein. Ich wurde eingeladen, mich mehreren dieser Gruppen anzuschließen, was mir als eine vielversprechende Möglichkeit erschien, etwas über die Songhai-Kultur zu erfahren. Eine Gruppe, mit der ich regelmäßig zusammensaß, bestand aus einer Handvoll älterer Männer, die entweder selbst adelig oder Klienten von Adelsleuten waren. Zum Adelsstand gehört ein Songhai, der in männlicher Linie von Askia Mohammad Toure abstammt, auch bekannt als Askia der Große, der von 1493 bis 1527, der Blütezeit ihres Reiches, König der Songhai war.

Diese Männer versammelten sich jeden Vormittag im Schatten der Freitagsmoschee von Méhana, einem großen einstöckigen Lehmziegelbau einige hundert Meter vom Ufer des Niger entfernt. Die Freitagsmoschee ist in jeder Songhai-Siedlung der heiligste Ort. Normalerweise sprachen die Männer über die Geschichte der Songhaï, vor allem über die Geschichte des lokalen Adelszweiges sowie über nationale Politik, wofür meistens die Nachrichten aus dem ununterbrochen laufenden Radio Stichworte lieferten.

Ich erfuhr, dass sie die alte Zeit verehrten, als Männer hart, wild und unerbittlich waren in ihrem Streben, ihre Feinde zu bezwingen. Ich lernte auch ihre Ansichten über das Leben im modernen Niger kennen. Zwei Wochen nachdem ich begonnen hatte, mit den Männern dieser Gruppe zusammenzusitzen, meldete der Nachrichtensprecher im Radio einen Schülerstreik an der staatlichen High School in Niamey. Mein Mentor, der alte Marabout, meinte, die Schüler seien töricht. Ein anderer Mann schilderte, wie die malische Regierung einen ähnlichen Streik in Bamako brutal niedergeschlagen hatte. Etliche Männer konnten nicht verstehen, warum die Schüler überhaupt streikten.

Die Freitagsmoschee von Méhana, Niger, 1976

Waren sie nicht privilegiert, eine solche Schule besuchen zu dürfen?

Der Marabout erklärte, warum die Schüler seiner Meinung nach so töricht sein konnten, zu streiken: Sie würden die Tugend der Geduld nicht kennen. Sie würden das Gerede des weißen Mannes studieren, fuhr er fort, und deshalb auch denken wie Weiße. Sprach man mit ihnen, würden diese Schüler einem erklären, dass sie alles wüssten. Aber Alleswisser wüssten gar nichts. Diese Schüler verstünden nicht, dass ein Mensch alt werden und die Bücher der Propheten studieren müsse, um nur ein wenig von der Welt zu begreifen. Sie hätten keinen Verstand; sie würden die Arbeit des weißen Mannes erledigen. Sie hätten keinen Respekt vor der Weisheit des Alters. Diese Jugend von heute, schloss der Marabout, tauge nichts. Die meisten Mitglieder der Runde schienen seiner Einschätzung zuzustimmen.

An anderen Tagen lauschte ich Debatten über Verwandtschaft, über das Gewohnheitsrecht der Songhai, über kosmologische Theorien oder vorislamische Religionsvorstellungen wie Geisterbesessenheit und Zauberei. Aus der Sicht dieser Männer waren die Songhai eine durch und durch islamische Gesellschaft, und die aktuellen gesellschaftlichen Probleme waren dem Schwinden des islamischen Glaubens vor allem unter jungen Menschen zuzuschreiben.

Wie der Marabout mir geraten hatte, saß ich still bei der Gruppe und hörte zu. Ich lernte. Neben ihren Erläuterungen über die Verwandtschaftsbeziehungen und die Kosmologie der Songhai erklärten sie mir, dass ein Mensch erst lernen könne, wenn er oder sie in einem Alter sei, in dem das Gehirn bereit sei, Wissen aufzunehmen. Das Gehirn eines Kindes sei nicht vollständig entwickelt, deshalb sei es für ernsthafte Studien nicht bereit. Das Gehirn eines Heranwachsenden sei ebenfalls nicht vollständig entwickelt, deshalb sei es nicht für ernsthafte Studien bereit. Das Gehirn von Frauen würde sich nie vollständig entwickeln, es sei also nie für ernsthafte Studien bereit. Das Gehirn eines Mannes könne beginnen, wichtiges Wissen aufzunehmen, wenn er vierzig Jahre alt sei, aber erst wenn ein Mann das Alter von sechzig erreicht habe, sei er wirklich bereit zu lernen. Wie der Marabout mir gegenüber angedeutet hatte, musste ein Schüler der Songhai-Kultur vor allem geduldig sein.

Eine zweite Gruppe, an deren Treffen ich teilnahm, bestand hauptsächlich aus Händlern und ihren Gehilfen.

Das größte Ansehen in dieser Gruppe genoss Larabu, ein untersetzter, beleibter Mann mit glatter ebenholzfarbener Haut und kleinen schwarzen Augen. Larabu war der reichste Mann in Méhana und behauptete, ein Sharif zu sein, ein direkter Nachfahre des Propheten Mohammed. In Anbetracht des Reichtums und Einflusses des Händlers war es nicht verwunderlich, dass sich die Gruppe an jedem Nachmittag informell vor Larabus Laden traf, der wie die anderen Geschäfte am Rand des Marktbereiches lag. Während drinnen verkauft und gehandelt wurde, saß die Gruppe vor dem Laden und sprach über die Preise von Petroleum und Stoff, über Transportbedingungen und andere Fragen, die für Geschäftsleute von Belang waren. Durch diese Gespräche erfuhr ich viel über das Wirtschaftssystem der Songhai. Ich lernte die Sprache und das Gebaren des Songhai-Unternehmers als wirtschaftliches Pendant zum Ethos des Songhai-Kriegers kennen. Die Händler waren hart, unerbittlich und unnachgiebig in ihrem Umgang, selbst mit Verwandten. Meine Beziehung zu Larabu - wir wurden irgendwann Freunde - lehrte mich, dass die Händler zwar große wirtschaftliche Macht hatten, den Respekt ihrer Songhai-Landsleute jedoch erst noch erringen mussten. Ihre Ehrerbietung zeigten die Songhai ausschließlich Menschen, in deren Adern das Blut der Askia - der Herrscher des Songhai-Reiches - floss. Trotzdem beneideten die lokalen Adeligen, die sich aus Stolz nicht an wirtschaftlichen Unternehmen beteiligten, die ihrem Stand nach niedrigeren Händler um ihren ökonomischen Erfolg. Sie waren regelrecht gehässig.

Es gab noch weitere Diskussionsrunden. Eine Gruppe junger Männer traf sich vor einem Lagerhaus für Getreide am westlichen Rand des Marktes. Diese Männer spielten immer Karten, sprachen über ihre Zukunftsträume und redeten abfällig über die traditionellen Bräuche der Songhai. Sie verachteten die Adeligen und ihre Ansichten über die alte, auf Sklaverei gegründete gesellschaftliche Ordnung.

Die meisten Teilnehmer dieser Runde waren keine ethnischen Songhai. Sie hießen mich mit großer Begeisterung in ihrer Gruppe willkommen, vielleicht aufgrund einer unausgesprochenen Anerkennung unseres gemeinsamen Standes als Fremde in einem Songhai-Dorf.

Während eines dieser Kartenspiele unter der Akazie direkt vor dem Getreidespeicher schimpfte einer der Spieler, Moussa, ungewöhnlich heftig über einen im Dorf lebenden Adeligen. Issaka, ein Bauer, hatte zuvor erwähnt, dass der Adelige Moussa verleumdet hatte. Aber Moussa, ein Getreidehändler der Regierung, tat die Beschuldigungen ab, weil, wie er allen erklärte, der betreffende Adelige ein Verrückter sei. Er erzählte eine Anekdote, um sein Urteil zu untermauern. Eines Tages war der Adelige zu ihm gekommen und hatte gefragt, ob ein Getreidelaster nach Kokorou fahren würde (dem Dorf des obersten *Amirus*). Moussa erwartete an jenem Tag tatsächlich einen Transport und erklärte dem Adeligen, dass der Lkw Méhana verlassen würde, sobald er beladen sei. Daraufhin fragte der Adelige Moussa, ob seine Nichte einen Platz auf dem Laster bekommen könne. Moussa bejahte und fragte, wie viel der Adelige für den Platz seiner Nichte zu zahlen bereit sei. Wütend erklärte der Adelige Moussa, dass er wegen seines Standes eigentlich gar nichts dafür zahlen sollte. Moussa lachte ihn aus und entgegnete, dass jeder, der auf einem Getreidelaster mitfahren wolle, für den Platz zahlen müsse. Der Adelige geriet außer sich, nannte Moussa einen nichtsnutzigen Ausländer und riet ihm, er solle mit seiner eigenen Mutter schlafen. Moussa erwiderte die Beleidigungen nicht. »Aber die Nichte des Adeligen«, schloss er mit einem Lächeln, »hat das Dorf an jenem Tag nicht verlassen.« Nach der Geschichte sagte Issaka, die Adeligen seien ihm egal. Und Djibo fügte hinzu, dass Adel heute nichts mehr bedeute.

Aus diesen Begebenheiten lernte ich viel über idealisierte Erwartungen. Demnach waren Adelige angeblich schweigsam, würdevoll und großzügig, gemeine Bürger hingegen geschwätzig, würdelos und habgierig. Irgendwie war ihr ideales Verhalten wohl durch die Realität durcheinandergebracht worden.

Manchmal luden mich auch Frauen ein, bei ihnen zu sitzen, wenn sie im Mörser Hirse zerstießen. Während sie die Körner mit ihrem Stößel zerstampften, sprachen sie über Männer, die missliche Lage der Frauen und die Schwierigkeiten, Kinder in einer Welt voller Veränderungen großzuziehen. Eine Frau berichtete mir von ihren drei Ehemännern, die alle grausam zu ihr gewesen seien. Eine andere Frau erzählte, dass ihr Mann sie schlug. Der Mann einer dritten Frau, so wurde mir geschildert, habe sie am Abend zuvor geschlagen, während sie schlief. Sie sprachen von ihrem Reichtum und ihren Kindern, von ihren Familien und ihrer Abneigung gegen die Familien ihrer Männer. Verpflichtet fühlen sich die Songhai zuerst ihrer erweiterten Familie, allerdings nur in männlicher Linie. In vielerlei Hinsicht haben Männer und Frauen eine engere Bindung zu den Geschwistern, die von derselben Mutter wie sie abstammen, als zu ihrem Ehepartner. Das gilt vor allem für die Frauen, die ihren Reichtum und ihren Besitz nicht mit ihren Ehemännern teilen. Im Falle einer Scheidung, die unter den Songhai sehr häufig vorkommt, verliert eine Frau ihre Kinder an die Familie ihres Mannes. Oft sprachen die Frauen voller Trauer über Kinder, die sie seit langer Zeit nicht gesehen hatten. Aus irgendeinem Grund machte meine Anwesenheit die Frauen nicht verlegen. Vielleicht deuteten sie mein geduldiges Schweigen als Einladung, ihre Geschichten zu erzählen. Vielleicht glaubten sie, dass ich ein mächtiger weißer Mann sei, der ihre Lage verbessern konnte.

Ich hörte den Leuten in all diesen Gruppen zu, ohne selbst viel zu sagen. Trotzdem wurde ich das Gefühl nicht los, dass diese Menschen, auch wenn sie mir eine Menge erzählt hatten, nur wenig von sich selbst offenbarten. Sie blieben allgemein und erlaubten mir weder schriftliche Notizen noch Aufzeichnungen der diversen Diskussionen zu machen. Als sich bei mir etwa zwei Monate lang Frustration angestaut hatte, fragte ich erneut, ob ich die Unterhaltungen mit einem Kassettenrekorder aufnehmen dürfe. Die Reaktion auf meine Bitte war bei allen Gruppen die gleiche:

»Nein. Wir hören dir zu, wir sehen dich, aber wir kennen dich noch nicht.«

»Aber ich werde die Aufnahmen nicht missbrauchen«, beharrte ich.

»Was du sagst, ist uns egal. Wir haben dich beobachtet, und wir haben gesehen, dass wir nicht wollen, dass du dir Notizen machst oder deine Maschine öffnest, wenn wir reden.«

Ich bewunderte die Härte und den Stolz der Songhai, aber was sollte ich angesichts dieses eindeutigen Widerstands machen? Meine passive Teilnahme dauerte weitere vier Monate. Ich saß eine halbe bis eine Stunde mit einer Gruppe zusammen und lief dann nach Hause, um aufzuschreiben, woran ich mich erinnerte. Waren diese Daten besser als die, die ich mit meinem gescheiterten Fragebogen gesammelt hatte? Oder um meine Freunde Abdou und Mahamane zu zitieren: »Welchen Unterschied macht es?« Ich hatte zwar viel über die soziopolitische Dynamik von Méhana erfahren, jedoch trotzdem das Gefühl, dass alle Bewohner etwas zurückhielten und versuchten, mein Bild von ihnen zu beeinflussen.

Derweil hatte ich eine tägliche Routine entwickelt. Ich erwachte in der Morgendämmerung, wenn die aufgehende Sonne mich aus meinem von einem Moskitonetz umhüllten und in der Mitte des leeren Gehöfts stehenden Bett trieb. Um drinnen zu schlafen, war es schlicht zu heiß. Ich stand auf, entzündete den Campingkocher und setzte einen Kessel Wasser für einen Nescafé auf. Manchmal ging Idrissa los und kaufte eine Schale frische Milch, die ich erwärmte, bevor ich den Instantkaffee hinzufügte. Während ich so einen erstaunlich köstlichen Café au Lait zubereitete, ging Idrissa ein zweites Mal los, um einen Laib Méhana-Brot zu kaufen, meistens ein Baguette samt ein paar mitgebackenen Moskitos und anderen schwarzen Insekten. Wenn der Kaffee fertig war, brachen Idrissa und ich das Brot und kleckerten etwas Guavenmarmelade darauf oder tunkten es in unsere Becher aus Plastik. Mit dem zweiten Becher Kaffee setzten wir uns dann auf Stühle direkt vor der Mauer des Gehöfts, um die Menschen auf dem Weg zum Markt, zum Haus des Imam nebenan oder zum nur hundert Meter südlich gelegenen Ufer des Niger zu beobachten. Ich wollte unbedingt jeden im Dorf kennenlernen und wusste, dass die Etikette der Songhai es verlangte, dass die Vorbeigehenden uns grüßten. Manche Leute taten dies auch höflich, während andere forschen Schrittes vorbeigingen, als wären wir gar nicht da. Manchmal sagte ich »Hallo«, doch sie verweigerten eine Antwort. Vielen dieser Songhai war es herzlich egal, dass ein Weißer in ihrem Dorf war, und andere waren wahrscheinlich sogar verärgert über meine Anwesenheit.

In den ersten Monaten war ich noch eine Kuriosität. Delegationen von Männern und Frauen kamen zu meinem Gehöft und hießen mich förmlich in Méhana willkommen. Im Laufe der Zeit kamen jedoch immer weniger Menschen zu Besuch, und ich erhielt auch keine Einladungen in andere Häuser mehr. Ich fühlte mich zunehmend isoliert und verlor allmählich die Hoffnung, meine Ziele erreichen zu können.

Viele der kleinen Kinder im Viertel schienen meine Mutlosigkeit zu spüren und versuchten, sie auszunutzen. In Méhana, wie in anderen Songhai-Dörfern, gab es Horden von lästigen Kindern, meist zwischen drei und fünf Jahren, die nach Belieben durch die Gassen streunten. Bestimmt war das Verhalten dieser Gören der Ursprung der Songhai-Maxime bezüglich Kinder: »Kinder sind Tiere. Sie essen alles, sagen alles und machen alles.« Schon bei meiner Ankunft in Méhana hatten diese Kinder einen garstigen Eindruck auf mich gemacht, aber nach fünf Monaten bemerkte ich eine Eskalation in ihrem Verhalten. Einige der kleinen Monster schlichen sich vor Morgengrauen auf mein Gehöft, krochen bis zu meinem Bett und zogen an meinen Haaren. Jedes Mal sprang ich aus dem Bett, befreite mich vom Moskitonetz und brüllte sie an, bevor ich zu einer an niemanden Bestimmten gerichteten Rede auf Songhai ansetzte, in der ich ihre unzivilisierten Mätzchen beschimpfte und ihre nachlässigen Mütter verfluchte. Sie kreischten entzückt und liefen davon. Ich rannte ihnen nicht nach. Vermutlich ermutigte meine mangelnde Konsequenz sie, mich weiter zu belästigen. Wenn ich nur wie ein Songhai-Krieger sein könnte, wenn ich einen von ihnen schnappen und ihm ein wenig Respekt einbläuen könnte. Aber das traute ich mich nicht, denn ich ahnte eine Abscheu der Songhai gegenüber körperlicher Gewalt. Die Kinder provozierten mich weiter, und ich hielt mich weiter zurück.

An einem kühlen Nachmittag jedoch, als der feine Staub des Harmattan die heißen Strahlen der Sonne filterte, überschritt ich eine unsichtbare soziale Schwelle. An diesem Tag warf ein kleines Kind einen ziemlich großen Stein, der mich an der Schulter traf. Schlagartig verlor ich jegliche Selbstbeherrschung. Ich rannte dem kleinen Fratz hinterher und schnappte ihn mir. Sein kleines rundes Gesicht war vor Angst verzerrt, als er meine zusammengebissenen Zähne sah. In meiner Wut vergaß ich sämtliche moralischen Hemmungen und ohrfeigte ihn so rasch, dass ich nicht mehr weiß, wie oft. Ich empfand ein Triumphgefühl. Als ich das Kind losließ, rannte es schreiend davon. Sogleich bemerkte ich einige Männer, die sich langsam um mich scharten. Es waren Stammesälteste und stämmig gebaute junge Männer, die mich an bullige Football-Spieler erinnerten. Als sie mich umringten, schien es mir so, als nähmen sie mir die Luft zum Atmen. Einer der Football-Spieler packte meinen Oberarm.

»Wir haben uns schon gefragt«, sagte er, »wie lange du brauchen würdest, um es zu kapieren.«

»Was kapieren?«

»Wir haben uns gefragt, wie lange es dauern würde, bis du kapierst, wie die Songhai mit Kindern umgehen.«

Der Football-Spieler lachte. Die anderen stimmten ein.

»Du meinst ...?«

»Ihr Weißen seid begriffsstutzig wie Esel. Diese Kinder werden dich nicht mehr belästigen.«

Der alte Marabout, der mir zuvor so gute Ratschläge gegeben hatte, bahnte sich einen Weg zu mir.

»Monsieur Paul, du hast zugehört, was gut ist. Aber jetzt hast du gehandelt und bist zu einem der unseren geworden.«

4

In die Gesellschaft eingeführt

Meine Arbeit nahm plötzlich an Fahrt auf. Nun schien niemand mehr etwas dagegen zu haben, dass ich mein Notizbuch mit zu den Diskussionsgruppen brachte. Manchmal forderten mich die alten Männer, die sich bei der Freitagsmoschee trafen, sogar auf, mein Notizbuch zu holen. Wichtige Worte sollten ohne Fehler aufgezeichnet werden, erklärten sie. Ich kam ihrer Bitte bereitwillig nach. Und wenn ich ihre wichtigen Worte über die Mythen und die Geschichte der Songhai notiert hatte, baten sie mich, vorzulesen, was ich aufgeschrieben hatte, um sicherzugehen, dass ihre Worte korrekt wiedergegeben wurden.

Die Diskussionen mit den alten Männern machten mir den erheblichen Einfluss des Islam auf die Politik der Songhai klar: So war für den großen König Askia Mohammed Toure der Islam die Hauptwaffe in seinem Staatsstreich 1493. Er überzeugte die Armee davon, dass das Songhai-Reich dem Untergang geweiht sei, sollte es weiter von Ungläubigen – den Nachfahren von Sunni Ali Ber – regiert werden. Askia besiegte mit seiner wachsenden Truppe von Gläubigen Sunni Alis ältesten Sohn Si Baru in der Schlacht von Anfao und begründete die neue islamische Dynastie der Songhai, die Askyiad. In viel kleinerem Maßstab wurde die Rolle, die der Islam in der Politik von Méhana spielte, auch bei der wöchentlichen Predigt des Imam in der Freitagsmoschee deutlich.

Seine Predigten behandelten eine Reihe von Themen aus dem Koran, kamen jedoch jedes Mal auf dieselben wesentlichen Punkte zurück. Zu Beginn unterstrich er regelmäßig, dass alle Menschen – Adelige, Sklaven und Ausländer – Allah huldigen müssten. Und warum diese Huldigung? Der Grund war einfach: Vor langer Zeit schickte Allah seine Engel zur Erde, um einen großen Anführer zu erwählen – den Propheten Mohammed. Die Engel brachten Macht mit sich und verliehen sie dem Anführer, der sie an seine Söhne weitergab, die ihrerseits wiederum große Führer wurden. Alle Anführer würden ihre besondere Macht vom Himmel empfangen. Wer dem *Amiru* Mohammed folge, erklärte der Imam, würde gestützt und getragen, denn auf dem Weg des Islam seien Frieden und Gelassenheit garantiert.

Aber die Verheißung der Erlösung markierte nur den Beginn der üblichen Predigt des Imam. Anschließend führte er jedes Mal aus, dass Allah nach langem Nachdenken Mohammed den Hut der Macht (*Fula*) gegeben habe. »In dem Schatten, in seinem eigenen Schatten hat Allah ihn zu uns gesandt. Wir werfen uns zu Boden und bitten um Gnade. Wir schenken dir Ehrerbietung … Der Große Allah sprach und gab uns Arbeit, und er sprach erneut und gab uns Schutz vor dem Bösen. Du, Allah, hast gehandelt und uns Mut geschenkt, und dann hast du auch dem *Amiru*, Mohammed dem Propheten, Mut geschenkt, der ihn an seine Söhne und unsere heutigen *Amirus* weitergegeben hat.«

Mir wurde bewusst, dass der Imam die Religion in vielen seiner Auslegungen als Metapher für die Politik der Songhai benutzte. Er nannte den Propheten Mohammed *Amiru* und sprach vom *Fula*, dem Hut der Macht, den Allah Mohammed gegeben hatte. Die Songhai überreichen ihrem *Amiru* einen solchen Hut, wenn dieser sein Amt antritt. Sobald ein *Amiru* den *Fula* erhalten hat, gehen dessen Attribute auf ihn über – innere Entschlossenheit und die Fähigkeit, schwierige politische Entscheidungen zu treffen. Der Imam sprach außerdem immer wieder davon, dass die Erlösung denen vorbehalten sei, die dem Weg des Islam folgen. Wer dem Weg folge, betonte er, müsse alles in seiner Macht Stehende tun, um die Eintracht seiner Gemeinschaft zu bewahren. Deshalb sei es unbedingt erforderlich, den politischen Entscheidungen eines *Amirus* zu folgen.

Das aufschlussreichste politische Ereignis, das ich während meiner Zeit in Méhana beobachten konnte, war die Schlichtung eines größeren Streits: Lange vor meiner Ankunft hatte eine fundamentalistische islamische Sekte, die sich die *Hebenci* nannten, eine zweite Freitagsmoschee in Méhana errichtet. In islamischen Gemeinden ist die Existenz einer zweiten Freitagsmoschee eine symbolische Erklärung des politischen Widerstands und damit eine Bedrohung der gesellschaftlichen Eintracht. Eine solche religiöse Unverschämtheit verärgerte den Imam und die Männer seines unmittelbaren Umfelds. Auch der *Amiru* hielt die Existenz einer zweiten Freitagsmoschee für politisch untragbar. Trotzdem ließ man den Konflikt ein Jahr vor sich hin gären, bis der Imam und der Anführer der Splittergruppe über Fragen religiöser Häresie beinahe handgreiflich wurden. Erst dann forderte der *Amiru* eine Klärung der Lage.

Im Schatten einiger Akazien zwischen Markt und Fluss hatte sich eine große Menschenmenge versammelt. Der oberste *Amiru* von Méhana hatte zusammen mit drei

Amirus aus den einzelnen Vierteln vor etwa dreihundert Männern Platz genommen. Der Imam und seine Vertrauten saßen zur Linken der *Amirus*, der Anführer der *Hebenci* und seine Anhänger zur Rechten. Der *Amiru* nickte, und einer der Vertrauten des Imam erhob sich und ergriff das Wort.

Sein weißer *Boubou* [Herrengewand] blähte sich flatternd um die lange, hagere Gestalt des Mannes auf, als dieser erklärte, dass es der Ruin von Méhana sei, wenn die Sekte weiter auf frevelhafte Weise praktizieren dürfe. Er rief in Erinnerung, wie die *Hebenci* aus Mali vertrieben worden waren und sich in einem Viertel von Méhana niedergelassen hatten. Die Mitglieder der Sekte würden nicht in der Freitagsmoschee von Méhana beten, und wenn sie in ihrer eigenen Moschee beteten, würden sie sich weigern, den Namen des Propheten zu deklamieren. Schlimmer noch: Sie hätten das Böse in die Landgemeinde gebracht. Wenn ein Dorf nicht gemeinsam beten könne, fragte der Mann, was könne es dann überhaupt? Diese Leute seien nicht gut hier, stellte er mit großer Geste fest, und sollten deswegen vertrieben werden.

Der Anführer der *Hebenci* stand langsam auf und richtete sich an die Menge. Er fragte die Leute von Méhana, ob denn eine Gruppe Menschen nicht das Recht habe, so zu beten und Allah zu huldigen, wie sie es für richtig hält. Im Land der Weißen, erklärte er, könne jeder Mensch den Weg gehen, den er gehen wolle. So sollte es auch in diesem Land sein, sagte er. Dann beschrieb er die Sekte und sagte, dass alle Menschen in den Augen Allahs gleich seien. »Wir erkennen die gesellschaftliche Ordnung des *Amirus* nicht an«, erklärte er dem schockierten Publikum. »Wir erkennen den Propheten als Menschen an, aber für uns ist er nicht der Erste in der Familie der Heiligen. Unsere Treue gilt allein Allah.«

Auf diese Blasphemie reagierte der Imam prompt. Er sprang auf und sein weißer *Boubou* fiel in Falten über seine füllige Gestalt.

»Nein, nein! Was du sagst, ist so wertlos wie Sand!«, rief er und warf eine Handvoll Sand in Richtung des Sektenführers. Seine Schüler und Vertrauten sprangen auf, um ihn zurückzuhalten, und bewegten ihn dazu, wieder Platz zu nehmen.

Einer seiner Vertrauten ergriff das Wort und fuhr mit der Tirade gegen die *Hebenci* fort. Er erklärte der versammelten Menge, dass die Sekte Scham über ihn und seine Landsleute gebracht habe. »Mein Geist kocht wie Wasser angesichts ihres Verhaltens!« Er behauptete, dass die Sekte Lügen über die Lehren des Propheten verbreitet habe, deshalb seien ihre Mitglieder schlimmer als Ungläubige. Sie seien Agenten von Mounakoufi, dem Teufel der Zwietracht, dem schlimmsten aller Teufel im Songhai-Glauben. »Entweder werden sie fromme Muslime wie wir«, schloss er, »oder sie müssen unser Land verlassen.«

Ein Mitglied der Sekte wehrte sich dagegen, vertrieben zu werden. Flehend erklärte er, dass die *Hebenci* in Eintracht mit den anderen Bewohnern von Méhana leben wollten, jedoch auf ihrem Recht beharrten, zu glauben, an was und wen sie wollten. Er betonte, dass die Sekte den anderen Mitgliedern der Gemeinschaft nichts getan habe, und wiederholte, dass man in Frieden und Eintracht leben wolle.

Nachdem die Reden gehalten worden waren, beriet sich der *Amiru* mit seinen Genossen aus den Vierteln. Nach kaum fünf Minuten stand er auf, um seine Entscheidung zu verkünden. Er erklärte, eine eigene Freitagsmoschee der *Hebenci* könne nicht geduldet werden, ihre Mitglieder seien wie alle anderen Muslime in der Gegend verpflichtet, in der Freitagsmoschee von Méhana zu beten. An anderen Tagen stünde es den Sektenmitgliedern jedoch frei, in ihrer eigenen Moschee zu beten. Dieser Kompromiss stellte beide Parteien zufrieden; ich bewunderte die kluge Diplomatie des *Amirus*.

Meine Arbeit kam außerordentlich gut voran. Ich notierte in meinem Forschungstagebuch, dass die Schlichtung des Streits ein Beleg dafür war, wie Religion als Metapher in der Songhai-Politik diente, und skizzierte mögliche rhetorische Strategien, mittels derer ein Redner die Menschen politisch beeinflussen konnte. Nach sechs Monaten in Méhana hatte ich die Grundzüge des politischen Lebens der Songhai begriffen. Je mehr Anteil ich nahm, desto öfter zog ich das Interesse kenntnisreicher Männer auf mich, die mit mir zusammenarbeiten wollten. Wir gründeten unsere eigene Diskussionsgruppe, die sich jeden zweiten Abend traf, und redeten stundenlang über die Vergangenheit der Songhai und die Geschichte des Fürstentums Kokorou, zu dem Méhana ursprünglich als Sklavensiedlung gehört hatte. Wir diskutierten über die Sprache der Songhai und darüber, wie der oberste *Amiru* von Kokorou das Land aufgeteilt hatte. Vielleicht hatten die Menschen von Méhana mich endlich akzeptiert.

5

Zwei Vögel auf dem Dach sind besser als einer im Busch

Der Februar in Méhana brachte kühle Morgen und Abende, aber heiße Nachmittage mit sich. Im Laufe dieser Tage wanderte die Sonne am Himmel nach Norden, gegen Mittag wurde der Schatten, den sie warf, sehr kurz. Der Harmattan füllte die Luft mit feinem Saharastaub, der alles durchdrang. Je größer die Hitze wurde, desto größer wurden auch die Fliegenschwärme. Sie summten in schwarzen Wolken um die Köpfe der Leute, landeten in Scharen in den Speisen und verursachten massenhaft Durchfall.

Obwohl ich nun schon ein halbes Jahr in Méhana wohnte, nannten mich die Leute nach wie vor »weißer Mann«. Die Vermeidung der Nennung meines Namens war möglicherweise einer Songhai-Sitte geschuldet, doch die Anrede, die sie stattdessen benutzten, ärgerte mich. Wenn die Menschen mich einem Fremden vorstellten, fassten sie meinen Ellbogen und sagten: »Hey, das ist unser weißer Mann.«

Der Fremde antworte immer: »Weißer Mann von Méhana, wie geht es dir? Wie ist deine Gesundheit?«

Die Leute von Méhana hatten mich als ihren weißen Mann adoptiert, während ich umgekehrt nicht behaupten konnte, mich in Méhana heimisch zu fühlen. Ich hatte hier Freunde und Feinde gefunden. Mit der Zeit hatte ich mehr über die Sprache und Kultur der Songhai erfahren, und es lüftete sich der Schleier der Höflichkeit. Feinde beleidigten mich jetzt unverhohlen und verlangten, dass der *Amiru* mich aus der Landgemeinde vertreibe. Ich deutete die Gefühle, die meine Anwesenheit auslöste, als Zeichen des Fortschritts; vielleicht deckte ich wichtige und sensible Themen auf. Doch obwohl mir Menschen aus Méhana ewige Freundschaft bekundeten, war ich ein Fremder, und ich wusste, dass ich wie alle Fremden in einem Songhai-Dorf nie die unsichtbare Schwelle überschreiten und wirklich dazugehören würde.

Diese Erkenntnis hinderte mich allerdings nicht daran, fleißig weiterhin alles festzuhalten. Ich notierte meine Eindrücke aus den politischen Reden und verglich sie mit dem, woran ich mich aus Büchern über politische Rhetorik erinnerte. Während der zunehmend unerträglich werdenden Nachmittage blieb ich also im Haus und arbeitete an meinen Feldnotizen und meinem Forschungstagebuch.

An einem besonders drückenden Nachmittag Ende Februar brachte mir meine Köchin Bankano wie gewohnt mein Mittagessen – Reis mit einer scharfen Fischsoße. Trotz der Unzulänglichkeiten des Lebens in Méhana – ich litt abwechselnd unter Durchfall oder Verstopfung – hatte ich an Gewicht zugenommen. Bankano sagte mir auch heute, wie froh sie sei, dass ihr weißer Mann ein wenig zugelegt habe.

Wenn ich bei meiner Abreise aus Méhana so rundlich gewesen wäre wie sie, hätte sie gejubelt.

Als ich fertig war mit Essen und weiterarbeiten wollte, klatschte jemand vor meiner Tür in die Hände. Das entspricht bei den Songhai unserem Klopfen. »Komm rein«, sagte ich, ohne mich umzudrehen, um zu sehen, wer mich besuchen kam.

»Wie geht es dir heute?«, fragte Djibo, ein kräftiger Mann von einem Meter achtzig Größe, der keinen Moment stillsitzen konnte. Er hatte eine markante Narbe vom Innenwinkel seines rechten Auges bis zur Mitte des Wangenknochens, ein Zeichen, dass er zur ethnischen Gruppe der Zerma gehörte. Djibo war wie ich ein Fremder in Méhana. Er war zwar mit der Songhai-Sprache aufgewachsen, doch sein Volk lebte östlich des Niger etwa hundert Kilometer vom Songhai-Gebiet entfernt. Die Zerma teilen das Weltbild und die Kultur der Songhai, haben jedoch eine eigenständige Geschichte. Die zwei Völker betrachten sich als Cousins – eine gegenseitige Anerkennung, die sie in eine von Witzen geprägte Beziehung versetzt. Wenn Songhai und Zerma sich begegnen, beleidigen sie sich im scherzhaften Ton, ohne dass diese rituellen Verunglimpfungen ernst genommen werden.

Ich war nicht überrascht, Djibo zu sehen; er besuchte mich häufig. Als Fremde in einer Songhai-Stadt empfanden wir eine gewisse Solidarität, er redete mich sogar mit meinem Namen an. Trotzdem spürte ich, dass er mir gegenüber vorsichtig blieb. Er sah mir nie in die Augen, sondern schaute sich immer mit zuckenden Blicken im Raum um, als wollte er die Lage einschätzen.

»Wie geht es dir heute Nachmittag, Paul?«

»Ich bin bei guter Gesundheit«, antwortete ich. »Und dir?«

»Meine Frau und mein Sohn sind bei guter Gesundheit. Mein Bruder und seine Frau sind bei guter Gesundheit. Wir sind dankbar.«

»Und dein Vater? Wie geht es deinem Vater, Djibo?«

»Gelobt sei Gott, auch ihm geht es gut.«

Djibo nahm den einzigen anderen Stuhl im Haus und stellte ihn neben meinen. Er wusste, dass ich nachmittags arbeitete, und kam in mein Haus, um mir beim Tippen zuzusehen und meine Sachen zu betrachten. Manchmal saß er stundenlang still und reglos da, während ich tippte.

Doch meine Konzentration wurde schon bald gestört, nicht von Djibo, sondern von einem Geraschel im Dachstuhl. Es waren wieder die verdammten Vögel. Ich tippte weiter, aber kurz darauf spürte ich etwas wie einen fetten Regentropfen, der auf meinen Kopf platschte.

»Oh, Mist, diese Scheißvögel haben es endlich geschafft!« Zögernd betastete ich meine Haare. »Vogelkacke! Diese gottverdammten Vögel! Dieses gottverdammte Land! Dieses gottverdammte Dorf!«, brüllte ich auf Englisch, sprang auf und stampfte mit dem Fuß auf den Lehmboden meines Hauses.

Die Vögel hatten meine Geduld von Anfang an auf die Probe gestellt. Zum ersten Mal hatte ich sie eine Woche nach meinem Einzug bemerkt. Sie bewohnten ein kleines Nest im Hohlraum zwischen dem Dach und den mit Lehm verputzten Stöcken, aus denen die Zimmerdecke bestand. Ich hatte nichts gegen ihre Anwesenheit, doch dass sie auf meinen Lehmboden kackten, gefiel mir nicht. Auch wenn ich mich durchaus an die sozialen, kulturellen und ökologischen Bedingungen der Region anpassen wollte, war ich noch nicht bereit, auf sämtliche Standards westlicher Reinlichkeit zu verzichten. Grob gesagt war ich nicht gewillt, mir das ganze Haus von zwei kleinen Vögeln, einem schwarzen und einem weißen, vollscheißen zu lassen – und es war mir egal, was die Songhai davon hielten. So borgte ich mir von meinem Nachbarn einen langen Holzstab, wie ihn die Niger-Fischer benutzen, um ihre Einbäume stromaufwärts zu staken, und stieß das Vogelnest herunter. Problem gelöst, dachte ich. Zwei Wochen später hatten die Vögel still und heimlich ein neues Nest unter meinem Dach gebaut. Und wieder schissen sie den Boden darunter voll. Schlimmer noch: Jetzt flogen sie auch fröhlich durch mein Zimmer und kackten auf Flächen weit entfernt von ihrem Nest. Dem musste Einhalt geboten werden. Ich borgte mir den Stab erneut und stieß das Nest wieder herunter. Aber die Vögel waren genauso hartnäckig wie ich. Nachts kehrten sie zurück, bauten ein weiteres Lehmnest im Zwischenraum unter dem Dach und schissen weiter mein ganzes Haus voll. Nach zweimonatigem Kampf kapitulierte ich. Wie ein müder Sisyphus ergab ich mich meinem Schicksal, in einem von Vögeln verdreckten Haus zu leben. Diese erledigten weiter ihr schmutziges Geschäft, und ich kehrte täglich den Lehmboden. Dennoch: Als die Viecher begannen, auch auf meine Töpfe und Pfannen, meine Bücher, Notizhefte und auf Seiten meines Forschungstagebuchs zu scheißen, beschloss ich, es noch mal zu probieren. Ich stieß ihr Nest wieder herunter, sie kehrten zurück und so weiter, bis ich abermals die Sinnlosigkeit des Unterfangens erkannte und aufgab. Wenn sie auf meine Töpfe und Pfannen kackten, würde ich sie spülen; wenn sie auf meine Papiere schissen, würde ich sie sauber wischen. So lebte ich in angestrengter Koexistenz mit meinen ungebetenen Gästen bis zu jenem Tag im Februar, als mir einer der beiden Vögel in Gegenwart des Bauern Djibo Mounmouni auf den Kopf kackte.

Djibo schüttelte sich vor Lachen. Nachdem ich am Tag zuvor mein letztes Papiertaschentuch benutzt hatte, hatte ich nichts, womit ich mir die Vogelscheiße vom Kopf wischen konnte, also riss ich eine Seite aus meinem Notizbuch.

»Gott sei gelobt«, intonierte Djibo laut und warf seine Hände in die Luft.

»Wie zum Teufel kannst du das in einem solchen Moment sagen!«, fauchte ich.

»Ich lache nicht über dich, Paul. Ich empfinde Freude im Herzen.«

»Freude? Was für eine Freude soll das denn sein?«

»Ja, Freude. Ich habe hier heute etwas erkannt.«

»Ach was …«

»Ja, ich habe ein Zeichen gesehen. Verstehst du, Paul, ich bin ein *Sorko*. Mein Vater ist ein *Sorko*. Mein Großvater und mein Urgroßvater – alle waren *Sorkos*.«

»Was hat das mit mir zu tun?« Trotz meiner Frustration war ich angefixt, denn ich hatte von der Macht der *Sorkos* gehört und gelesen. Sie waren eine von drei Arten magischer Songhai-Heiler.

»Bis heute war es nicht notwendig, dir zu sagen, dass ich ein *Sorko* bin«, fuhr Djibo fort, »aber heute habe ich ein Zeichen bekommen. Ich wurde auf dich hingewiesen. Ja, ich bin ein *Sorko*, und nachdem ich dieses Zeichen erhalten habe, möchte ich, dass du morgen nach dem Abendgebet zu meinem Gehöft kommst, damit wir anfangen können, Texte zu lernen.«

»Wovon redest du?«

»Ich sage, ich will, dass du lernst, ein *Sorko* zu sein«, erklärte Djibo und ließ seine Fingerknöchel knacken. »Du hast die Wahl. Wenn du dich für meinen Weg entscheidest, kommst du morgen zu meinem Gehöft.« Djibo ging zur Tür, blieb stehen und blickte sich noch einmal zu mir um. »Gelobt sei Gott.«

Der Nachmittag in Méhana war schleichend in die Dämmerung übergegangen. Es war Zeit, meine muffige, staubige und beengte Behausung zu verlassen und im Freien zu sitzen, um die kühle Brise des anbrechenden Abends zu genießen, die den Duft von frisch zerstampftem Ingwer herüberwehte. Das leise monotone Pochen verriet, dass die Songhai-Frauen mit ihren Stößeln getrocknete Paprika, Blätter und Wurzeln zerkleinerten, um würzige Soßen für den Abend zuzubereiten. Von den Kochfeuern stiegen Rauchwolken auf und vermischten sich mit dem dichten Staub, der von den Kühen aufgewirbelt wurde, die von ihrem Tag im Busch zurückkehrten. Außer dem Echo der Stößel in den Mörsern war die Dämmerung eine stille Zeit in Méhana. Müde von den Strapazen des Tages saßen die Menschen vor ihren Gehöften und warteten auf das Abendessen. Für mich war die Dämmerung eine Zeit der Ruhe, des Nachdenkens und auch der Freude. Hatte ich nicht wie die Bürger von Méhana einen weiteren Tag standgehalten, während die Sonne die Landschaft und ihre Bewohner versengt hatte? Irgendwie hatte ich der Hitze und den Fliegen getrotzt. In der Dämmerung breitete sich häufig ein siegreiches Lächeln in meinem Gesicht aus.

Aber an diesem Tag hatten mir die Mätzchen der Vögel mehr als nur Kacke auf meinem Kopf beschert. Ich musste eine Entscheidung treffen. Sollte ich bei Djibo in die Lehre gehen? Er hatte erklärt, die Vögel seien ein Zeichen gewesen, doch er hatte mir nicht gesagt von wem. Ich versuchte mir vorzustellen, was die großen Ethnologen vor mir getan hätten. Edward E. Evans-Pritchard zum Beispiel: Als er in den 1920er-Jahren bei den zentralafrikanischen Zande vor einem ähnlichen Dilemma stand, ließ er sich nicht direkt mit der Person ein, die er einen »Hexer« nannte. Eine solche persönliche Verwicklung würde seine Objektivität kompromittieren, argumentierte er. Trotzdem wollte er etwas über Hexerei, Orakel und Magie der Zande erfahren, also schickte er seinen Koch zur Lehre bei dem Hexer. Jeden Abend berichtete der Koch Evans-Pritchard von seinen Fortschritten.

Die Evans-Pritchard-Option kam für mich jedoch nicht infrage. Mein Koch war eine Köchin, Bankano, und meines Wissens konnten Frauen keine *Sorkos* werden. Mein Freund Idrissa war ein möglicher Kandidat, aber er war aufgrund der ihn plagenden ehelichen und wirtschaftlichen Probleme sehr launisch. Die Aussicht, Lehrling eines *Sorkos* zu werden, hätte ihn bestimmt nicht begeistert. Der arme Idrissa. Er war etwas langsam, aber was ihm an Talent fehlte, machte er mit Aufrichtigkeit wett. Der Vater seiner ersten Frau hatte ihm eine Scheidung aufgezwungen, obwohl er und Jitu einander sehr mochten. Allein in Méhana, hatte er eine zweite Frau geheiratet, die er mittlerweile verachtete. Sie gebar ihm ein Kind, das er nicht wollte, hatte hohe Ansprüche und saugte ihn langsam finanziell aus. Nein, Idrissa kam nicht infrage.

Sollte ich es wagen, selbst Lehrling zu werden? Ich dachte an Carlos Castaneda, mit dem ich aber nicht verglichen werden wollte. Im Allgemeinen missbilligen Ethnologen solche Methoden in der Feldforschung. Und die fragwürdige Authentizität von Castanedas Werk machte das Risiko, von den Kolleginnen und Kollegen nicht ernst genommen zu werden, noch größer. Sollte Castanedas Werk sich als geschickte Fälschung und grandioser Betrug herausstellen, als geniale Masche also, um als Bestsellerautor eine Menge Geld zu verdienen – was würden meine Kolleginnen und Kollegen von meiner eher trockenen Nacherzählung einer Lehre bei einem westafrikanischen *Sorko* halten? Aber meine Gedankenspiele um Idrissa, Evans-Pritchard und Castaneda täuschten über den wahren Grund hinweg, warum ich zögerte, Lehrling von *Sorko* Djibo zu werden. Ich hatte Angst – und nicht nur davor, was Djibo mir beibringen könnte. Ich befürchtete die Konsequenzen, nicht zuletzt Gefahr – physische und psychische – für mich selbst. Außerdem kamen mir zwischenmenschliche Fragen in den Sinn: Wie würde es mich als Person verändern, Lehrling eines *Sorkos* zu sein? Und würden die anderen *Sorkos* mich, einen Weißen, akzeptieren?

Das Aroma von Bankanos Erdnusssoße riss mich aus meinen existenziellen Grübeleien. Sie stand neben meiner Strohmatte und strahlte mich an.

»Mach den großen Schmortopf auf.«

Ich öffnete ihn und sah einen kleinen Hirseberg mit einer Haube aus geschmolzener, mit Zwiebelpulver gewürzter Butter. Ich schaute Bankano an und lächelte. Ohne nachzusehen, wusste ich, dass das Erdnussaroma aus dem kleineren Schmortopf daneben kam, der mit den gleichen Emailleblumen verziert war wie der große. Idrissa, der nie nach Hause ging, bevor Bankano ihre Köstlichkeiten abgeliefert hatte, schlich sich auf das Gehöft, um mit mir zu essen. Er nahm neben mir auf der Matte Platz, und wir aßen mit unserer rechten Hand. Wir rollten ein wenig Hirse zu einem kleinen Bällchen und tunkten es in die Erdnusssoße. So speisten wir, bis wir gesättigt waren, und sagten dann *a wasa*, »es ist genug«. Wir spülten die Hirse mit Wasser herunter und rülpsten. Unser Mahl war beendet, wir konnten reden.

»Warst du heute in deinem Garten, Idrissa?«

»Ja. Bald kann ich Salat und Maniok ernten.«

»Möge Allah deine Last erleichtern, Idrissa.« Ich machte eine Pause und schlug nach einem Moskito. »Heute hat mich Djibo Mounmouni besucht.«

»Hast du ihn wieder hereingelassen?«

»Ja. Warum sollte ich ihn nicht hereinlassen?«

Idrissa hob mahnend den Finger. »Djibo ist ein nichtsnutziger Zerma. Vertraue ihm nicht. Er hat es auf dein Geld abgesehen. Er lügt. Er vergewaltigt Frauen. Triff dich nicht mit ihm, Paul.«

»Er macht einen ganz anständigen Eindruck. Außerdem sagt er, dass er ein *Sorko* ist.«

Idrissa nickte und beugte sich zu mir.

»Er ist ein böser *Sorko*«, flüsterte er mit zitternder Stimme. »Sei vorsichtig. Wenn du ihn triffst, wird es schlecht für dich sein.«

»Was wird schlecht für mich sein, Idrissa?«

Aber mehr wollte Idrissa nicht sagen. Er eilte zur Tür und verließ das Gehöft, um mit Freunden zu sprechen oder

Trost bei irgendeiner Frau zu suchen. Ich blieb auf der Matte sitzen. Ich wusste nicht viel über *Sorkos* und was sie bewegte, deshalb war ich gleichermaßen verängstigt und fasziniert. Der Mond, der an diesem Abend so voll und hell war, dass man in seinem Licht lesen konnte, beruhigte mich. In der Ferne hörte ich die kratzige Stimme eines BBC-Moderators, der einen Song ankündigte, den sich irgendjemand gewünscht hatte. Ich ging zum Tor meines Gehöfts und blickte auf den abendlichen Marktplatz von Méhana. Der blasse Schein von Petroleumlampen fiel auf die Umrisse der offenen Ladentüren am Rand des Marktbereiches. Junge Männer versammelten sich um grobe Holztische, tranken Kaffee und redeten murmelnd miteinander – wahrscheinlich über junge Frauen. Meine Gedanken kehrten zu Djibo und seiner Einladung zurück. Warum hatte er sich mir gerade jetzt offenbart? Wenn ich seine Beweggründe hinterfragte, musste ich auch meine als Mensch und Wissenschaftler betrachten. Ich war an einem Scheideweg angekommen. Ich konnte die Chance, Magie von innen zu lernen, nicht ausschlagen. Ich konnte meinen privaten Wunsch, Macht zu erlangen, nicht leugnen. Langsam ging ich zu meinem Haus zurück, wo ich die beiden Vögel neben ihrem Nest in den Dachsparren hocken sah.

6

Sorko Djibo

Das Gehöft von *Sorko* Djibo lag auf einem sandigen Hügel am Ortsrand. Hier wohnten vorwiegend Menschen, die erst vor Kurzem aus den weiter östlich liegenden Songhaisprachigen Gebieten nach Méhana gekommen waren. Es galt als das unattraktivste Viertel des Dorfes, weil sich in der Nähe die Stelle befand, wo viele Menschen ihre Notdurft verrichteten. Der Gestank erinnerte einen ständig daran.

Der Weg zum Gehöft war beschwerlich. Im weichen Sand der Düne fand ich nicht nur schwer Halt, sondern auch frischen Tierkot und spitze Hühnerknochen, die überall auf dem Pfad verstreut lagen. Zudem hatte man mit dem allgegenwärtigen *Kram-kram* zu kämpfen, einer grasartigen Sporenpflanze mit spitzen Dornen, die, wenn man wie ich nur Sandalen trug, allenthalben für verletzte Zehen sorgte.

Die Behausung der Familie bestand aus vier Bienenstöcken ähnelnden Strohhütten. Ihr Gehöft war von einem einen Meter hohen Zaun aus getrockneten Hirsehalmen umgeben, die an im Boden verankerten Ästen befestigt waren. Djibo lebte dort mit seiner Frau Maymuna, seiner unverheirateten Schwester Hampsu, seinem Bruder Zakaribaba und seinem Vater Mounmouni Koda, die beiden letzteren ebenfalls praktizierende *Sorkos*.

Vor dem Eingang klatschte ich dreimal in die Hände. Djibo eilte aus einer der Hütten, gefolgt von seinem Vater und seiner Schwester. Alle begrüßten mich, und Djibo bot mir einen Platz auf einer abgenutzten Matte aus geflochtenen Palmwedeln an. Nachdem wir ein wenig über das Wetter geplaudert hatten, ließen Mounmouni Koda und Hampsu mich mit Djibo allein.

»Mein Herz klopft stark. Es ist gut, dass du heute hierhergekommen bist, Paul. Wir werden damit beginnen, etwas über meine Tradition zu lernen.«

»Ja, ich bin hier. Bist du bei guter Gesundheit? Und wie steht es um die Gesundheit deiner Familie?«

»Gott sei gelobt.« Djibo zögerte kurz und fragte dann: »Warum bist du gekommen?«

»Ich weiß nicht.«

Djibo lachte. »Ah, das ist die beste Antwort. Wenn wir nicht wissen, müssen wir nach Antworten suchen. Ist es nicht so?«

Ich zuckte mit den Schultern.

»Ich habe mit meinem Vater gesprochen und ihm erzählt, was gestern in deinem Haus geschehen ist«, fuhr Djibo fort. »Er hat gesagt, dass es gut ist, dir etwas über uns beizubringen, aber du musst so lernen wie wir.«

Ich hatte immer noch ethische Bedenken. »Wie könnt ihr, du oder dein Vater, einem Weißen eure Geheimnisse anvertrauen?«

Djibo schüttelte sich vor Lachen. »Welchen Unterschied macht das?«

In allem, was Djibo sagte, steckte so viel Überheblichkeit, dass ich mich fragte, ob ich ihm vertrauen konnte. »Djibo, ich brauche eine Antwort, einen Grund. Ich kann nicht ziellos durch die Welt laufen.«

Djibos Miene wurde starr. Er verengte den Blick und wandte sich ab. »Ich kann dir die Antwort nicht sagen. Ich kann dir keinen Sinn geben. Diese Dinge musst du für dich selbst herausfinden. Und das geht nur, wenn dein Herz rein und stark ist. Als Erstes müssen wir dir beibringen zu hören.«

»Zu hören?«

»Ja, zu hören.« Djibo stand auf und machte damit klar, dass unser Treffen beendet war. Hand in Hand, wie bei den Songhai unter guten Freunden üblich, gingen wir zum Tor des Gehöfts.

»Komm heute Nacht zum Getreidespeicher«, forderte Djibo mich auf.

In der schwarzen, mondlosen Nacht konnte man den Getreidespeicher am Uringestank ganzer Generationen erkennen. Es war ein weiß getünchtes Lehmziegelhaus mit drei Zimmern auf einem großen Hof. Der eigentliche Getreidespeicher war gefüllt mir Bergen von Hundert-Kilo-Säcken Hirse. Früher hatte Djibos Cousin Moussa, der als Regierungsbeamter für den Getreidehandel in Méhana zuständig war, in dem Lagerhaus gewohnt. Damals hatte er in einer Ecke des Gehöfts ein kleines Ein-Raum-Lehmziegelhaus gebaut und seinen Vetter Djibo angeheuert, das Grundstück nachts zu bewachen. Dieser Job wurde mit umgerechnet vierzig Dollar im Monat entlohnt, wodurch der *Sorko* einer der wohlhabenderen Menschen in Méhana wurde. Er hatte immerhin ein regelmäßiges monatliches Einkommen.

Tagsüber summte der Hof des Getreidespeichers vor Geschäftigkeit. Die Regierung hatte in den größeren Dörfern der Republik Niger – also in solchen mit einem Markt – zahlreiche dieser Getreidespeicher errichten lassen. Wenn es eine Dürreperiode gab, was in der Sahelzone von Niger nicht ungewöhnlich war, konnte man den hungrigen Bauern überschüssige Hirse unter dem Marktpreis verkaufen. An den meisten Tagen kamen lokale Händler zu Moussa und boten Getreide an. Die Händler plauderten, tranken grünen Tee und gingen wieder. Zwischen diesen Besuchen genoss Moussa die Gesellschaft seiner Familie: seine Frau Fado, die drei Cousinen, für die Moussa verantwortlich war, und seine Tochter Biba. Obwohl das Gehöft relativ weitläufig war, hatte sich Moussa durch das nahe Markttreiben in seinem Familienleben gestört gefühlt und war kurz nach Djibos Ankunft in ein Viertel gezogen, das weit entfernt vom Markt lag. Deshalb hatte Djibo das Lagerhaus nachts für sich. Er hatte die meisten seiner kostbarsten Habseligkeiten in das kleine Ein-Raum-Haus verlegt.

An jenem Abend überquerte ich auf dem Weg zum Lagerhaus den Markt. Gruppen von Männern saßen um die Markttische und unterhielten sich murmelnd über Preise, die Songhai-Adeligen und Frauen. Wir grüßten uns wie üblich, als ich an ihnen vorbeiging. Schließlich erreichte ich den Eingang zum Hof des Lagerhauses und klatschte dreimal in die Hände.

»Herein«, hörte ich Djibo rufen.

Ich öffnete das Tor und betrat das Gehöft. Es war ruhig und kühl. Die Februarnächte in Méhana waren still und wolkenlos, im Himmel Abertausende Sterne und Hunderte Sternschnuppen.

»Komm in mein Haus.«

Die Haustür stand offen. Drinnen flackerte eine Lampe. Ich trat zögernd ein und sah, wie er eine Matte aus geflochtenen Palmwedeln für mich ausrollte. Nachdem ich Platz genommen hatte, zeigte Djibo auf einen niedrigen, aus Holzresten und rostigen Nägeln gezimmerten Hocker, dessen Sitzfläche er mit einem schwarzen Tuch bedeckt hatte, davor hatte er vierzehn kleine Parfümfläschchen in einem Halbkreis arrangiert. In dem Halbkreis lagen drei große Objekte: eine niedrige rechteckige Blechdose, die ursprünglich Schrotpatronen enthalten hatte, eine runde Blechdose und eine Parfümflasche. Der Korken der Flasche war mit einem Nagel durchbohrt, die Flasche selbst mit schwarzem

Faden umwickelt. Um diese schwarz eingewickelte Parfümflasche hatte Djibo eine Kette mit Gebetsperlen gehängt.

Er bemerkte, dass ich die Objekte eingehend betrachtete. »Das sind meine Sachen.«

»Was sind sie?«

»Keine Fragen«, erwiderte er bestimmt. »Vergiss nicht, dein Geist und dein Herz sind leer. Sie müssen mit Kraft gefüllt werden, damit du lernst, gute Fragen zu stellen.«

Wie gern hätte ich Djibo erklärt, dass meine Arbeit zu wichtig war, als dass ich mich mit Haarspaltereien aufhalten wollte, was eine gute Frage war und was nicht. Ich wollte ihm sagen, dass ich ein Wissenschaftler war und niemals auf seine Weise lernen könnte. Wenn ich so unwissend war, musste ich von Anfang an Fragen stellen. Doch ich hielt mich zurück, behielt diese Gedanken für mich und ließ mich auf Djibos Spiel ein. »Das ist sehr schwierig für mich, Djibo.«

»Oh ja, es ist sehr schwierig. Es ist äußerst schwierig. Aber mit Geduld wirst du schon irgendwie ein harter Mann werden.«

»Hart?«, fragte ich, wohlwissend, was Djibo bezweckte.

»Vergiss es«, erwiderte er. »Wir müssen mit dem Klang beginnen. Fangen wir mit einem einfachen Text an.«

Djibos Methode der Vermittlung war schlicht und unkompliziert: Der Schüler wiederholte den Text, bis er ihn auswendig konnte. Nachdem er ihn auswendig gelernt hatte, musste er ihn schnell und ohne Aussprachefehler aufsagen. Wenn er diese Prüfung bestanden hatte, begann der Schüler mit dem nächsten Text. Diese Art des Studiums könne ein Leben lang dauern, bekam ich erklärt. Djibo gab zu, dass er selbst immer noch Texte von seinem Vater lernte.

Mein erster Text, eine Beschwörung für ein rötliches Pulver namens *Korombey*, bestand aus sechs Zeilen. Djibo trug jede einzeln vor und forderte mich auf, sie zu wiederholen. Wir arbeiteten etwa dreißig Minuten an dem Text. Ich lernte ihn schnell auswendig, was Djibo überraschte. Aus den Zeilen schloss ich, dass *Korombey* benutzt wurde, um Menschen vor Verletzungen zu schützen, denn in dem Text hieß es, dass das Puder alle Teile des menschlichen Körpers vor Wunden schützt. Wenn man einige Zeit nach Einnahme dieses rötlichen Pulvers einen Unfall hatte, würde es verhindern, dass man sich das Genick oder den Ellenbogen bricht. Und wenn man sich verletzte, würde die Wunde nicht so schwer ausfallen wie bei einem ungeschützten Menschen. Aber in dem Text tauchten auch mir unbekannte Worte auf. Vielleicht waren sie irgendwie mächtig. Vielleicht lag in ihnen die magische Kraft der Beschwörung. Ich fragte Djibo nach der Bedeutung dieser Worte.

»Komm morgen wieder«, lautete seine Antwort.

7

Erstes Lehrstück

Als ich Djibo nur als Zerma-Bauern kannte, der mich in meinem Haus besuchte, um mir beim Tippen meiner Feldaufzeichnungen zuzusehen, sprach er nie über sein eigenes Leben. Und auch nachdem ich schon eine Weile sein Lehrling war, erwähnte er seine Vergangenheit kaum. Er war in der Zerma-Stadt Ouallam geboren, die in einer trockenen windgepeitschten Ebene namens Zermagunda liegt, dem »Bauch der Zerma«. Über seine Mutter redete er nie, doch er erzählte gern von den Taten seines Vaters. Ich erfuhr, dass Mounmouni Koda in das Wasser des Nigers tauchen und vollkommen trocken wieder herauskommen konnte. Der alte Mann verbrachte manchmal bis zu drei Tage unter dem Niger und besuchte die Wassergeister in ihrem Reich. Wenn Djibo bereit war, würde auch er lernen, solch unglaubliche Leistungen zu vollbringen. Er brannte darauf, diese Geheimnisse zu erfahren, aber er musste warten, bis sein Vater auf dem Sterbebett lag, erklärte er mir, denn derart kostbare Geheimnisse würde ein *Sorko* seinem Nachfolger erst kurz vor dem Tod anvertrauen.

Am zweiten Abend meiner Lehre schlich ich durch das dunkle und stille Méhana zu Djibos Haus. Nachdem wir uns begrüßt hatten, sagte er:

»Mir geht das *Korombey* aus. Du musst morgen in den Busch gehen und mir welches besorgen.«

»Was? Du zeigst mir einen Puder, und ich soll morgen in den Busch gehen und die Pflanze finden? Bist du verrückt?«

Aber Djibo beachtete meinen Protest gar nicht. »Ich brauche *Korombey*, und ich möchte, dass du mir welches besorgst«, sagte er gereizt. Er nahm einen schwarzen Plastikbeutel, der mit staubigen Stoffsäckchen gefüllt war. Er öffnete ein Säckchen mit einem rötlichen Pulver und gab eine Prise davon auf meine Hand. »Probier es.«

Es war so bitter, dass ich das Gesicht verzog. »Igghh!« Ich spuckte aus.

Djibo lächelte und klopfte mir auf den Rücken. »Das ist *Korombey*-Rinde. Bring mir morgen welche mit.«

»Aber wie?«

»Du wirst einen Weg finden.« Er wandte sich ab und suchte in dem Beutel nach einem weiteren Säckchen. Nachdem er es gefunden hatte, öffnete er es und zeigte mir ein körniges, braun-grünes Pulver mit einem beißenden Geruch. »Das ist *Diggi*, unser Spezialpulver.« Dann brachte er mir eine Beschwörungsformel bei, die das Pulver mit Macht versehen sollte.

Der Text, ein Gedicht mit einer Reihe bizarrer Metaphern, war nicht allzu schwierig. Aber bei jedem Versprecher herrschte Djibo mich an, wie begriffsstutzig ich sei. Ich ließ ihn sein Spielchen spielen und versuchte derweil, mir die Bedeutung des Textes zu erschließen. In einer Zeile heißt es: »Sie sagen *bam, bam, bam*. Sie sagen *bum, bum, bum*.« Diese Songhai-Worte hatte ich noch nie gehört. Sie erinnerten mich an die »Bams« und »Booms« von Batman. Außerdem wurde in dem Text ein Krieg erwähnt. Was war damit gemeint? War es eine Metapher für etwas anderes? Und wenn ja, für was? In einer weiteren Passage des Textes hieß es: »Wenn der Krieg kommt, werden sie *Kokoro*-Blätter werden. … Sie werden rote Käfer werden. … Sie werden Kuhdung werden.« Wer oder was wurde Kuhdung? Und wer würde unsichtbar werden, wie es der Text nahelegte? Wer würde niemals von wem erobert werden? Meine Neugier war geweckt, was meine Konzentration auf die eigentliche Aufgabe beeinträchtigte – das Auswendiglernen. Ich vergaß hier eine Zeile, sprach dort ein Wort falsch aus, übersprang eine weitere Zeile, ließ ein Wort aus oder verstümmelte ein anderes.

»Kann ich beim nächsten Mal einen Kassettenrekorder mitbringen, damit ich die Aufnahme zum Lernen benutzen kann?«, fragte ich, um meine wahre Absicht – das Studium dieser Worte – zu verschleiern.

»Nein«, antwortete Djibo, ohne die Stimme zu heben. Dann stand er abrupt auf, wandte mir den Rücken zu und teilte mir mit, dass es Zeit sei zu gehen.

Nach einer unruhigen Nacht nahm ich das Frühstück zu mir, das mir im vergangenen halben Jahr in Méhana zur festen Gewohnheit geworden war: löslicher Kaffee, altes Brot (außer an Markttagen) mit Margarine aus der Dose und Mangomarmelade. Idrissa leistete mir Gesellschaft. Schweigend strichen wir Margarine und Marmelade auf unser Brot und tunkten es in den Kaffee. An jenem Morgen war ich geistig sehr beschäftigt mit meinem ersten Auftrag als Lehrling. Obwohl Djibo mich nicht ausdrücklich gewarnt hatte, wusste ich, dass ich nicht jedem den Zweck meiner Mission offenbaren durfte – nämlich Medizin für einen *Sorko* zu besorgen. Aber da ich nichts über Bäume und Rankpflanzen des Songhai-Busches wusste, wollte ich Idrissas Hilfe in Anspruch nehmen. Als Einheimischer und Gärtner würde er sehr viel über die Flora in und um Méhana wissen, sagte ich mir.

»Kennst du dich mit den Bäumen im Busch aus, Idrissa?«

»Ja«, antwortete er schüchtern.

»Das ist gut. Ich möchte mehr über die Bäume und Büsche lernen.«

»Gut«, murmelte er.

»Sag mir, findet man in Méhana irgendwo einen *Korombey*-Baum?«

Idrissa runzelte die Stirn. »Es gibt einen in der Nähe von Méhana. Er ist sehr hoch. Wir haben alle guten Bäume in Méhana.«

»Das ist gut, Idrissa.« Ich stand auf. »Lass uns in den Busch gehen und die Bäume anschauen.«

Idrissa wirkte alles andere als begeistert von der Aussicht, mit mir durch den Busch zu laufen und mich mit einheimischen Bäumen bekannt zu machen. Aber er ging schicksalsergeben ins Haus und zog seine Plastikschuhe an, während ich meine Wanderschuhe schnürte.

»Idrissa, vielleicht können wir einen *Korombey*-Baum finden.« Ich bat ihn, sein großes Messer mitzunehmen. »Ich brauche Proben.«

So begannen wir unsere Wanderung. Auf dem Weg durch die Stadt wickelte ich mir einen weißen Turban um den Kopf zum Schutz gegen die Sonne, die an einem Vormittag Ende Februar garantiert heiß brennen würde. Wir folgten der Straße nach Kokoro, die durch das Dünengebiet zum etwa achtzig Kilometer westlich gelegenen Téra führte, der Hauptstadt des gleichnamigen Départements. Wie die meisten Straßen in der Region Méhana bestand auch diese nur aus Lkw-Spuren im Sand. Wir erklommen die gut dreißig Meter hohe Düne am Westrand der Stadt. Von ihrer Kuppe aus hatten wir einen prächtigen Blick auf Méhana und den Niger, der im hellen Morgenlicht glitzerte. Die meisten Gehöfte des Dorfes waren vom dichten Grün der Akazien verdeckt, ein deutlicher Kontrast zu der braunen Weite der umliegenden Sahel-Landschaft.

Wir liefen nach Westen, vorbei an Hirsefeldern, die man an den Reihen von abgeschnittenen Stängeln erkennen konnte. Wir sahen etliche dieser Felder und Stumpen, aber nur ganz vereinzelt Bäume. In der Ferne kamen uns zwei Fulani-Frauen in indigofarbenen Gewändern entgegen. Mit großen Krügen saurer Milch auf dem Kopf trotteten sie täglich von Gukko, ihrem Dorf im Busch, nach Méhana. Ich grüßte sie in ihrer Sprache, aber ich hatte die Worte wohl falsch ausgesprochen, denn sie antworteten auf Songhai.

Nachdem wir mehr als eine Stunde lang durch den Sand gestapft waren, erreichten wir eine Ansammlung von Hütten. »Das ist Gukko, Monsieur Paul.«

Meine Beine schmerzten. »Ich war schon mal in Gukko. Warum sind wir hierhergekommen?«

Idrissa wies auf einen schrumpfenden Tümpel. »Da drüben. Da drüben sind deine Bäume.«

Nachdem wir die Menschen in Gukko begrüßt hatten, führte Idrissa mich zu dem austrocknenden Wasserloch. Er zeigte auf einen ziemlich großen Baum mit Dornen an den Ästen und dicken, wachsartigen, runden Blättern. »Das ist *Korombey*, Monsieur Paul.«

Vielleicht hatte sich der Sechs-Kilometer-Marsch doch gelohnt, ich würde nicht mit leeren Händen zu Djibo zurückkehren. »Gib mir das Messer, Idrissa.« Ich schnitt ein wenig Rinde ab, die Idrissa einsteckte, bevor wir uns auf den Rückweg nach Méhana machten.

Durstig und hungrig von der Zwölf-Kilometer-Wanderung durch weichen Sand in der heißen Sonne, betrat ich das Haus und ließ mich auf den Klappstuhl sinken. Ich bemerkte, dass Bankanos Tochter während unserer Abwesenheit segensreicherweise das Mittagessen gebracht hatte. Mit großem Appetit aßen Idrissa und ich eine Mahlzeit aus Reis und Fisch in einer würzigen Tomatensoße. Am Nachmittag verließ Idrissa das Gehöft, um zu beten. Ich betastete das Stück Rinde, das wir aus Gukko mitgebracht hatten. Wie würde sie in pulverisierter Form aussehen? Angetrieben von dieser wichtigen empirischen Frage und meinem

Misstrauen in Idrissas botanische Fähigkeiten legte ich ein kleines Stück Rinde in einen Mörser und pulverisierte es mit einem Stößel. Es war der falsche Stoff: ein braun-grünliches Pulver. Was sollte ich Djibo am Abend erzählen?

Mit dem Pulver in der Hand eilte ich auf den Markt. Es gab einen Mann, der an Markttagen verschiedene Pulver in vielen Farben verkaufte. Ich fand ihn hinter seinem Stand sitzend und ins Gespräch mit einem anderen Mann vertieft. Der Mann, der die Mittel verkaufte, sah mich an und lächelte. Die Haut seiner Hände war wie von der Sonne gegerbtes Leder, aber die Berührung seiner Hand sanft wie die eines Kindes.

»Setz dich, Monsieur Paul. Was führt dich heute hierher?«

Ich öffnete meine Hand, um ihm das Pulver zu zeigen. »Was für eine Pflanze ist das?«

Der Mann berührte das Pulver mit dem Zeigefinger und probierte eine Prise.

»Und?«

»Das ist Wüstendattel, Monsieur Paul.«

Oh, Idrissa, wie konntest du! Allerdings hätte ich nach meinen Erfahrungen mit Fragebögen und Datenerhebung im Allgemeinen schon wissen müssen, dass die Menschen hier, selbst wenn sie über irgendetwas nichts wussten, immer irgendeine Antwort oder Theorie äußern würden, nur um höflich zu sein. »Wüstendattel«, murmelte ich. »Ich hatte *Korombey* gesucht. Hast du welches?«

Ohne zu antworten, kramte er in seinem Haufen mit diversen Rinden und warf mir ein Stück in den Schoß. »Das ist es, oder?«, fragte der Mann.

»Sicher«, murmelte ich, um meine Unkenntnis zu überspielen. »Wie viel kostet das?«

»Gib mir fünfzig Francs.«* Schuldbewusst wie ein Schüler, der geschummelt hatte, gab ich dem Mann sein

* CFA-Francs.

Geld, etwa fünfzehn Cent, und bereitete mich auf die nächste abendliche Sitzung mit Djibo vor.

Nachdem meine Essensgäste mein Gehöft verlassen hatten, ging ich zu dem Lagerhaus. Auf dem Weg grüßte ich die Ladenbesitzer und ihre Freunde, die wie üblich auf den kleinen Lehmziegelveranden ihrer Zwei-Zimmer-Läden saßen. Sie erinnerten mich an die Bewohner der Reihenhäuser in South Philadelphia an einem heißen Sommerabend. Da alle Läden praktisch den gleichen Warenbestand hatten – Salz, Dosensardinen, Seife, Stoff, Kaugummi, Datteln, Batterien und Petroleum –, fragte ich mich, warum ein Kunde in einem bestimmten Geschäft einkaufte und nicht in einem anderen. Sonderangebote gab es in Méhana keine.

An einem Tisch in der Nähe des Lagerhauses saß eine Gruppe Taubstummer. Wie die anderen Menschen in Méhana verbrachten sie ihre Abende gemeinsam und diskutierten lebhaft gestikulierend über die Ereignisse des Tages. Im Laufe der Monate hatten sie mir einige ihrer Zeichen beigebracht, vor allem solche mit sexuellen Bezügen. Ein großer und kräftiger Mann mit einem Gesicht, wie von einem Bildhauer gemeißelt, brachte mir diverse rituelle Beleidigungen in Zeichensprache bei. Jedes Mal, wenn ich ihn sah, erklärte ich, dass ich eine Frau sei, die seinen prachtvollen Körper begehrte. Er erwiderte, ich sei ein Mann. Ich widersprach. Er erklärte sein Desinteresse. Ich entgegnete, dass er impotent sei. Er sagte, seine Potenz würde beim Anblick einer Frau ohne Brüste schwinden … und so weiter.

Nachdem wir dieses Spiel gespielt hatten, betrat ich das Lagerhaus. Djibo saß auf dem Sandboden. Er trug eine zerrissene grüne Hose mit nur noch einer Gürtelschlaufe und eine ärmellose, schwarz-weiß gestreifte Tunika aus lokal gesponnener, schwerer Baumwolle. Bis auf den matten Schein der Lampe war es dunkel in dem Raum. Djibos rundes schwarzes Gesicht schimmerte. Seine blutunterlaufenen Augen leuchteten wie Signalfeuer.

»Du siehst schrecklich aus«, bemerkte ich. »Hast du gut geschlafen?«

»Ich schlafe nie gut«, erwiderte Djibo mürrisch. »Mein Vater schläft nie gut. Mein Großvater hat nie gut geschlafen.«

»Aber sag mir, warum?«

Djibo ignorierte meine Fragen. »Zeig mir das *Korombey*.«

Ländlicher Songhai-Markt,
Niger, 1982

Ich zog das Stoffsäckchen aus der Tasche, legte es in den Sand, öffnete es und schob es Djibo hin. Er betastete das Pulver mit dem Zeigefinger, probierte es und erklärte mir, dass ich in der Tat *Korombey* mitgebracht hatte.

»Trag den Text vor«, befahl er.

Ich rezitierte ihn schnell und ohne Fehler.

»Wo hast du dieses *Korombey* gefunden?«

Die Frage hatte ich befürchtet und beschlossen, Djibo die Wahrheit zu sagen. Ich schilderte meine naive Suche nach einem *Korombey*-Baum und erzählte, dass Idrissa eine Wüstendattel als *Korombey*-Baum identifiziert hatte.

Djibo lachte nicht über meine Geschichte. »Es überrascht mich nicht, dass Idrissa den Baum nicht kennt. Seine Leute sind Jäger und Zauberer aus Wanzerbe, dem großen spirituellen Zentrum der Songhai.« Djibo betastete weiter das Pulver, das ich ihm mitgebracht hatte. »Sag mir, wie hast du dieses *Korombey* gefunden?«

»Ich bin zu Saadu, dem Hausa-Kräuterhändler, gegangen und habe danach gefragt.«

»Und er hat es dir für einen Preis gegeben?«

»Ja.«

»Wie viel?«

»Fünfzig Francs.«

Djibo starrte auf das Pulver. »Kein schlechter Preis, Monsieur Paul. Du bist clever. Du hast deinen Auftrag erfüllt. Man muss mindestens zwanzig Kilometer laufen, um hier in der Gegend einen *Korombey*-Baum zu finden, musst du wissen.«

»Ah, verstehe.«

»Wirklich?« Djibo zögerte und warf mir einen scharfen Blick zu. »Kommen wir zum nächsten Schritt auf deinem Weg. Trage den *Diggi*-Text vor.«

Ich rezitierte den Text, machte jedoch viele Fehler. Djibo erklärte mir, dass ich ein System zum Auswendiglernen bräuchte. Er trug eine Zeile des Textes vor und malte dann mit dem Zeigefinger eine gerade Linie in den Sand – eine Mnemotechnik. Er forderte mich auf, den Text auf die gleiche Weise Zeile für Zeile vorzutragen. Wenig später konnte ich ihn fehlerfrei rezitieren. Nachdem dieser Teil des Unterrichts abgeschlossen war, verriet Djibo mir, aus welchen Mitteln die *Diggi*-Mischung bestand. Den grünen Puder nannte er *Wata gaya gaya*, aber die Beschwörungsformel dafür lehrte er mich nicht. Er forderte mich auf, das braune Puder zu berühren, das er *Kafia malam* nannte. Diese Pflanze, die am Flussufer wächst, wird nur in Zaubermitteln verwendet. Die weiteren Bestandteile von *Diggi* waren *Korombey*, *Siria*, ein rot-braunes Pulver, das aus dem *Siria*-Baum gewonnen wird, *Kobe*, das malvenfarbene Pulver aus der Rinde des *Kobe*-Baums, das Fett einer schwarzen Ziege und *Saa nya*, ein weißes Pulver, über das Djibo nichts weiter sagen wollte.

»Warum werden all diese Pflanzen verwendet?«

»Ich weiß es nicht«, antwortete Djibo. »Mein Vater sagt, ich habe noch nicht genug gelernt, um die richtigen Fragen zu stellen. Auf falsche Fragen gibt er keine Antwort, genauso wie ich dir keine Antwort auf deine falschen Fragen gebe.«

»Ich werde ewig brauchen, das zu lernen.«

»Wozu die Eile?«, fragte Djibo. »Mein Vater hat vierzig Jahre bei seinem Vater gelernt. Ich lerne seit zwanzig Jahren von meinem Vater und anderen Männern. Viele Dinge werde ich erst erfahren, wenn mein Vater sie mir auf seinem Sterbebett verrät.«

Das Unterfangen, auf das ich mich eingelassen hatte, überwältigte mich. »Wie kann ich das jemals schaffen?«

»Wenn du lernen willst, wirst du einen Weg finden. Mit Geduld und Härte wirst du es schaffen.«

Djibo verschloss seine Säckchen und verstaute alle bis auf eins wieder in seinem schwarzen Plastikbeutel. »Jetzt musst du die Beschwörung für dieses Pulver lernen.« Das Säckchen enthielt eine sandige schwarze Substanz, die aussah wie pulverisierte Holzkohle. »Das ist *Ngimgniti*.« Die Beschwörung wandte sich an die Kräfte der Substanz. Wer vom *Ngimgniti* aß, konnte laut dem Text die bösen Zauberer, die bösen Dschinn, die bösen Geister, die bösen Hexen und sogar Satan im Kampf besiegen. *Ngimgniti* war so stark, dass jemand, der es zu sich genommen hatte, sogar vor den furchterregenden Tooru geschützt war, den mächtigsten Geistern im Songhai-Pantheon. Zu Djibos Überraschung konnte ich den Text schnell auswendig.

»Gibt es noch viele weitere Texte?«

»Noch sehr viele«, sagte Djibo.

»Wie kann ich sie alle lernen, bevor ich nach Amerika zurückgehe? In vier Monaten reise ich ab.«

»Du lernst schnell, aber du kannst bis dahin unmöglich alles lernen.«

»Und was soll ich machen?«

»Du musst wohl noch mal zurückkommen, oder?«

»Aber kann ich die Beschwörungsformeln nicht aufschreiben? Wirst du einige für mich langsam wiederholen?«

»Nein, das werde ich nicht. Erst wenn du die Worte auswendig gelernt hast, darfst du sie in dein Buch schreiben.«

8

Versunken in Texten

Angetrieben von Djibo, vertiefte ich mich in Texte. Ich war so beschäftigt damit, sie auswendig zu lernen, dass keine Zeit blieb zu ergründen, was sie bedeuteten, geschweige denn, wie sie mit den Besonderheiten der Songhai-Kultur korrespondierten. Ich machte mir Sorgen, in meiner Mission als Ethnologe zu scheitern. Ich hätte weit mehr als ein halbes Jahr mit dem Auswendiglernen von Texten zubringen können, aber wozu? Wie konnte ich diese Zeitverschwendung vor meinem Dissertationsausschuss oder irgendeinem anderen verantwortlichen Wissenschaftler rechtfertigen? Außerdem war das Memorieren der Texte langweilig.

Aber nach den ersten Sitzungen lehrte Djibo mich nicht nur Texte für bestimmte Puder, sondern auch Lobgedichte für die Gottheiten des Songhai-Pantheons. Zwar habe jeder der insgesamt hundertfünfzig Geister ein eigenes Lobgedicht, erklärte *Sorko* Djibo mir, er würde sich jedoch auf die Tooru-Geister konzentrieren, weil sie die Adeligen der Geisterwelt seien. Die Tooru-Geister kontrollierten die mächtigen Kräfte wie Donner, Blitz, Winde und Wolkenformationen. Die wichtigste Gottheit der *Sorko* ist Dongo, die Gottheit des Donners. Djibo bestand darauf, dass ich die Lobgedichte für Dongo als erste lernte.

Zu Beginn erwähnt der Text *Diggi*, jene Mischung aus Pudern, die dem *Sorko* außergewöhnliche Kräfte verleiht. Dann werden die Fähigkeiten von Dongo erklärt. Laut dem Gedicht erschuf Dongo einen großen Felsen im Himmel, der Wanzam genannt wird. Dongos Magie schützt einen Menschen davor, vom Blitz getroffen zu werden. Dongos Wissen und Macht ist größer als das Wissen und die Macht eines *Sorkos* und auch als die seiner Sklaven. Dongo schlägt Menschen, und sie fallen nach rechts und links. Dongo schlägt Menschen, und sie fallen nach vorn. Wenn sein Werk vollendet ist, kehrt Dongo in den Himmel zurück. Dongo sagt, die Sonne ist sein Schatten. Dongo sagt auch, dass sein Schatten die Sonne verdeckt.

Djibo erklärte mir, dass Dongo der Vater aller *Sorkos* seit dem ersten, Faran Maka Bote, sei. Er warnte, dass Dongo mich auf irgendeine grausame Art bestrafen würde, wenn ich den Text nicht gut lernte. Derart motiviert konnte ich die Beschwörung sehr schnell auswendig und trug sie wenig später zu Djibos Zufriedenheit vor. Mein rascher Fortschritt bei dem Lobgedicht für Dongo ermutigte Djibo, mir den Text für einen weiteren mächtigen Geist beizubringen, Nya Beri, was grob übersetzt »Große Mutter« heißt. Die Große Mutter zählt zu den gefährlichsten Songhai-Geistern. Sie ist die Mutter der Kältegeister (*Hargay*), die Fehl- und Todgeburten, schwächende Krankheiten und sogar den Tod verursachen.

Der Text macht deutlich, dass Nya Beri zwar weiblich, aber doch sehr groß sei – größer und kräftiger als jeder Songhai-Mann. Nya Beri kann in die Sonne starren und sehen. Sie kann den Mond anschauen und sehen. Sie kann die Zukunft in frischer Milch sehen und in Blut die Vergangenheit. Sie sieht und weiß alles. Sie ist so groß und stark, dass sie am Ort des Todes wohnt. Sie ist jederzeit vor einer Person, sie ist jederzeit hinter einer Person. Nya Beri kann auch bösartig sein. Der Text endet mit einer Liste von Nya Beris Kindern.

Djibo war von meinen Fortschritten schwer beeindruckt. »Irgendwann lernst du vielleicht noch genug Texte, um als *Sorko*-Lehrling initiiert zu werden.«

Weil ich so gut vorankam, meinte Djibo, ich sei bereit, den seiner Ansicht nach schwierigsten Text zu lernen, den ein *Sorko* beherrschen müsse: eine Reihe von Lobliedern an die Tooru-Geister.

Der Text beginnt mit einer Ahnenreihe der Geister im Songhai-Pantheon. Irgendjemand gebiert Suntunga, wobei der Text Suntungas Vater und Mutter nicht genauer benennt. Dieselben mysteriösen Eltern gebären auch Mantunga, Banio und Banio Cirey.

»Wie soll ich die Ahnenreihe der Geister lernen, wenn der Text die Urahnen nicht benennt«, protestierte ich.

Wie üblich erwiderte Djibo: »Lerne erst auswendig und stelle später Fragen.«

Also lernte ich die unvollständige Ahnenreihe. Der nächste Abschnitt des Textes war schwieriger, denn er benannte eine Reihe von Bäumen, die ich nicht kannte. Ich hatte noch nie einen *Sah*-Baum, einen *Dugu*-Baum, einen *Wali belinga*-Baum, einen *Kasah tobe*-Baum oder einen *Nyama nyama korro*-Baum gesehen. Die nächste Zeile streifte dann wieder vertrautes Terrain: Harakoy Dikko, die Göttin des Niger-Flusses, Königin der kleinen und großen Geisterfeste. Aber die Erleichterung, etwas wiedererkannt zu haben, verflog rasch, denn die folgenden Zeilen des Textes lauteten schlicht: »Es ist der Ort des *Kogo*-Baums. Der *Belinga*-Baum des großen Flusses. Es hat den *Kwomno kosi*-Baum. Dessen Hände verlassen den *Sami*-Baum und kehren zu ihm zurück. Wandu wird einen heilen und Kraft geben. Dort ist Wandu, es steht in reinem weißem

Sand. Der Sand hat Nahrung und Wasser. Wenn Nicht-Initiierte etwas von diesem Tooru-Sand nehmen, werden sie verrückt. Sie, die die Tooru kennen, werden diese besondere Speise essen und lachen.«

Viele Worte in dem Text waren mir neu. Während ich lernte, fragte ich mich, was sie bedeuteten. Waren einige aus einer anderen Sprache entlehnt? Das fragte ich auch Djibo, der mir erklärte, ich solle geduldig sein.

Also fuhr ich fort, den langen Text zu lernen. Wir kamen zu der Stelle, an der die Taten von Maaru erörtert werden, der Gottheit von Wasserlöchern und Blitzen. Ich prägte mir ein: »Maarus Werk ist still und kraftvoll. Gesundheit und Gottes Segen. Sie fragen: ›Was hast du genommen?‹ Sie sagen: ›Zauberei.‹ Wenn sie die magischen Worte sprechen, essen sie magischen Kuchen. Der Zauber ist stark. Die Henne entfernt nicht den Dreck aus den Augen ihrer Küken.«

Diesen Abschnitt über die Gottheit Maaru verstand ich nicht. Was hatte Maaru mit der Praxis der Magie zu tun? War er der Schutzheilige der großen Songhai-Zauberer, der *Sohanci*, der patrilinearen Nachkommen von Sonni Ali Ber, dem magischen König des Songhai-Reiches, der von 1463 bis 1491 regiert hatte?

Meine Frustration wuchs stetig. Währenddessen lehrte Djibo mich den nächsten Abschnitt, ein Lobgedicht an Nya Beri, das deutlich kürzer war als das zuvor gelernte. »Nya Beri hat Macht im Wasser und außerhalb davon. Sie ist die Beschützerin der Tooru hinter dem Haus. Für sie gibt es Gebete allein zu den Geistern und nicht zu Allah. Mit ihrem Zauber haben sie hundertfünfzig Menschen getötet. Ihre Schwester hat mit ihrem Zauber ebenfalls hundertfünfzig Menschen getötet.«

Djibo arbeitete weiter Tag für Tag mit mir. Er brachte mir den Teil des Textes bei, in dem von den übernatürlichen Taten von Moussa Nyori berichtet wird, einem Geisterjäger, der die Wolkenformationen kontrollierte. In meinem Kopf häuften sich Fragen an: Wer waren die Tooru hinter dem Haus? Wer hatte hundertfünfzig Menschen mit einem Zauber getötet? Warum war Nya Beri sowohl im Wasser als auch über dem Wasser mächtig? Und was war mit der Passage über Gebete an die Geister, aber nicht an Allah? Sollte das bedeuten, dass es unter Songhai-Zauberern und den Angehörigen der Besessenheitstruppen ein gewisses anti-islamisches Ressentiment gab?

Tage vergingen, an denen Djibo weiter mit mir paukte, bis ich schließlich den gesamten Text ohne Fehler aufsagen konnte, einschließlich der Passage über Moussa Nyori: »Moussa Nyori. Männer werden auf seinen Schultern getragen. Er trägt einen Mann und ein Pferd auf seinen Schultern. Er trägt einen Mann, nimmt die Fasern seines Körpers und verwandelt sie in ein schwarzes Ei. So nimmt er einen Mann und wirft ihn über seine Schulter. Sollte er den Kopf eines Mannes nehmen, werden dessen Kopffasern brodeln wie kochendes Wasser. Wenn er im Körper eines Mannes verharrt, darf der Mann seinen Knöchel nicht heben. Er ist Moussa Nyori. Er hat die Engel geweckt und sieht sie. Man darf sich nicht selbst verletzen, indem man böse Taten begeht. Wenn man eine Mauri-Muschel für Magie benutzt, ist sie für die Geister verloren. Die Geister sind traurig über ihren Verlust. In dem Gesang des *Sorkos* Ndebbi [Mittler zwischen Gott und den Menschen] liegt immer mehr Traurigkeit.«

Als Djibo meinen fehlerlosen Vortrag hörte, verkündete er, dass er und sein Vater mich bald zu einem *Sorko benya* initiieren würden.

»Moment mal«, sagte ich, »warum muss ich ein *Sorko benya* sein? Das ist doch der Sklave eines *Sorkos*, oder etwa nicht?«

Djibo lächelte. »Ist dein Vater ein *Sorko*? War der Vater deines Vaters ein *Sorko*?«

»Nein, natürlich nicht.«

»Nun, dann musst du ein *Sorko benya* sein. Denk über die Texte nach, die du gelernt hast, dann wirst du es verstehen.«

Was ich nicht verstand, war, warum Djibo, der mir gegenüber oft so verächtlich tat, mich überhaupt etwas über seine Kultur lehrte.

9

Wanzerbe

Idrissa mochte *Sorko* Djibo nicht. Seit Beginn meiner Bekanntschaft mit Djibo hatte er gemahnt, dass man ihm nicht trauen könne. Als ich Idrissa von meiner Lehre bei Djibo erzählte, warnte er mich erneut vor dessen Charakter. Besonders sorgte er sich darüber, dass Djibo mich ausbeuten wolle. Aber trotz seiner Warnungen und meines eigenen vagen Verdachts besuchte ich *Sorko* Djibo weiter.

Nachdem ich mehr als einen Monat bei Djibo in die Lehre gegangen war, versuchte es Idrissa erneut. Er schlug vor, dass wir gemeinsam nach Wanzerbe reisen sollten, der sagenumwobenen Stadt der Songhai-Zauberei. Er erklärte, dass er in Wanzerbe geboren war und die größten *Sohanci* aller Songhai kenne. Trotz seines eigenen mangelnden Talents stammte Idrissa aus einer Familie großer Jäger und Heiler; und Idrissas Verwandte mütterlicherseits gehörten der bedeutendsten aller Zauberer-Familien an. Die aktuelle Ehefrau seines Vaters war in der Tat niemand Geringeres als Kassey, eine legendäre Zauberin. Wenn wir nach Wanzerbe reisten, würde er sie mir vorstellen, versprach Idrissa. »Wenn du Zauberei willst, komm nach Wanzerbe. Nur das Wahre für dich, Monsieur Paul.« Ich hatte von Kassey gehört. Andere in Méhana hatten sie erwähnt, und der französische Regisseur und Songhai-Spezialist Jean Rouch hatte mir erzählt, dass ihr Wissen über Zauberei in der Songhai-Welt unübertroffen sei. Eine solche Gelegenheit konnte ich mir nicht entgehen lassen!

Wir trafen Vorbereitungen für unsere Reise. Zunächst informierte ich meine Freunde. Dann organisierten wir unsere Transportmittel. Wanzerbe war sehr weit weg. Es war unmöglich, eine Mitfahrgelegenheit in einem Buschtaxi oder Lkw zu finden. So beschlossen wir, zu Pferd ans Ziel zu gelangen. Mir stand bereits ein Pferd zur Verfügung, mit dem ich die Reise machen konnte, also schickte ich Idrissa los, um im Dorf ein zweites zu finden, das wir mieten konnten. Meine Freunde wie meine Feinde in Méhana erklärten mir, dass ich töricht sei: »Du bist ein *Anasara*. Wie kommst du darauf, bis nach Wanzerbe und zurück reiten zu können? Es ist zu heiß. Es ist März. Alle wissen, dass die Sonne im März gnadenlos ist. Du wirst vom Pferd fallen und sterben.«

Ich schenkte diesen Schwarzmalereien keine Beachtung. Idrissa schwieg. Als die Vorbereitungen abgeschlossen waren, sattelten wir die Pferde, breiteten Decken über die Sättel, befestigten unsere Wasserflaschen an den Sattelknäufen und saßen auf. Im Trott ritten wir durch Méhana. Die Menschen fragten uns, wohin wir wollten. »Nach Wanzerbe«, erklärte ich ihnen.

»Möge Gott euch auf eurer Reise beschützen«, erwiderten sie.

Als wir die Düne hinaufritten, wandte ich mich noch einmal um und betrachtete Méhana. Die Luft war noch kühl und über dem Dorf hing ein feiner Dunst wie Nebel, in dem die Häuser bald nicht mehr auszumachen waren. Wir ritten entlang einer Spur im weichen Sand Richtung Nordwesten. Dort lag Lugi, das erste Dorf auf unserem Weg. Dieser führte danach durch eine lange Folge von Sanddünen, bis wir schließlich auf eine weite Lateritebene kamen, die so hart war, dass nur wenige Pflanzen den Boden durchbrochen hatten. Im März ist der Songhai-Busch verdorrt. Entlang des Pfades sahen wir keine Gräser oder irgendeine Spur pflanzlichen Lebens, dafür viele abgestorbene Bäume und ausgedehnte Felsstreifen – versteinertes Holz, wie mir klar wurde. Nach einem dreistündigen Ritt erreichten wir das von Bella-Bauern und -Hirten bewohnte Dorf Lugi. Die Bella waren ehemalige Sklaven der Tuareg, der berühmten Blauen Ritter der Sahara. Zum ersten Mal nach drei Stunden saßen wir ab. Mein ganzer Körper tat weh, doch ich sagte nichts. Es war heiß, und ich hatte bereits das meiste von meinem Wasser getrunken. Eine Weile saßen wir im kühlen Schatten von Moussas Haus. Moussa, ein Freund von Idrissa, erklärte uns, dass der Ritt von Lugi nach Bankilaré, wo wir die Nacht verbringen wollten, mindestens fünf Stunden dauern würde. »Ihr solltet euch erst ausruhen, bevor ihr aufbrecht.« Moussa füllte unsere Wasserflaschen. »Zwischen hier und Bankilaré gibt es kaum Wasser. Reitet langsam, und wenn ihr müde werdet, sucht den Schatten eines Baumes.«

Nachdem wir ein leckeres Mahl aus Reis, Soße und Fleisch zu uns genommen hatten, brachen wir gegen Mittag auf und ritten weiter Richtung Nordwesten in eine breite sandige Ebene ohne Bäume, nicht einmal Sträucher waren zu sehen. In der Ferne erblickten wir Amara, ein weiteres Bella-Dorf. In der schimmernden Sonne sah es aus wie eine Ansammlung Bienenstöcke. Vor uns erhob sich eine große Düne, deren Ende nicht auszumachen war. Idrissa drehte sich immer wieder zu mir um; er wollte nicht, dass sein weißer Mann vom Pferd fiel und im Busch starb.

»Alles in Ordnung, Monsieur Paul?«

»Ja.«

»Gut. Wir reiten jetzt sehr lange die Düne hinauf.«

Von ihrer Kuppe hatten wir freie Sicht auf die ausgedehnte Weite der Region. Die Eintönigkeit der Landschaft wurde lediglich von ein paar Dünen aufgelockert, die sich in der kargen braunen Ebene erhoben. Wegen des gleißenden Mittagslichts konnten wir nur wenige Kilometer weit sehen. Wir schwitzten heftig und tranken sehr viel Wasser. Idrissa wies auf die Ebene vor uns. »Schau«, sagte er, »Abdu Kwara.«

Ich sah eine Gruppe von Strohhütten. »Das ist Abdu Kwara?«

»Ja. Dort leben Fulani. Sie werden uns Wasser und vielleicht auch Milch geben.«

Als wir in Abdu Kwara ankamen, wurden wir von drei Songhai sprechenden Fulani-Frauen begrüßt, die sich nach unserer Gesundheit erkundigten und fragten, wohin wir wollten.

»Bankilaré ist sehr weit von hier. Ihr müsst ein wenig Milch trinken, bevor ihr weiterreitet«, riet uns eine der Frauen.

Eine andere Frau ging zu ihrer Strohhütte und holte eine Schale Milch für uns. Idrissa und ich leerten sie. Nachdem die Frauen uns frisches Wasser für unsere Flaschen gegeben hatten, bedankten wir uns für ihre Großzügigkeit und machten uns wieder auf den Weg.

Der Pfad beschrieb eine Kurve nach Westen. Wir passierten eine Reihe beinahe ausgetrockneter Tümpel und eine Baumgruppe. Vor uns lag eine endlose Ebene, die so karg wirkte wie die Mondoberfläche. »Trink nicht zu viel, Monsieur Paul; auf dem Weg vor uns gibt es kein Wasser.«

Ich nickte und unsere trottenden Pferde trugen uns unerbittlich weiter nach Westen. Die Hitze des Tages hatte ihren Höhepunkt erreicht. Die Sonne versengte die steinharte Ebene und saugte unsere Kraft aus. In dieser Wildnis sahen wir kein einziges lebendes Wesen. So lange ungeschützt der Sonne ausgesetzt, wurde ich zusehends schwächer. Idrissa drehte sich immer wieder um. Zwei Stunden vergingen. Schließlich erblickten wir in der Ferne erneut eine Gruppe von Strohhütten. Angeregt von der Aussicht, in dieser verlassenen Einöde ein menschliches Wesen zu sehen, trieben wir die Pferde an und ritten in einem kurzen Galopp bis zu den Häusern. Ein Bella-Mann kam aus einer der Hütten und begrüßte uns in stockendem Songhai. Er erklärte, dass seine Frauen zu einem weit entfernten Brunnen gegangen seien, er jedoch unsere Wasserflaschen nachfüllen könne.

»Seid ihr auf dem Weg nach Bankilaré?«, fragte er.

»Ja«, antwortete Idrissa.

»Wie lange wird es dauern?«, wollte ich wissen, weil ich allmählich zweifelte, ob unser Ritt je enden würde.

»Es ist weit von hier. Vielleicht seid ihr bei Sonnenuntergang dort.«

Idrissa stimmte ihm zu und schlug vor, dass wir uns wieder auf den Weg machten. Wir ritten weiter nach Westen, der sengenden Sonne entgegen. Am späten Nachmittag erreichten wir mehrere verstreute Wasserlöcher, an deren Rändern dichtes Gebüsch, Pflanzen und Bäume wuchsen. Zu jedem Wasserloch gab es ein Bella-Dorf. »Sie sind Sklaven der Tuareg von Bankilaré«, erklärte Idrissa mir.

»Sklaven?«, erwiderte ich. »Wie kann es heutzutage noch Sklaven geben?«

»Sie liefern immer noch Hirse bei den adeligen Tuareg in Bankilaré ab.«

»Hmm.«

Als mir auf dem Rücken meines Pferdes allmählich schwindelig wurde, verkündete Idrissa, dass wir uns unserem Ziel näherten. Meine Benommenheit verflog. Ich trieb mein Pferd an, und wir galoppierten in das Dorf Bankilaré, das aus einem großen Lehmziegelhaus, der Residenz des *Chef de poste*, sowie einer Ansammlung von kleineren Zwei-Zimmer-Lehmziegelhäusern und Nomadenzelten aus Kamelleder bestand. Wir ritten an der Residenz des Regierungsverwalters vorbei zum allerletzten Gebäude am westlichen Rand des Dorfes, Hamidous Haus. Hamidou war wie sein Cousin Idrissa in Wanzerbe geboren. Er konnte aber im Gegensatz zu Idrissa lesen und schreiben und war Unteroffizier bei der Grenztruppe. Er patrouillierte regelmäßig an der Grenze zwischen Mali und Niger, die nur zwanzig Kilometer nördlich von Bankilaré verlief.

Hamidou begrüßte uns freundlich und gab uns kaltes Wasser zu trinken. Er rief seinen Sohn, der unseren Pferden die Sättel abnahm und sie zum Tümpel führte, um sie zu tränken. »Wenn sie zurückkommen, gebe ich ihnen Hirse zu fressen«, sagte Hamidou. Er fragte Idrissa nach Verwandten in Méhana, und Idrissa fragte ihn nach Verwandten in Wanzerbe. Während die beiden sich unterhielten, ging ich zum Haus des Distriktverwalters, um ihm einen Höflichkeitsbesuch abzustatten.

Der Beamte, ein Hausa aus dem Osten von Niger, war etwa so alt wie ich und sprach makelloses Französisch. Er begrüßte mich enthusiastisch, und wir nahmen auf bequemen Feldstühlen Platz. Sein Diener brachte uns zwei Flaschen eisgekühlte Coca-Cola. Wir sprachen über mein Forschungsprojekt, das ihn sehr interessierte. Er lud mich zum Essen ein, doch ich lehnte höflich ab. »Hamidou hat uns schon zum Essen eingeladen.« Er verstand die Songhai-Etikette. Ich schlug vor, dass wir zusammen zu Abend essen könnten, wenn ich auf dem Rückweg nach Méhana wieder durch Bankilaré kommen würde. »Unbedingt, Monsieur Paul. Essen wir gemeinsam zu Abend, wenn Sie hierher zurückkommen.«

Als ich zu Hamidous Haus zurückkehrte, zerlegte dieser gerade ein Schaf, das er uns zu Ehren geschlachtet hatte. Ich war überwältigt, dass ein offensichtlich so armer Mann ein Tier schlachtete, das mehr als sein magerer Monatslohn wert war. Derweil bereitete Hamidous Frau eifrig eine Hirsepaste. Sie hockte über ihrem Kochtopf und rührte die andickende Masse aus Hirsemehl und Wasser mit einem Holzlöffel um.

Die Sonne ging unter und eine kühle Abendbrise wehte durch Bankilaré. Hamidous Gesicht leuchtete im Licht des Feuers, über dem er das zerlegte Schaf röstete. Hamidous Frau brachte uns eine Schale mit Hirsepaste und Soße und gab uns zwei Holzlöffel. Hamidou schnitt das Fleisch in Stücke und servierte es. Wir aßen mit Begeisterung. Hamidou spürte unsere Erschöpfung und brachte zwei Feldbetten. Idrissa unterhielt sich noch mit seinem Cousin, während ich mich auszog, auf meine Pritsche legte, in den sternenvollen Himmel starrte und rasch einschlief.

Als ich im Morgengrauen erwachte, sattelte Idrissa schon die Pferde. Meine Muskeln waren so steif, dass ich mich nur mit Mühe von der Pritsche rollen konnte. Hamidou kochte schnell eine Tasse Nescafé und überprüfte, ob die Sättel sicher befestigt waren. Dann saßen wir auf und verließen Bankilaré.

Am Nachmittag wollten wir das gut dreißig Kilometer westlich gelegene Tegeye erreichen. Unser Weg führte uns durch noch einsamere Lateritebenen mit Vulkangestein. Hin und wieder kamen wir an einem Wasserloch vorbei, Bella-Dörfer sahen wir jedoch nicht mehr, da wir das Tuareg-Gebiet verlassen hatten und wieder in Gegenden kamen, die von den Songhai beherrscht wurden. Gelegentlich begegneten wir anderen einsamen Reisenden – darunter die unverkennbare lange und dürre Gestalt eines Fulan, der nur mit einem Holzstock und einer kleinen Kalebasse für Wasser unterwegs war. Nach vierstündigem Ritt erreichten wir Tegeye. Wie die meisten Dörfer in der Region Wanzerbe lag es auf einer kleinen Sanddüne in der Nähe eines Wasserlochs und mehrerer Brunnen.

In Tegeye kannte Idrissa viele Menschen, die er alle begrüßte. Er führte uns zu einem kleinen Lehmziegelhaus, das Kom, seiner Tante väterlicherseits, gehörte. Wir stiegen ab, und Kom wies ihren Sohn an, die Pferde zu tränken und zu füttern. Kom war eine große drahtige Frau, deren unter dem Kinn zusammengebundene, geflochtene Zöpfe an eine andere Zeit erinnerten. Sie begrüßte uns und bestand darauf, dass wir zum Mittagessen blieben. »Ich mache dir deine Lieblingssoße, Idrissa.«

Idrissa wandte sich an mich und erklärte: »Wir essen Sesamsoße, Monsieur Paul. Es ist die beste Soße weit und breit.« Kom fing ein Huhn und schnitt ihm die Kehle durch. Wieder hatte ich ein schlechtes Gewissen. Diese Frau, die noch ärmer war als Idrissas Cousin in Bankilaré, hatte gerade zu Ehren unseres Besuches ein kostbares Huhn geschlachtet. Eine derartige Ehrerbietung und Gastfreundschaft hatte ich in Méhana bisher nicht erlebt. Ich erwähnte das Idrissa gegenüber.

»In Wanzerbe siehst du die wahren Songhai, Monsieur Paul. Wir sind rein.«

Dies waren die Songhai, die ich gesucht hatte. Sie waren stolz, an einen Kodex von Ehre und Gastfreundschaft gebunden, und sie waren hart. Diese Eigenschaften zogen mich tiefer in ihre Welt, weil es Charakterzüge waren, die ich bewunderte und denen ich nacheifern wollte, Qualitäten, die mich zu einem starken Menschen machen würden.

Wir verbrachten den Nachmittag in Koms Haus und brachen nach dem Spätnachmittagsgebet Richtung Wanzerbe auf, das wir laut Idrissa in etwa drei Stunden erreichen sollten. Wir hielten uns in westlicher Richtung, und schon bald bot sich uns ein atemberaubendes Panorama. Unser Weg führte durch bergiges Gelände, das mit Felsen und Steinen bedeckt war, die schwarz waren wie von Feuer versengt. Auf unserem Weg lag so viel Geröll, dass die Pferde langsam trotten mussten, um nicht den Halt zu verlieren. Die grau-schwarzen Berge mit ihren zerklüfteten Felsen und abgerundeten Gipfeln boten einen prachtvollen Anblick. Noch faszinierender als die Landschaft war jedoch die Stille, die nur vom Hufgetrappel unserer Pferde durchbrochen wurde.

In der Abenddämmerung erklommen wir den letzten Berg, den Surgumeye, der sich über Wanzerbe erhebt. Die Bewohner von Wanzerbe opfern dem Dschinn des Berges jedes Jahr eine Kuh, damit er sie vor Hunger und Krankheit schützt. Vom Surgumeye blickten wir auf das Dorf hinab, das sich über zwei Dünen ausbreitete. Direkt dahinter wand sich eine Reihe von Bäumen wie ein Strom. Idrissa erklärte mir, dass sie den Verlauf des Garuol-Flusses markierten, der nur in den Sommermonaten Wasser führte.

Wir ritten langsam bergab und steuerten den nördlichen Teil der Siedlung an, die durch eine Straße in zwei Viertel geteilt war. Idrissas Familie lebte in Karia, dem Viertel auf

Architektur in Wanzerbe, dem Dorf der Zauberer, Niger, 1984

Songhai-Frau in Wanzerbe,
Niger, 1984

der Nordseite der Straße, während Kassey, die berühmte Zauberin, in Sohanci wohnte, das südlich der Straße lag. In Karia kamen wir auf einen großen Platz, an dessen Rand sich mehrere Zwei-Zimmer-Lehmziegelhäuser in Form eines Hufeisens aneinanderreihten. Dies war das Gehöft von Idrissas Familie, auf dem etwa fünfundsiebzig Personen lebten. In der Mitte des Platzes stand ein rundes Gebäude, das Kochhaus, wie Idrissa mir erklärte. Wanzerbe war anders als alle Songhai-Dörfer, die ich bis dahin gesehen hatte. Die Architektur war einzigartig. Auch hier trugen die Frauen Frisuren aus einer anderen Zeit. Wir stiegen von unseren Pferden, von begeisterten Verwandten umringt. Idrissas Vater, Kundiababa, zeigte uns unser Quartier.

Wir genossen ein herzhaftes Abendessen aus Hirsepaste und Soße. Gegrillter Hammel wurde gereicht. Wir aßen ein paar Stücke Fleisch und gaben den Rest an die anderen weiter. Dann empfingen wir Besucher, die uns Geschenke mitbrachten. Ein Onkel aus dem Sohanci-Viertel brachte uns ein Schaf. Idrissas Schwester schenkte uns drei Hühner, Idrissas Vater vier Hühner und eine Ziege. Idrissas Nachbar brachte uns ein Huhn und eine Kalebasse mit Hirse. Jemand anderes brachte uns Honigwaben. Wir hatten mehr als genug Speisen für unseren Besuch.

Als die Besucher endlich gegangen waren, fragte ich Idrissa nach Kassey.

»Morgen gehe ich zu ihr. Sie weiß, dass du hier bist, Monsieur Paul.«

Am Morgen erhitzten wir Wasser für den Kaffee und aßen gebratenen Hirsekuchen. Idrissa brach auf, um seine »Mutter« Kassey zu besuchen. Derweil kamen die Kinder von Idrissas riesigem Gehöft in mein Haus, setzten sich und gafften mich an. Ich machte ein paar Notizen, in denen ich versuchte, die Details unseres zweitätigen Ritts zu rekonstruieren. Menschen von anderen Gehöften in Karia und Sohanci machten mir ihre Aufwartung und fragten nach Idrissa.

Der kam mit schlechten Nachrichten zurück. »Kassey wird dich nicht empfangen, Monsieur Paul. Sie verlässt Wanzerbe heute. Sie kommt erst nächsten Monat zurück.«

»Was?! Ich bin den weiten Weg geritten, nur um diese Frau zu sehen, und sie lehnt es ab, mich zu empfangen. Warum, Idrissa, warum?«

Idrissa starrte auf den Boden, versteifte sich am ganzen Körper und vergrub seine Füße im Sand. »Sie sagt, sie kennt dich nicht. Sie hat kein Vertrauen zu dir. Sie sagt, niemand steigt über eine Schlangengrube, wenn er nicht überzeugt ist.«

»Was soll das bedeuten?«

»Sie wird dich nicht empfangen. Sie reist nach Markoy. Dort leidet ein Junge unter einer von Geistern verursachten Krankheit. Die Heilung wird einen Monat dauern.«

»Einen Monat! Wir können nicht einen Monat hierbleiben. Wir werden sie nicht treffen können, oder?«

»Nein. Aber wir können andere Menschen treffen.«

Obwohl ich wieder auf einen von Idrissas halbgaren Plänen hereingefallen war, beschloss ich, eine ganze Woche in Wanzerbe zu bleiben. Wir trafen Hunderte von Menschen. Ich zeichnete die Erzählungen von mehreren Zeitzeugen auf. Ein alter Mann trug eine magische Beschwörungsformel vor. Ich nahm einige Volkslieder auf. Wir ritten zehn Kilometer weiter nördlich und besichtigten den Youmboum, einen See, in dem ein Krokodil lebte. Dort trafen wir zwei Jäger, Brüder, die ich in Jean Rouchs Film *La chasse au lion à l'arc* gesehen hatte. Issiaka war ein furchtloser Jäger und ein Virtuose auf der einsaitigen Laute. Sein Bruder Wangari war ein berühmter Lobsänger. Sie spielten und sangen für Idrissa und mich. Ich gab ihnen tausend Francs und sie gaben uns ein wenig geräucherten Fisch, damit wir an diesem Abend gut zu essen hatten.

Die Woche verging schnell. Schon bald bereiteten wir unsere Heimreise nach Méhana vor. Der Rückweg kam mir

Der Niger im Abendlicht, 1982

sehr viel leichter vor. Die Pferde schienen schneller zu laufen. Vielleicht spürten sie, dass sie nach Méhana heimkehrten. Idrissa war ebenfalls froh, nach Hause zu kommen. Ich war immer noch wütend über Kasseys Weigerung, mich nach einem Hundertzwanzig-Kilometer-Ritt zu empfangen. Aber die Freundlichkeit der Menschen entlang unserer Route linderte den Schmerz dieser Kränkung. In Tegeye, in Bankilaré und in Lugi erwiesen unsere Freunde uns die traditionelle Gastfreundschaft der Songhai. Außerdem versicherten sie mir, dass sie meinen Mut bewunderten. Sie hatten noch nie einen Europäer gesehen oder von einem gehört, der eine so weite Strecke zu Pferd zurückgelegt hatte. Sie hatten auch noch nie von einem Europäer gehört, der so viel Zeit – eine Woche – im gefährlichen Wanzerbe verbracht hatte. Am späten Nachmittag des zweiten Tages sahen wir das Wasser des Niger im goldenen Sonnenlicht glitzern. Flussabwärts konnten wir die Stromschnellen direkt nördlich von Méhana erkennen und das Rauschen des Wassers auf den Steinen hören. Der heiße Harmattan-Wind verbrannte unsere Gesichter, aber wir waren endlich zu Hause.

Triumphierend ritten wir in die Stadt ein. Menschen begrüßten uns. Kinder liefen auf uns zu und schüttelten uns die Hand. »Ihr kommt aus Wanzerbe.« »Ihr wart in Wanzerbe.« »Hast du Zauberei in Wanzerbe bekommen?« »Wir müssen jetzt vorsichtig sein bei Monsieur Paul, nachdem er in Wanzerbe war.«

Wir erreichten mein Gehöft und saßen ab. Obwohl ich immer noch enttäuscht über Kasseys unhöfliche Weigerung war, hatte ich einen Zweihundertvierzig-Kilometer-Ritt zu einem sagenumwobenen Ort bewältigt, den zu besuchen die meisten Songhai sich fürchteten. Die Leute in Méhana begannen, mich mit einem gewissen Maß an Respekt zu behandeln, als ob ich mit dem Ritt nach Wanzerbe meine Stärke, meine Härte und mein Durchhaltevermögen bewiesen hatte. Das gefiel mir. Es gefiel mir sehr.

10

Initiation

Nach meiner Rückkehr aus Wanzerbe nahm ich meine Studien mit Djibo wieder auf. Ich vertiefte mich so sehr darin, dass ich den Wechsel der Jahreszeiten in Méhana gar nicht mitbekam. Die flüchtige Hitze des März war der Aprilsonne gewichen, die Blasen auf der Haut verursachte und Beschwerden mit sich brachte, wie ich sie mir zuvor nie hätte ausmalen können. Die Franzosen nennen die Monate April, Mai und Juni in der Sahelzone *Soudure* nach dem französischen Wort für das Schweißen und auch die Naht, an der zwei Teile zusammengefügt wurden. In der Sahelzone bezieht sich *Soudure* auf die Jahreszeit, in der den Bauern die Vorräte ausgehen und sie auf die neue Ernte warten. Diese Lücke in der Nahrungsversorgung verbindet sich mit der Hitze zur *Soudure*, die erst mit dem einsetzenden Regen Anfang Juni endet. Eine gefährliche Zeit für die Songhai, selbst im Schatten eines Baumes verbrennt die Luft die Haut.

Im April geht die Sonne – um diese Jahreszeit eine brennende orangefarbene Scheibe – genau im Osten von Méhana auf und genau im Westen des Dorfes unter. Mittags wird alles still, weil die Menschen Schutz vor der Sonne suchen, die in der Mitte des von Hitze gebleichten Himmels steht. Im April gibt es mittags keinen Schatten. Manche

Menschen gehen in diesen Wochen am frühen Morgen aus dem Haus und hoffen, eine sanfte kühle Brise vom Fluss abzubekommen. Aber die niemals blinzelnde Aprilsonne heizt den Wind bald zu Hochofentemperaturen auf. Während der *Soudure* wird er gnadenlos und wirbelt genug Staub auf, um die Sicht auf die gut vierhundert Meter östlich von Méhana gelegenen Inseln zu versperren. Um die Mittagszeit und nach dem Nachmittagsmahl ist die Hitze entkräftend, manchmal erreichen die Temperaturen in der Sonne bis zu fünfundsechzig Grad, im Schatten immer noch knapp unter fünfundvierzig. Der Verzehr der üblichen Speise aus Reis und Soße scheint den Fluss von salzigem Schweiß noch zu verstärken. Manchmal fließt er sogar in den Mund und verdirbt den Geschmack der Speisen; manchmal tropft er in den Topf mit Essen. Am Ende eines Mahls trinken die Menschen für gewöhnlich Wasser und machen eine Siesta. Aber während der *Soudure* bietet die Siesta keine Erholung, weil man am frühen Nachmittag einschläft, nur um zwei Stunden später mit pochenden Kopfschmerzen wieder aufzuwachen.

Wie die meisten Menschen in Méhana verbrachte ich die Nachmittage damit, in den Himmel zu starren und die Wolkenformationen zu beobachten. Im April sah man am südlichen Horizont allmählich weiche Kumuluswolken aufziehen, die hoffentlich irgendwann Regen bringen würden. Würden sie stumm weiter nach Norden Richtung Méhana ziehen? Würde es heute ein wenig Niederschlag geben? Ebenso aufmerksam beobachteten die Menschen von Méhana die Aprilwinde. Wenn ein heißer Wind aus dem Osten weht, weiß man, dass es praktisch keine Chance auf Regen gibt. Wenn jedoch der kühlere Wind aus dem Westen durch die Gassen streicht, könnte er die Voraussetzungen für ein Gewitter schaffen.

Das für westliche Maßstäbe ohnehin langsame Tempo des Lebens in Méhana wird während der *Soudure* noch schleppender. Wegen der gnadenlosen Hitze und des Nahrungsmangels ist es eine Zeit der körperlichen Schwäche. Die Kühe geben keine Milch, es gibt nur wenig Reis, die Hirsevorräte sind fast aufgebraucht. Der bösartige Wind aus dem Osten wirbelt Staub auf, der den Meningitis-Bazillus mit sich trägt, an dem in jeder Trockenzeit viele Kinder sterben. Das Wunder eines Regens könnte den mörderischen Bazillus töten. Auch alte Herzen flattern und bleiben wegen zu viel Hitze und Schweiß stehen.

Im April erlahmte auch mein Arbeitstempo. Die Hitze erstickte die Bereitschaft der Menschen zu reden. Das passte mir gut, denn meine Bereitschaft zu arbeiten war ebenfalls dahingeschmolzen.

Am Nachmittag eines besonders heißen Tages Ende April kam mich Djibos Cousin Karimoun, ein vierzehnjähriger Junge mit einem glatten, ausdruckslosen ovalen Gesicht, auf meinem Gehöft besuchen. Er trug Khakishorts, die einem doppelt so großen Mann gepasst hätten. Er brachte eine Nachricht von Djibo. Ich sollte am späten Nachmittag zum Getreidespeicher kommen.

»Heißt das, dass ich heute initiiert werden soll?«, fragte ich Karimoun.

»Djibo hat mir nur gesagt, dass ich dir diese Nachricht ausrichten soll.«

Karimoun ließ mich besorgt zurück, denn ich spürte, dass ich an einer Wegscheide stand. In den fast drei Monaten mit Djibo hatte ich praktisch nichts über das Handwerk eines *Sorko* erfahren, mit Ausnahme einiger allgemein unverständlicher Texte, die ich auswendig gelernt und in meinem Notizbuch festgehalten hatte. Verschwendete ich meine Zeit? Ich hatte immer noch Zweifel, ob es richtig war, sich mit Djibo einzulassen. Ich war mir unsicher, ob er seine Ankündigung, mich zu initiieren, ernst meinte. Ich wusste, dass sein Vater es ihm erlaubt hatte; er würde bei der Zeremonie anwesend sein. Aber warum ich? War das schmutzige Geschäft der Vögel nur ein Vorwand gewesen? Wie konnte ich sicher sein, dass Djibo und sein Vater keine Betrüger waren, die planten, den weißen Mann für irgendeinen geheimen Zweck zu manipulieren? Auf diese beunruhigenden Fragen wusste ich keine Antwort. Und was noch schlimmer war, meine Objektivität war beeinträchtigt. Wieder dachte ich über die »Evans-Pritchard-Frage« nach, wie ich sie für mich nannte. Der große Afrikanist und Ethnograf hatte ja unter ähnlichen Umständen seinen Koch zur Unterweisung bei einem Zauberer geschickt, weil er glaubte, eine persönliche Teilnahme würde ihn daran hindern, die elementaren Wahrheiten über die Hexerei der Azande zu enthüllen. Auch wenn kein moderner Ethnologe, der etwas auf sich hält, einen Stellvertreter schicken würde, blieb die Frage trotzdem relevant: Wann sagt ein Wissenschaftler »Genug. Ich darf mich nicht weiter persönlich einlassen«?

Trotz meiner Zweifel trottete ich an jenem heißen Nachmittag im April zum Getreidespeicher. Die verstaubten Marktstände flimmerten in der Hitze. Die Läden waren geschlossen, und niemand saß an den Tischen, wo ich sonst im Vorbeigehen Gesten mit den Taubstummen austauschte. Wie von Djibo angewiesen, trug ich eine Kalebasse mit gefiltertem Wasser unter dem Arm und tastete nach der Margarinedose in der Tasche meiner Tunika.

Ich betrat das Gehöft mit dem Getreidespeicher. Djibo und sein Vater Mounmouni Koda starrten mich kurz an. Als ich näher kam, wandten sie sich wieder einem Mörser mit drei Hirsehalmen zu.

Mounmouni Koda begrüßte mich. Trotz seiner fünfundsiebzig Jahre war er ein noch immer kräftig gebauter Mann. Sein Körper war fest, sein Gang schnell und sicher. Seine kleine Statur tat seiner Ausstrahlung von großer Kraft und Weisheit, die sich in den Furchen auf seiner Stirn ausdrückte, keinen Abbruch. Seine tiefliegenden Augen schienen selbst die privatesten Geheimnisse meines Wesens lesen zu können.

Sorko Mounmouni Koda, Vater von Sorko Djibo,
Méhana, Niger, 1977

Mounmouni verkörperte eine ruhige Stärke; er wirkte wie der Inbegriff des Songhai-Ideals eines »harten« Mannes.

Djibo fasste meinen Arm und erlöste mich vom hypnotisierenden Blick Mounmouni Kodas. »Zwei schwarze Halme. Ein weißer Halm. Heute beginnst du zu verstehen.«

»Gut«, sagte ich voller Selbstvertrauen.

Djibo wandte sich an seinen Vater. »Siehst du, er ist findig, aber er wird trotz seines Selbstvertrauens lange lernen müssen.«

»Wir müssen alle lange lernen«, sagte Mounmouni Koda. »Ich lerne immer noch, und ich komme bereits an das Ende meines Weges.«

Dieser kurze Wortwechsel überzeugte mich, dass ich an diesem Nachmittag im April etwas beginnen würde, das mich mein Leben lang prägen würde.

»Paul«, sagte Djibo, »siehst du diese drei Hirsehalme?«

»Ja.«

»Was fällt dir auf?«

»Zwei sind schwarz, und einer ist weiß.«

»Erinnert dich das an irgendetwas?«

Ich dachte über den Gegensatz von Schwarz und Weiß nach. Ich erinnerte mich, dass ein *Sorko* seine Vermutungen in Frageform kleidete und erwiderte: »Könnten der schwarze und der weiße Vogel in meinem Haus von Bedeutung sein?«

Nickend wandte Djibo sich seinem Vater zu. Mounmouni Koda strahlte entzückt. »Paul, zwei Halme sind schwarz; sie stehen für Dongo, den Vater aller *Sorkos*.«

»Und was ist mit dem weißen?«

»Dongo ist immer bei seiner Mutter, oder nicht?«

»Ist Harakoy Dikko seine Mutter?«

»Ja, Dongo und seine Mutter Harakoy Dikko sind immer zusammen, um die *Sorkos* und die Sklaven der *Sorkos* zu beschützen«, führte Djibo aus.

Ich wagte eine weitere Schlussfolgerung. »Sind in dem Mörser drei Hirsehalme, weil drei die Zahl für Männer ist?«

»Das kann ich jetzt nicht beantworten«, sagte Djibo. »Wir müssen mit der Zeremonie beginnen.«

Djibo nahm einen Topf und strich ihn gründlich mit einem Butterball aus, wie ihn die Fulani-Frauen an Markttagen verkauften. Dann streute er Sand aus einer Kaffeedose auf den Boden, formte einen kleinen Haufen und stellte den Topf darauf. »Die Geister mögen reinen Sand«, erklärte er mir, gab Wasser in den Topf und sagte: »*Bismiallahi.*« Er machte mir ein Zeichen, neben ihm Platz zu nehmen. Mounmouni Koda blieb stehen. Djibo griff in seinen schwarzen Plastikbeutel und holte eine Reihe von Säckchen heraus. Eines öffnete er, entnahm ihm ein grünliches Pulver und zeigte darauf. »Was ist das?«, fragte er.

»Ist es *Wata gaya gaya*?«

Mit einem Nicken bestätigte Djibo meine Vermutung. Dann trug er den Text für dieses Geisterpulver vor – einen Text, den er mich bis dahin nicht gelehrt hatte. Er sagte: »*Wata gaya gaya, wata gaye.* Es hat die sieben Himmel gekannt. Es hat die sieben Höllen gekannt. Es hat den Norden gekannt. Es hat den Süden gekannt. Es hat den Osten gekannt, und es hat den Westen gekannt.«

Nachdem er diese Beschwörung dreimal deklamiert hatte, spuckte Djibo dreimal kurz in das Pulver. Mit Daumen und Mittelfinger nahm er drei Prisen davon und streute sie gegen den Uhrzeigersinn auf die Wasseroberfläche. Djibo öffnete ein weiteres Säckchen und zeigte mir ein rötlich braunes Pulver. »Und was ist das?«, fragte er.

»Ist es *Kobe*?«

Ich hatte wieder richtig geraten. Djibo deklamierte die zugehörige Beschwörungsformel, so wie er den vorherigen Text vorgetragen hatte. »*Kobe* ist über der Erde«, intonierte er. »Die *Kobe*-Wurzel ist unter der Erde.«

Djibo arbeitete jetzt schnell, als müsse die Zeremonie vor Sonnenuntergang, dem Ende des muslimischen Tages, abgeschlossen sein. Er trug eine weitere Formel für das rötliche Pulver vor, das ich korrekterweise als *Siria* identifizierte. »*Siria, Siria*, es wird sich um Zauberei [kümmern?]. Es muss sich um die bösen Dschinn [kümmern?]. Es muss sich um die bösen Hexen [kümmern?]. Es muss sich um die bösen Feinde [kümmern?].«

Djibo fuhr mit dem Ritual fort und nahm ein wenig von dem *Korombey*-Pulver, das ich besorgt hatte. Er intonierte den mittlerweile vertrauten Text und spuckte dreimal in den Topf. Er nahm ein weiteres Pulver, das ich an seiner grünlichen Farbe erkannte.

»Warum gibst du ein zweites Mal *Wata gaya gaya* hinzu?«, fragte ich und war sehr stolz auf mich.

Djibo sah mich an. »Du bist ein junger Mann in Eile, nicht wahr?«

»Natürlich.«

»Aber du weißt nicht so viel, wie du denkst. Dieses Pulver ist nicht *Wata gaya gaya*. Es ist *Kafia malam*.« Ohne weitere Erklärung trug er die kurze Beschwörungsformel vor, die zu dem Mittel gehörte. »*Kafia malam* ist schneller als der *Alfa* [ein muslimischer Geistlicher].«

Behutsam öffnete Djibo ein Säckchen mit einem bräunlichen Pulver, das ich noch nie gesehen hatte. »Das ist *Dugu nya*, das Spezialpulver des *Sorkos*.« Nachdem er das gesagt hatte, wiederholte er dreimal: »*Sah nya, dugu nya*.«

Maymuna, Djibos Frau, trat aus einem der Zwei-Zimmer-Häuser des Gehöfts heraus. Während Djibo seine Beschwörungsformeln vorgetragen hatte, hatte sie die drei Hirsehalme im Mörser geschält und zu einem feinen Mehl zerstoßen. Wortlos brachte sie uns das Gefäß mit dem Mehl. Djibo stimmte einen Lobgesang für Dongo, den Beschützer aller *Sorkos*, an und spuckte dreimal in das Mehl. Der Topf war bereit, das Mehl war bereit. Djibo stellte den Topf aufs Feuer. Als das Wasser kochte, gab er mehrere Handvoll von dem Mehl in den Topf und rührte die immer zähflüssiger werdende Masse mit einem Holzlöffel um. Der Schleim verdickte sich zu einer Paste. Als Djibo den Löffel losließ und dieser aufrecht darin stehen blieb, erklärte er die Paste für verzehrfertig.

Vorsichtig nahm er den Topf vom Feuer und trug ihn in sein kleines Haus. Er zog eine Kaffeedose unter dem Bett hervor, aus der er feinen Sand auf den Boden schüttete. Wieder bildete er einen kleinen Haufen, auf den er den Topf stellte. Er erklärte, dass ich mit dem Rücken nach Osten und dem Gesicht zum Topf Platz nehmen sollte. Er und sein Vater setzten sich mir gegenüber mit dem Rücken nach Westen. Djibo rieb mit dem Zeigefinger über den Rand des Topfes und deklamierte einen langen komplizierten Text. Ich schwebte auf den Schwingungen der Beschwörungsformel.

Dann sprach Djibo: »Harakoy Dikko. Du musst dies gut verstehen. Ich bereite diese *Sorko*-Speise für Paul vor. Ich bin Djibo Mounmouni aus Méhana. Paul wird ein *Sorko*. Er begibt sich in die Hände der *Sorkos*, damit er lernt zu tun, was sie tun. Ich möchte, dass Paul das Haus des *Sorkos* betritt.«

Djibo hatte mich ernst genommen und mir die schwierigen Aufgaben bewusst gemacht, die auf einen *Sorko benya* zukamen. Er fuhr fort, die Tooru-Geister mit einer Reihe von Lobgesängen zu rühmen, die ich schon kannte.

Er sprach von Harakoy Dikko, der Göttin des Nigerflusses, von Dongo, von Maalu, der Gottheit des Blitzes, von Moussa Nyori, dem Jäger, der die Wolkenformationen kontrolliert, von Hausakoy, der Gottheit des Eisens, von Mahamane Surgu, der Gottheit des Krieges, von Faran Buru Koda, dem Geisterkind, das das Schicksal der Hirsefelder lenkt. Er stimmte Lobgesänge für weitere Geisterfamilien an. Er sprach von den weißen Geistern, die große Gelehrte sind und die Sterblichen beraten, wie sie ihre gemeinschaftlichen Angelegenheiten richtig regeln sollen. Er sang auch von Nya Beri, der großen Mutter, welche die

Geister der Kälte, die Geister des Todes, hervorgebracht hatte.

Nach seinem Lobgesang an die Geister fuhr Djibo mit einer Anrufung von Ndebbi fort, dem Boten des Hohen Gottes, dessen Aufgabe es ist, die magischen Botschaften der Menschen zur höchsten Gottheit zu übermitteln. Diesen Text rezitierte Djibo beinahe unhörbar; ich konnte die einzelnen Worte kaum verstehen.

Unbeeindruckt von der Hitze und den Anstrengungen des Rituals beendete Djibo seine mehr als fünfzehnminütige Deklamation: »Paul wird ein *Sorko* werden. Paul wird ein *Sorko* werden. So spreche ich. Ich arbeite für Paul. Jetzt ist Paul ein *Sorko*. Ich bereite ihm eine Speise, mit deren Hilfe er sich in das Handwerk der *Sorkos* vertiefen kann. Die Augen werden Paul nicht sehen. Die Hände werden Paul nicht greifen. Paul ist mit den *Sorkos*, die über uns sind. Paul ist zurückgekehrt und in den Händen des *Sorkos benya*.«

Djibo spuckte ein letztes Mal in den Topf. Mounmouni starrte mich mit loderndem Blick an. Wir saßen lange schweigend da. Schließlich brach Djibo die beunruhigende Stille. »Erst werde ich, *Sorko* Djibo, drei Maß der Speise essen. Dann musst du den Rest verzehren.«

Djibo nahm drei kleine Portionen von der grünlichen Paste, aß sie rasch und schob mir den Topf hin. Ohne zu wissen, was mich erwartete, aß ich meine erste Handvoll. Die Speise war körnig und geschmacklos. Ich überspielte meine Angst und verspeiste die Paste langsam. Djibo und sein Vater beobachteten mich. Ich merkte, dass schon eine kleine Menge ein Völlegefühl hinterließ. Nach sechs Handvoll blähte sich mein Magen. »Ich kann nicht mehr«, protestierte ich.

»Du musst diese *Sorko*-Speise aufessen«, sagte Djibo streng.

Teilnahmslos sah Mounmouni Koda zu, wie ich mich abmühte, die beiden letzten Handvoll der *Sorko*-Speise zu essen, die noch in dem Topf waren. Ich musste gegen Übelkeit ankämpfen; Blähungen dehnten meinen Magen bis zum Platzen. Djibo stand auf. Mounmouni Koda stand auf.

»Willst du nicht aufstehen?«, fragte Mounmouni Koda mich.

Aber so sehr ich mich auch anstrengte, ich konnte mich nicht erheben. Djibo half mir auf die Füße.

»Jetzt weißt du, was es bedeutet, voll zu sein«, meinte Mounmouni Koda lachend. Er pikste mir mit dem Zeigefinger dreimal in meinen aufgeblähten Bauch. Wie ich es schaffte, mich nicht zu übergeben, ist mir ein Rätsel. »Du bist voll«, sagte er, »genau wie die anderen *Sorkos* und *Sorkos benya*. Wenn andere *Sorkos* dich sehen, werden sie wissen, dass du gegessen hast und voll bist. Aber das werden sie niemals sagen. Vielleicht werden sie sich schneller und aufrichtiger als andere Menschen mit dir anfreunden. Vielleicht drücken sie auch nur dreimal mit dem Zeigefinger gegen deinen Bauch und sagen: ›Ich bin voll und du auch.‹«

»Du bist ein *Sorko benya*«, verkündete Djibo.

Wegen des Glücks über meinen neuen Status auch im übertragenen Sinne angeschwollen, erklärte ich mit dem Stolz eines Novizen: »Ich bin ein *Sorko benya*.«

Djibo nickte. »Ja, du bist ein *Sorko benya*, der nichts weiß. Du stehst erst am Anfang deines Weges. Rühre heute keine Frau an, weil das die Kraft deiner *Sorko*-Speise schwächt. Und nimm dich in Acht vor dem Verrat anderer Menschen. Du hast deinen Fuß auf den Pfad der *Sorkos* gesetzt, du hast eine neue Welt betreten. In dieser Welt wirst du Wunder und Gefahren entdecken. Sei stets vorsichtig und schütze dich.«

Djibo führte mich zum Tor. Ich wackelte hinaus. »Geh nach Hause und ruhe dich aus. Die *Sorko*-Speise wird für den Rest deines Lebens in deinem Bauch bleiben.«

11

Hexen

An Markttagen war der Markt von einem Stimmengewirr aus Feilschen und Handeln erfüllt und leuchtete in einem bunten Regenbogen aus Trachten. Aus dem Osten kamen Bella auf den Markt. Die ehemaligen Sklaven der Tuareg, der Nomaden der Wüste, waren heute Bauern, die so viel Hirse anbauten, dass sie den Überschuss verkaufen konnten. An jedem Markttag kamen Bella-Frauen in rauen indigofarbenen Kleidern aus einheimischer Baumwolle auf Eseln, die mit Hundert-Kilo-Säcken Hirse beladen waren. Die Bella-Männer trugen bunt bedruckte Gewänder und weiße oder schwarze Turbane, die sich steif über ihrer Stirn erhoben. Sie ritten auf Kamelen oder Eseln zum Markt. Aus dem Norden kamen Männer und Frauen des Volkes der Kurtey, deren Muttersprache ebenfalls Songhai war. Im Gegensatz zu den Songhai gaben sich diese Leute jedoch nicht mit dem Anbau von Hirse und Sorghum ab, sondern zogen stattdessen Fischfang und den Anbau von Reis vor. Auch optisch unterschieden die Kurtey sich von den Songhai – durch die Narben in Form eines kleinen Kreuzes auf beiden Wangenknochen. Im 19. Jahrhundert waren sie gefürchtete Sklavenhändler auf dem Niger gewesen; heute verkauften sie auf dem Markt Reis. Außerdem kamen

Angehörige des Volkes der Wogo zum Markt in Méhana, die wie die Kurtey Songhai sprachen und auf den Inseln des Niger lebten. Sie bauten Reis und Hirse an, hielten Vieh und pflanzten Tabak zum Verkauf an. Sie waren im 16. Jahrhundert auf Bitten der Songhai-Könige in die Region des mittleren Niger gekommen, um ein Auge auf Anzeichen für rebellische Umtriebe in der Bevölkerung zu haben. Auch Tuareg besuchten den Markt in Méhana. Die Blauen Ritter der Sahara trugen weiße Gewänder sowie ihre berühmten indigofarbenen Turbane und überblickten das Marktgeschehen vom Rücken ihrer kostbaren Kamele aus.

An Markttagen füllte sich Méhana mit Menschen, Staub und Qualm. Gassen, die normalerweise breit und leer waren, wurden in dem Gedrängel der Marktbesucher fast unpassierbar, selbst kurze Wege waren beschwerlich. Staub wurde aufgewirbelt und mit den diversen Gerüchen des Marktes angereichert: Das Aroma von geröstetem Hammel, das einem das Wasser im Munde zusammenlaufen ließ, mischte sich mit dem Gestank von frischem Kameldung; die süßsaure Schärfe eines kochenden Eintopfs mit ekligen Gerüchen von fauligem Fisch; der würzige Duft brennender Harze mit dem Hauch von schalem Urin.

Obwohl ich den Markt von Méhana wirklich mochte, konnte ich das wilde Treiben nur in kleinen Dosen ertragen. Viele Markttage verbrachte ich vor dem Getreidespeicher am westlichen Rand des Marktbereichs. Dort saßen Djibo und ich oft im Schatten einer großen Akazie und beobachteten das Kommen und Gehen. Neben uns brieten Songhai- und Zerma-Frauen frisch gefangene Fische aus dem Niger.

An einem Tag im Mai saßen Djibo und ich erneut an diesem Platz. Hin und wieder begrüßten uns Passanten, wir wechselten ein paar Worte und schwiegen dann wieder. Vielleicht wegen Djibos Laune. Vielleicht auch wegen der hitzebedingten Müdigkeit.

»Kennst du diese Frau?«, fragte Djibo mich, als er das Schweigen schließlich brach. Er zeigte auf eine schlanke Frau mittleren Alters in einem blau-hellvioletten Batikkleid, das am Kragen mit Gold bestickt war.

»Nein.«

Djibo schnupperte, als wollte er eine Fährte aufnehmen. »Bist du sicher?«

Als die Frau sich umdrehte, konnte ich ihr Gesicht sehen. »Oh, ich kenne sie doch. Sie ist meine Nachbarin. Sie lebt auf dem Gehöft neben meinem.«

»Das dachte ich auch. Komm morgen früh zu meinem Haus, bevor die Leute wach und auf den Beinen sind.«

»Aber warum? Das verstehe ich nicht.«

»Diese Frau ist eine Hexe. Bemerkst du ihren Geruch nicht?«

»Eine Hexe?! Also wirklich, Djibo.« Ich schnupperte ebenfalls an der Luft. »Ich rieche nur gebratenen Fisch.«

»Sei kein Dummkopf. Du bist in Gefahr, wenn diese Frau so nahe bei deinem Gehöft lebt.«

»Was soll das heißen?«, fragte ich perplex.

Djibo ignorierte meine Frage. »Hast du einen silbernen Ring?«

Tatsächlich hatte ich zwei Wochen zuvor einen Silberring gekauft. »Ja.«

»Dann bring ihn morgen mit.«

»Was hat das alles zu bedeuten?«

»Komm morgen. Komm früh.«

Ich hatte einiges über Hexerei in afrikanischen Gesellschaften gelesen, aber der Geruch von Hexen war nirgendwo beschrieben worden. Die meisten Autoren hatten sich auf die Frage konzentriert, wie Anklagen wegen Hexerei – jemand bezichtigte öffentlich jemanden als Hexe – mit den diversen Rissen zusammenhingen, die durch eine Gemeinschaft gehen konnten. Evans-Pritchard hielt

Hexerei für eine Art Religion, ein Glaubenssystem, das in manchen Gesellschaften für das unerklärliche Unglück eines Menschen verantwortlich gemacht wurde. Aber Djibo hatte mich in eine Situation geworfen, in der ich Hexerei nicht leidenschaftslos als soziokulturelles Phänomen betrachten konnte. Angeblich verspeisten Songhai-Hexen die Seelen ihrer Opfer. Sie waren die bösartigste Kraft im Kosmos der Songhai und verursachten auf ihrem Weg fortwährend Krankheit und Tod. Wie hätte ich das Thema nüchtern angehen können, wenn im Nachbarhaus eine Hexe wohnte? »Hexe« war für mich in diesem Moment keine abstrakte Kategorie, sondern ein konkretes Wesen – eine Person, die mir großen Schaden zufügen konnte.

Trotzdem blieb ich skeptisch und beschloss deshalb am Abend, Erkundigungen einzuholen. Ich begann bei Mounkaila. Mounkaila war ein kleiner Ladenbesitzer, der erst vor Kurzem aus Anzuru, einer kargen Hochebene östlich des Nigers, die von einer immer kleiner werdenden Gruppe von Songhai bewohnt wurde, hergezogen war. Er hatte dreiunddreißig Jahre lang als Polizist in Ghana gearbeitet. Deshalb sprach Mounkaila neben seiner Muttersprache Songhai auch ghanaisches Pidgin-Englisch.

Als ich ankam, plauderte Mounkaila mit Moussa, einem ehemaligen Soldaten der ghanaischen Armee. Beide Männer hatten Ghana 1969 verlassen, als Präsident Busia alle im Land lebenden Ausländer vertrieben hatte, die Jobs in der Privatwirtschaft und im öffentlichen Dienst hatten. Beide unterhielten sich gern mit mir, weil es ihnen eine Gelegenheit bot, ihre beachtlichen Englischkenntnisse vorzuführen.

Sie begrüßten mich auf Songhai und setzten die Unterhaltung in einer Mischung aus Pidgin und Songhai fort.

»Wie kommst du mit deiner Arbeit voran?«, fragte Mounkaila mich auf Pidgin.

»Gut. Keine Probleme. Du weißt ja, dass ich in zwei Monaten abreise.«

»Schon! So lange bist du doch noch nicht hier«, sagte Moussa auf Pidgin.

»Hey«, widersprach Mounkaila ihm auf Songhai, »er ist schon seit mehr als neun Monaten bei uns. Für einen weißen Mann ist das eine lange Zeit, in einem Ort wie Méhana zu leben.«

»Das ist wahr«, stimmte Moussa ihm auf Songhai zu.

Da ich häufig mit den beiden Männern sprach, sparte ich mir die Förmlichkeiten und sprach das heikle Thema der Hexerei direkt an.

»Hört mal«, begann ich auf Songhai, »ich habe gehört, dass Boubakars erste Frau eine Hexe ist. Stimmt das?«

»Psst!«, ermahnte Mounkaila mich. »Darüber dürfen wir nicht auf Songhai sprechen. Wir müssen Englisch reden. Dann kann uns keiner belauschen.«

»Also gut. Stimmt es also? Ist Boubakars erste Frau eine Hexe oder nicht?«

Mounkaila winkte mich näher heran. Auch Moussa beugte sich vor, um unseren kleinen Kreis von drei Männern im Dunkeln auf einer Strohmatte zu schließen. »Bei ihr müssen wir sehr vorsichtig sein.«

»Warum?«, fragte ich.

»Weil sie angeblich so böse ist, dass sie sogar bei Tageslicht Seelen verspeist.«

»Wirklich?«, fragte Moussa.

»Bei Allahs Namen, es ist wahr«, bekräftigte Mounkaila. »Deswegen sprechen wir in ihrer Nähe niemals Songhai. Sie könnte mithören und uns angreifen.«

»Aber was ist mit Boubakar?«, fragte ich.

»Boubakar ist ein Adeliger«, erklärte Mounkaila, »und ein Dummkopf. Er hat sie geheiratet und erst hinterher herausgefunden, wie bösartig sie ist. Als sie ihm seine Kinder geboren hatte, musste er eine Amme finden.«

»Eine Amme? Wieso um alles in der Welt eine Amme?«

»Wenn eine Frau eine Hexe ist, gibt sie die Hexerei durch die Milch an ihre Kinder weiter. Vor langer Zeit gab es eine Frau namens Howa, musst du wissen, die ein Dorf von Frauen gegründet hat. Sie mochte die Männer überhaupt nicht! Diese Frauen arbeiteten auf dem Feld, hielten Vieh und machten alle möglichen Männerarbeiten. Als Howa eines Tages allein im Dorf war, kam ein gut aussehender Mann ins Dorf. Sie lud ihn in ihre Hütte ein und verführte ihn. Und als der Mann dann schlief, schlug sie ihn auf den Kopf und verwandelte ihn in ein Schaf. Die anderen Frauen kehrten zurück, Howa tötete das Schaf und grillte es. Die Frauen aßen. Howa war bei der Begegnung schwanger geworden und gebar ein kleines Mädchen. Dieses Mädchen wurde die erste Hexe. Sie zog in die Welt und gebar Söhne und Töchter, und die Töchter gebaren immer weitere Hexen.«

Mounkaila kritzelte im Sand und sah mich an. »Keine Angst. Sei einfach freundlich zu ihr, dann wird dir nichts geschehen, selbst wenn sie auf dem Nachbargehöft schläft.«

»Ich werde versuchen zu tun, was ihr sagt, aber es wird schwierig.«

»Du musst es tun«, warnte Mounkaila mich. »Wenn es dir ein Trost ist, Boubakars Frau ist nur eine von vielen in Méhana.«

»Wie meinst du das?«

»Méhana hat mehr Hexen als jede andere Songhai-Siedlung.«

»Das ist wahr«, bestätigte Moussa.

Es war spät am Abend. Das Rauschen des Flusses über die Felsen übertönte das leise Gemurmel. Ich wünschte meinen Freunden eine gute Nacht. Trotz meiner ungebrochenen Skepsis bezüglich der Hexerei in Méhana hatte mich das Gespräch doch bewogen, am nächsten Morgen meinen kürzlich erworbenen silbernen Ring mit zu Djibos Haus zu nehmen.

In jener Nacht schlief ich unruhig. In den frühen Morgenstunden wieherten Esel. Zwei Katzen zischten und fauchten sich auf meinem Gehöft an. Ich hörte eine Frau schreien. Babys weinten.

Als ich früh morgens bei Djibo ankam, wirkte auch er müde. Seine Augen waren blutunterlaufen, und die Maske des Schlafes lag noch über seinem Gesicht.

»Hast du gut geschlafen, Djibo?«, fragte ich rituell.

»Ich schlafe nie gut. Ein *Sorko* schläft nie gut.«

»Ich verstehe allmählich, was du meinst. Ich habe in der letzten Nacht auch kein Auge zugetan.«

»Dann fängst du an, ein bisschen was zu lernen.«

Djibo streifte seine schwarze Tunika über, fragte mich nach dem Ring und forderte mich auf, auf dem Lehmboden Platz zu nehmen.

»Djibo, warum gibt es Hexen auf der Welt?«

Djibo trug mir die gleiche Geschichte vor, die Mounkaila am Abend zuvor erzählt hatte.

Ich sprudelte über vor Fragen. »Was hat es mit der Milch auf sich, die den Hexen solche Macht gibt?«, begann ich.

Djibo bremste mich. »Sei ganz still. Ich werde mein *Baata* öffnen.«

Djibo kniete sich auf den Boden und nahm mit äußerster Vorsicht eine rechteckige Blechdose, die er als Opferbehältnis benutzte. Behutsam stellte er die Dose neben mich auf den Boden. Er nahm ein weißes Tuch heraus – die Farbe der Reinheit –, breitete es auf den Boden und stellte die Blechdose darauf.

»Siehst du mein Messer, das an der Wand hängt?«

»Ja.«

»Bring es mir.«

Ich gab ihm das Messer, das er auf den Rand des Tuches legte. Aber das Arrangement war noch immer nicht vollständig. Von seinem Altar nahm Djibo einen kleinen Spiegel und legte ihn neben das Messer.

»Steh auf«, befahl er, während er sich selbst erhob. »Wir müssen uns nach Osten wenden.«

»Warum nach Osten?«

»So ist unsere Tradition.« Er wandte sich ab und rief seinen Cousin Karimoun. »Bring die Hühner.«

Karimoun, der immer noch die ramponierten, zu großen Shorts trug, die er am Tag meiner Initiation angehabt hatte, brachte die Hühner. Nun war die Szenerie komplett: drei Männer, die am westlichen Rand eines weißen Tuches standen, auf der das *Baata*, ein kleiner Spiegel, ein Messer und drei Hühner lagen, ein weißes, ein rotes und ein rotweiß geflecktes.

»Wir sind bereit zu beginnen«, verkündete Djibo.

Djibo rezitierte leise eine Beschwörungsformel und nahm den Deckel des *Baata* ab, aus dem ein süßsaurer Duft entwich. Ich blickte in die Dose und sah einige Pflanzen, Zweige und Wurzeln, die von einer schwarzen Substanz überzogen waren – möglicherweise Blut. Djibo erklärte mir, dass der Inhalt seines B*aata* aus *Goronfol*, einer mir unbekannten Pflanze, *Wakando*, einer weiteren mir unbekannten Pflanze, einer getrockneten Hummel, Duftölen, dem Blut einer schwarzen Ziege und dem Blut hunderter schwarzer, weißer, roter und gefleckter Hühner bestand.

»Steht das Blut der schwarzen Ziege für Dongo?«, fragte ich.

»Natürlich.«

»Steht das Blut der roten Hühner für Cirey, die Gottheit des Blitzes?«

»Ja, natürlich.«

»Und wen repräsentiert die Hummel?«

»Ah, das kann ich dir heute nicht beantworten.« Er schenkte mir ein dünnes Lächeln. »Gib mir deinen Ring.« Djibo legte den Ring in die Blechdose. »Erst bereiten wir ein Tonikum, und dann muss dein Ring trinken.«

»Trinken? Was soll das heißen?«

Djibo ignorierte meine Fragen. Er öffnete seinen Beutel mit Pulvern und nahm eine Reihe von Säckchen heraus, von denen er eins öffnete und einen kleinen Haufen schwarzer Asche präsentierte.

»Das ist *Ngimgniti*«, sagte ich und zeigte darauf.

»Natürlich.«

Er öffnete mehrere Säckchen und präsentierte weitere Zutaten: *Siria*, *Kobe* und *Ceeyndi*, ein Harz, das beim Verbrennen einen beißenden Qualm produziert. Er öffnete ein weiteres Säckchen. »Und was ist das?«

»Das ist *Wata gaya gaya*«, antwortete ich, als ich das grüne Pulver korrekt identifizierte.

»Gut.« Djibo öffnete zwei weitere Säckchen. »Was sind das für Pulver?«

Ich kannte sie nicht.

»Du hast noch viel zu lernen«, verkündete er. »Das gelbe Pulver heißt *Kwara tombo*, das grüne *Genji tombo*. Probiere sie, damit du sie beim nächsten Mal erkennst.«

Das tat ich. Das gelbe Pulver schmeckte nach Rizinusöl, das grüne wie getrockneter Vogelkot. Mit dem Geschmack von Vogelkot kannte ich mich aus!

Djibo nahm drei Prisen von jedem Pulver. Mit Daumen und Zeigefinger streute er sie über meinen Ring, als würde er ihn salzen. Dann zog er das Messer aus der Scheide und trug leise eine weitere Beschwörungsformel vor. Karimoun hielt den Kopf des weißen Huhns und streckte seinen Hals. Djibo schnitt ihm die Kehle durch. Blut strömte in das *Baata*. Djibo hielt das zappelnde Huhn über den Spiegel und ließ ein wenig Blut darauf tropfen, doch das meiste landete in der Blechdose. Wir sahen zu, wie das Huhn starb. Sein Blut trocknete zu einer dünnen roten Kruste auf dem Ring. Djibo opferte die anderen Hühner auf die gleiche Weise.

»Es ist erledigt, Paul.«

»Was jetzt?«

»Wir müssen den Ring, die Pulver und das Blut für drei Tage in dem Behältnis lassen.«

»Und was dann?«

»Dann wirst du selbst sehen, *Sorko benya*.«

Drei Tage später lud Djibo mich ein, am späten Nachmittag in sein Haus im Getreidespeicher zu kommen. Behutsam stellte er das *Baata* in den feinen Sand auf dem Boden des Hauses und nahm den Deckel ab. Diesmal war ich auf den starken süßlichen Geruch vorbereitet, der sich im Raum ausbreitete. Mit Daumen und Zeigefinger nahm Djibo meinen Ring heraus und betrachtete ihn im dunkler werdenden Schatten des Nachmittagslichts. »Trage diesen Ring für immer am dritten Finger deiner linken Hand, denn das ist der Finger der Kraft.«

»Der Finger der Kraft?«

»Ja, natürlich. Es ist der einzige Finger, der auf Songhai keinen Namen hat. Was glaubst du, warum er keinen Namen hat?«, fragte er rhetorisch. »Weil dieser Finger zu viel Macht hat, um einen Namen zu tragen. Wenn du von Zauberei angegriffen wirst, dringt sie durch den dritten Finger der linken Hand in deinen Körper ein. Wenn die Hexe dich angreift, dringt ihre Kraft durch den dritten Finger der linken Hand in deinen Körper. Wenn ein Geist den Körper eines Mediums übernimmt, dringt seine Kraft durch den dritten Finger der linken Hand in den Körper des Mediums ein.«

»Warum erzählst du mir das, Djibo? Ich dachte, ich müsste gute Fragen stellen.«

»Das ist sehr wahr. Aber du bist initiiert worden. Du bist auf dem Weg. Und wenn man auf dem Weg ist, muss man auch darauf vorbereitet sein, ihn zu beschreiten. Unser Weg kann gefährlich sein. Du musst vorbereitet sein.«

»Was um alles in der Welt könnte mir zustoßen?«

»Das kann ich dir nicht sagen. Aber eines Tages wirst du es verstehen.«

»Ja, natürlich«, sagte ich spöttisch.

Djibo runzelte die Stirn über meine Unverschämtheit. »Setzen wir uns nach draußen.«

Wir traten in das Licht des späten Nachmittags, das die Lehmziegelmauern leuchten ließ, als würden dahinter Feuer verglühen. Wie zwei Katzen saßen wir da und starrten ins Nichts. Allmählich beschlich mich eine Sorge. Djibo und sein Vater hatten Pläne mit mir. Vielleicht manipulierten sie mich, um mich auszunutzen. Aber wie hätten sie ihr Prestige mehren können, indem sie einen Amerikaner das Handwerk eines *Sorkos* lehrten? Von meiner Lektüre wusste ich, dass Ethnologen oft von ihren Informanten manipuliert und in ihre politischen Machenschaften verwickelt wurden, die nichts mit dem eigentlichen Forschungsauftrag zu tun hatten. Außerdem war ich nicht nur von Idrissa, sondern auch von vielen anderen Menschen in Méhana vor Djibo und seinem Vater gewarnt worden. »Man kann ihnen nicht vertrauen.« »Gib ihnen nicht dein Geld.« Als ich einwandte, dass Djibo und sein Vater *Sorkos* waren, erklärten meine Freunde mir, dass sie *Sorkos* mit Schmutz im Herzen seien – Menschen, die bereitwillig einen vertrauten Freund verraten würden.

Dieser Rat beunruhigte mich. Noch mehr beunruhigte mich, dass Djibo wiederholt die Gefahr erwähnte, die der Weg eines *Sorkos* mit sich brachte. Was hätte mir passieren können? Schließlich hatte ich mein Leben in Méhana unter Kontrolle. Und als Weißer fühlte ich mich weniger anfällig für die Gefahren, von denen Djibo gesprochen hatte. Wenn jemand versuchte, mich mit einem Fluch zu belegen – vorausgesetzt, so etwas sei überhaupt möglich –, würde er eine Menge Ärger bekommen, oder etwa nicht?

Djibo tippte an meinen Arm und zeigte auf eine Frau, die auf uns zukam. Auf dem Kopf balancierte sie einen Stapel bunt verzierter Emailletöpfe. »Paul, du hast die *Sorko*-Speise in deinem Bauch, oder nicht?«

»Ja, habe ich«, erwiderte ich, obwohl ich beim besten Willen nicht verstand, wie etwas, das ich vor drei Tagen gegessen hatte, für den Rest meines Lebens in meinem Bauch bleiben konnte.

»Und du trägst jetzt«, fuhr er fort, während er die Frau mit den Töpfen beobachtete, »am dritten Finger deiner linken Hand einen Ring, der getrunken hat, oder nicht?«

»Ja.«

»Nun …?«

»Bedeutet das, dass ich Stärke habe?«

»Ja, natürlich.«

»Aber wie kann ich das wissen? Ich fühle mich nicht anders als vorher, nur ein bisschen verstopft.«

»Das mit deinem ausgetrockneten Darm tut mir leid, aber das passiert meistens, wenn man die Speise der Kraft gegessen hat.« Er wies in Richtung der Frau mit den Töpfen auf dem Kopf. Sie war stehen geblieben, um mit einer anderen Frau zu reden, die Richtung Fluss ging. »Geh zu dieser Frau. Schau ihr in die Augen, auch wenn sie versucht, den Blick abzuwenden. Wenn eure Blicke sich treffen, wird eine Träne aus ihrem linken Auge quellen.«

»Ja, sicher«, sagte ich sarkastisch. In der Hoffnung, Djibos Vorhersage zu widerlegen, lief ich der Frau mit den Töpfen auf dem Kopf hinterher, während sie sich langsam vom Markt entfernte. Als ihr klar wurde, dass ich sie abfangen wollte, beschleunigte sie ihre Schritte, verlor jedoch das Gleichgewicht und stolperte, sodass einige ihrer Töpfe in den Sand fielen. Wie ein siegreicher Held stand ich über ihr, als sie sich bückte, um sie aufzuheben. Für einen Moment trafen sich unsere Blicke. Eine große Träne floss aus ihrem linken Auge und kullerte über ihre Wange. Sie erhob sich steif und rannte, ihre Töpfe an sich klammernd, davon. Verblüfft kehrte ich zu Djibo zurück.

»Ich glaube es nicht. Diese Frau wollte mich nicht ansehen; als sie es doch getan hat, ist ihr aus dem linken Auge eine Träne über die Wange geflossen.«

»Hast du sie gerochen?«

»Nein, habe ich nicht.«

Djibo schüttelte den Kopf. »Eines Tages wirst du sie riechen können, aber das liegt noch vor dir auf deinem Weg.«

»Wen kann ich riechen?«, fragte ich.

»Hexen, du Dummkopf.«

12

Eine Stärkung für die Arbeit

Da die finanzielle Unterstützung für meine Forschungsarbeit in zwei Monaten auslaufen sollte, nahte der Tag meiner Abreise aus Méhana in Riesenschritten. Trotz meiner Lehre bei *Sorko* Djibo freute ich mich darauf, das staubige Ödland von Méhana zu verlassen. Mein Plan war einfach: Ich wollte vor meiner endgültigen Rückreise nach Amerika noch einen Monat in Niamey verbringen, wo ich meine sprachwissenschaftlichen Daten transkribieren und den Abschlussbericht über meine Forschungsergebnisse schreiben wollte, den ich der Regierung der Republik Niger versprochen hatte. Aber noch lag mehr als ein Monat in Méhana vor mir.

Die Hitze blieb unverändert. Aber die zu erwartenden Niederschläge brachten eine zusätzliche tropische Schwüle in die Wüste. Im April waren die Abende eine Zeit der Wiederbelebung gewesen; die Menschen gewannen ihre Kräfte und ihren Humor zurück, wenn die Sonne hinter dem Horizont verschwunden war. Aber als gegen Mitte bis Ende Mai die Regenwolken heranzogen, endete die abendliche

Erleichterung. Nun fürchteten wir den Sonnenuntergang, weil der Anbruch der Dunkelheit eine erstickende Luftfeuchtigkeit brachte.

Die Beschwerden der Schwüle beeinträchtigten meine Arbeit noch stärker als die sengende Hitze des Aprils. Morgens war mir schwindelig. Abends war mir übel. Und mittags machte mich die Müdigkeit matt und apathisch. Ich hörte auf, für den Unterricht zu Djibos Haus zu gehen. Djibo besuchte mich auch nicht. Hin und wieder schickte er nach mir, damit ich ihm bei einem Heilritus assistierte.

Etwa zwei Wochen vor meiner Abreise aus Méhana sandte Djibo eines Abends Karimoun, um mich zu holen. Ich betrat Djibos Gehöft und begrüßte seine Frau und seinen Cousin Moussa, der seinen monatlichen Abschluss für die Regierungsagentur zusammenstellte, für die er arbeitete. Wie üblich sah Djibo schrecklich müde aus, doch er klagte nicht. Mittlerweile war ich klug genug, ihn nicht mehr zu fragen, ob er gut geschlafen hatte.

Djibo erklärte mir, dass er am Abend zuvor Besuch von einem Klienten bekommen habe. Der Mann, ein Beamter, war aus dem achtzig Kilometer entfernten Tera nach Méhana gereist, um Djibo um Rat zu bitten. Das Problem, das der Klient ihm dargelegt hatte, betraf seinen Job bei der Regierung. Der Mann saß seit vier Jahren auf demselben öden Verwaltungsposten fest und hatte wenig Aussicht auf eine verantwortlichere Position in einem anderen Amtsbereich.

»Und?«

»Dafür haben *Sorkos* die perfekte Lösung«, sagte Djibo, öffnete seine Hand und präsentierte mir eine einzelne Kaurimuschel.

»Wie kann eine Kaurimuschel das Schicksal des Mannes verbessern?«, fragte ich. Ich wusste, dass die Kaurimuschel in der vorkolonialen Songhai-Gesellschaft ein Tauschmittel gewesen war. Außerdem benutzten Wahrsager sie, um die Vergangenheit und die Zukunft zu deuten. Und bei

Besessenheitstänzen wurden die Kostüme der Gottheiten mit zahlreichen Kaurimuscheln verziert. Ich dachte einen Moment lang nach und beantwortete meine eigene Frage mit einer weiteren: »Kann eine Kaurimuschel trinken?«

»Ja, das kann sie«, sagte Djibo.

Wir betraten Djibos Haus. Es war ein besonders schwüler Abend in Méhana, Dämpfe von Duftölen hingen schwer in der Luft. Djibo setzte sich auf eine Strohmatte gegenüber dem Hocker, der ihm als Altar diente. Er öffnete das *Baata*, das auf dem Altar stand, und wies auf eine weitere Kaurimuschel im Gefäß. »Diese heißt Bamba«, sagte er. »Das ist Bamba. Bamba ist Ndebbis weiße Taube. Der Fuß von Ndebbis *Kokoro bah*-Baum. Deswegen reitet sie auf dem Kopf der Feinde. Sie reitet auf dem Kopf der Zauberer. Sie reitet auf dem Kopf von bösem Wortzauber. Sie reitet auf dem Kopf von bösen Dschinn. Sie reitet auf dem Kopf der bösen Doguwa-Geister. Sie reitet auf dem Kopf der bösen Medizin. Ndebbi hat allen sein Bett geboten. Er hat sein Bett losgelassen, und es ist zur Erde geschwebt und dortgeblieben. So sitzt es auf dem Kopf der Feinde. Es wird auf den Köpfen der Agenten des Satans sitzen. Es wird auf den Köpfen der bösen Geister sitzen. Ndebbi hat einen kleinen schweren Stein geformt. Sie werden ihn niemals erkennen. Ihre Hände werden ihn niemals greifen. Deswegen wird die Kraft der Himmel auf dem Kopf des Zauberers sein.«

Wie bei allen anderen Beschwörungen, bei denen ich zugegen war, trug Djibo den Text dreimal vor und spuckte nach jedem Vortrag in die *Baata*-Dose. Er erklärte mir, dass die Kaurimuschel drei Tage lang darin liegen bleiben müsse. »Nach drei Tagen wird Bamba die Kräfte des Himmels getrunken haben, und unsere Ahnen werden mit meinem Klienten sein.«

»Wird es funktionieren?«, fragte ich wie immer skeptisch.

»Das kommt darauf an, wie rein das Herz des Mannes ist.«

13

Zwischen Schall und Schatten

Im Mai blicken die Menschen in der Sahelzone prüfend gen Osten und hoffen, am Horizont flauschige Kumuluswolken zu entdecken. Die erfahrendsten Songhai können anhand der Wolkenformation voraussagen, ob diese nur Wind und Staub bringen oder ob die Geister so gnädig sind, auf Wind und Staub auch Regen folgen zu lassen.

Wenn am östlichen Horizont ein Band von Sturmwolken aufzieht, schlägt die schläfrige Ruhe eines heißen Nachmittags in Méhana in ein Gewirr hektischer Aktivitäten um. Die Wolken sind von demselben dunklen Orange wie das gebackene Lateritgestein in der Songhai-Steppe. Bevor der Wind dreht, hasten die Leute umher, binden Tiere an, tragen ihre Betten in ihre Häuser und Hütten. Eine große Staubwolke kommt vom Horizont drohend auf Méhana zu, bis sie den Ort wie eine Meereswelle, die sich am Strand bricht, überflutet und die Sonne verdeckt. Der Himmel

Sandsturm bei Tillabéri, Niger, 1984

wird von einer dichten Schicht aus rötlich-braunem Staub überzogen, die die Strahlen der Nachmittagssonne zu einem blassen Rot werden lässt – als würde am fernen Himmel ein kleines Feuer brennen. Die Temperatur stürzt ab, und der Geruch von Regen liegt in der Luft. Im besten Fall folgt auf Wind und Staub auch ein Guss. Haben die Leute Pech, weht der Staub stundenlang und bringt nur Beschwerden, Krankheit und einen weiteren heißen dreckig-verschwitzten Tag.

Bis Ende Mai war Méhana noch immer nicht mit Regen gesegnet worden – nur mit Wind und heftigen Sandstürmen.

Sand wehte in mein Haus und bedeckte alles. Mein Lehmboden sah aus wie die großen Sandmeere der Sahara. Meine Haut fühlte sich an wie grobes Schleifpapier.

Trotz dieses Elends waren die letzten vier Tage aufregend gewesen. Djibo und ich hatten einen frommen Muslim behandelt, der behauptete, ein *Sharif* zu sein, ein direkter Nachkomme des Propheten Mohammed. Djibo bezweifelte, dass der Mann ein *Sharif* war, aber wir wussten, dass er ein *Hadschi* war, ein Muslim, der die heilige Pilgerreise nach Mekka gemacht hatte. Der Mann war fünfunddreißig Jahre alt und litt seit fast einem Jahr an einer unidentifizierten Krankheit. Er beklagte sich über chronische Lethargie, schmerzende Gelenke und Übelkeit und hatte bereits den lokalen islamischen Heiler, die lokale staatliche Krankenschwester und einen Arzt im überregionalen Gesundheitszentrum konsultiert. Schließlich war er in das National Hospital in Niamey gegangen, wo er sich einer ganzen Reihe von Bluttests unterzogen hatte. Niemand konnte ihm helfen. Als der Mann schließlich nach Méhana zurückgekehrt war, hatte er *Sorko* Djibo konsultiert, für einen frommen Muslim wie ihn war das ein Akt der Verzweiflung. Djibo warf einen Blick auf ihn und verkündete, der Mann sei verhext worden.

»Ich glaube nicht an deine Teufel«, sagte der Mann. »Du wirst in der Hölle verfaulen, Djibo.«

Djibo schnaubte. »Man kann nicht zwei Wegen folgen.«

»Deine verfluchten Sprichwörter werden mein Problem nicht lösen«, erwiderte der Mann. »Ich werde sterben.«

»Unsinn«, sagte Djibo. »Wenn wir schnell arbeiten, bist du in drei Tagen wieder auf den Beinen.«

Djibo fragte mich, ob ich ihm bei dem Heilungsritual assistieren könne. Ich willigte ein, wenn der *Hadschi* keine Einwände gegen meine Anwesenheit hatte; der Mann hieß mich willkommen.

Am ersten Tag der Zeremonie statteten wir dem Gehöft des *Hadschis* einen Besuch ab. Es hatte die Größe eines halben Fußballfeldes. Am westlichen Rand stand ein großes Dreizimmerhaus aus Lehmziegeln. An der Nordwand des Gehöfts drängten sich drei kleinere Häuser, eins für jede der drei Ehefrauen des *Hadschis*. In der Mitte des Grundstücks befanden sich Pfähle, an denen nachts die Kühe, Ziegen und Schafe angebunden waren. Bei der Ostmauer nahe des Eingangstors waren unter mehreren Akazien Möbel zu einer Art Wohnzimmer im Freien aufgestellt worden – ein Bett aus miteinander verbundenen Stöcken und mehrere Liegestühle, die der *Hadschi* bestimmt in Niamey gekauft hatte.

Wir trafen den leidenden *Hadschi* auf seinem Bett im Schatten der Akazien an. Wir begrüßten ihn und forderten ihn auf, sich unter der größten Akazie auf den Boden zu setzen und an den Stamm zu lehnen. Mit großer Mühe rollte er sich aus dem Bett und ließ sich neben der Akazie nieder. Aus seiner Hemdtasche zog Djibo ein Säckchen mit *Sibitah kadj*, den duftenden Wurzeln eines Strauches, der entlang ausgetrockneter Flussbetten wächst. Die Wurzeln waren zuvor drei Tage lang in der Sonne gedörrt worden. Dann bat Djibo eine der Frauen des *Hadschis*, die einzige andere auf dem Gehöft anwesende Person, eine Feuerschale mit heißen Kohlen zu bringen. Die Schale stellte Djibo vor den *Hadschi* und gab einige der *Sibitah kadj* hinein. Rauch stieg auf. Djibo forderte den *Hadschi* auf zu inhalieren, damit der Rauch in seine Lungen drang. Während der Mann tiefe Atemzüge nahm, rieben wir den duftenden Rauch in seine Ohren und Achselhöhlen, in seinen Bauchnabel sowie auf alle Gelenke und Körperöffnungen. Das wiederholten wir am ersten und am zweiten Tag der Behandlung jeweils viermal.

Donnerstag war der dritte und letzte Tag der Heilung. An Donnerstagen waren die Geister den Menschen am nächsten, erinnerte Djibo mich. Forschen Schrittes gingen wir zum Gehöft des *Hadschis*. Als wir ankamen, lief uns eine seiner Ehefrauen entgegen. »Beeilt euch!«, sagte sie.

»Mein Mann ist heute sehr krank. Er kann seinen Körper nicht bewegen und hat große Schmerzen.«

Der *Hadschi* lag zusammengekrümmt auf dem Bett unter den Akazien. Wir riefen leise seinen Namen, und er wandte den Kopf in unsere Richtung. Seine Gliedmaßen zuckten. Ich berührte seine Hand; sie war heiß von Fieber.

Rasch machten wir uns an die Arbeit. Djibo bereitete aus Zweigen, Parfüm und Wasser in einer Kalebasse eine Tinktur vor und sagte eine Beschwörungsformel auf, deren Worte die Flüssigkeit mit der Kraft der Himmel erfüllen würden, wie er mir erklärte. Mithilfe des Textes, der »Wasserbehältnis« hieß, wandte Djibo sich an Ndebbi, den Mittler zwischen Menschen und Iri Koy, dem Hohen Gott des Songhai-Kosmos. Er sang von seinen Ahnen, ihrer Kraft und davon, wie diese Kraft über Generationen weitergegeben worden war, von Vater zu Sohn, von Vater zu Sohn. Er sprach von der Welt des ewigen Krieges, der Welt der Zauberei, in der Männer dreißig und Frauen vierzig Punkte (das heißt Wegscheiden) des Unglücks haben. Dann wurden die Bewohner der Welt des ewigen Krieges geschildert: Hexen, böse Dschinn, die bösen Songhai-Geister, Zauberer und Iblis, der islamische Teufel. Wenn Unschuldige an ihre Wegscheiden des Unglücks kommen, sind sie an einem Ort zwischen der Menschen- und der Geisterwelt und anfällig für Angriffe. Aber wenn böse Hexen, Dschinn, Geister, Zauberer oder Iblis einen Unschuldigen angreifen, kann der Unschuldige sie manchmal vertreiben. Die Vertreter des Bösen können sich in die Irre führen lassen. Man kann sie überwinden und besiegen.

Djibo trug den Text dreimal vor, die Zahl, die symbolisch für Männer steht. Danach spuckte er jeweils dreimal in die Tinktur. Auf diese Weise sollte die Kraft der Himmel, die in den Worten verkörpert ist, in den Trank eindringen.

Djibo beendete seine Beschwörung und rief eine der Frauen des *Hadschis*. »Wasche ihn mit dieser Lösung«, trug er ihr auf, »vor allem die Gelenke und die Ohren, die Nase und den Mund.«

Dann führte Djibo mich vom Gehöft des *Hadschis*. Wir stapften auf eine hohe Düne direkt westlich von Méhana. Erst am Ortsrand sprach Djibo zu mir: »Nun werden wir das Doppel des Mannes finden. Eine Hexe hat es gestohlen. Der Rauch des *Sibitah kadj* ist bei ihm; sein Körper ist bereit, sein Doppel aufzunehmen. Aber wir müssen es finden, bevor die Hexe es in ein Tier verwandelt und ihm die Kehle durchschneidet.«

»Und wenn das geschieht?«

»Dann wird der *Hadschi* sterben.«

Wir erklommen die Kuppe der Düne, wo wir einen Haufen *Duo*, Schalen von Hirsesamen, entdeckten. Auf Hügeln wie diesen trennten Frauen das kostbare Korn mithilfe des Windes von der Spreu. Wie ein forschendes Kleinkind wühlte Djibo in dem Haufen Hirsespreu und siebte ihn mit den Fingern durch, bis er plötzlich aufsprang, sich die Hand vor den Mund schlug und rief: »*Woo, woo, woo, woo.*«

Er wandte sich mir zu. »Hast du es gesehen?«

»Was?«

»Hast du es gespürt?«

»Was?«

»Hast du es gehört?«

»Was?«

Djibo schüttelte enttäuscht den Kopf, weil er erwartet hatte, dass ich das Doppel des Mannes spüren würde, wenn er es befreit. »Du guckst, aber du siehst nicht«, knurrte er. »Du tastest, aber du fühlst nicht. Du hörst, aber dabei hörst du nicht hin. Ohne Seh- und Tastsinn«, fuhr er fort, »kann man eine Menge lernen. Aber du musst lernen zu hören, sonst wirst du nur wenig über unsere Tradition erfahren.«

Erschöpft und frustriert darüber, einen so beschränkten Schüler unterrichten zu müssen, verfiel Djibo in Schweigen, als wir die Düne hinunter zurück zu dem Haus des *Hadschis* gingen. Ich begriff nicht, was auf der Düne geschehen war, und fragte mich, ob Djibo seine »Entdeckung« nur vorgetäuscht hatte. Wie konnte er etwas sehen, spüren und hören, das meinen Sinnen entgangen war?

Obwohl der Weg zum Gehöft des *Hadschis* bergab führte, kam er mir doppelt so lang vor wie der Aufstieg. Es schien eine Ewigkeit zu dauern, bis wir den Hof erreichten. Zu meiner Überraschung und Djibos Befriedigung kam der *Hadschi* persönlich auf Djibo zu und überschüttete ihn mit Lob. Irgendwie hatte der Mann seine Kraft zurückgewonnen. Djibo wandte sich an mich und sagte: »Für diesen waren die Worte gut.«

»Welche Worte?«

Djibo antwortete nicht, sondern dankte den Geistern für die Kraft, die den *Hadschi* von seiner Krankheit geheilt hatte, und drängte mich dann zu gehen.

»Wohin?«

»Zu meinem Haus. Es bleibt nicht mehr viel Zeit, und du musst noch mehr lernen, bevor du deinen nächsten Lehrer triffst.«

»Meinen nächsten Lehrer? Wer wird das sein, dein Vater?«

»Nein, nein. Du wirst nach Tillabéri am anderen Flussufer gehen. Dort wirst du nach Adamu Jenitongo fragen, dem *Zima* [Priester des Besessenheitskults] von Tillabéri. Er ist ein *Sohanci.*«

»Ist dieser Adamu Jenitongo ein direkter Nachfahre von Sonni Ali Ber?«

»Ja, natürlich ist er ein Nachfahre von Sonni Ali Ber, genau wie ich ein Nachfahre von Faran Maka Bote bin, dem Riesen, der ein Fischer und der erste *Sorko* war.«

»Ich kann es nicht erwarten anzufangen.«

»Kinder kennen Eile; Ältere kennen Geduld.«

»Du und deine Sprichwörter.«

»Du kannst nicht zu Adamu Jenitongo gehen, ohne die Worte zu kennen, die ich bei der Heilung des *Hadschis* verwendet habe.«

In seinem Haus paukte Djibo zwei Stunden mit mir, bis ich die »Wasserbehältnis«-Beschwörung auswendig konnte. Dann präsentierte er mir eine weitere Formel, einen Text über das Hören des Songhai-Wortes. Djibo enthüllte mir ihren Namen, ein Nicht-Songhai-Wort, schärfte mir jedoch ein, dass ich ihn niemals einem Außenstehenden verraten dürfe. Im Klang dieses Namens liegt die Macht, die Hexen vertreibt. Ich lernte die Beschwörungsformel leicht. Sie besagt, dass es einen Laut in der Dunkelheit gibt, das Nicht-Songhai-Wort, das an einen Stein gerichtet ist. Der Stein leitet den Strom der Worte in Richtung der Genitalien einer bösen Hexe, die durch die schwarze Nachtluft fliegt. Während sie vorbeifliegt, flackert ihre Fackel. Aber jetzt hat der Strom der Worte die Hexe erreicht, und wenn sie ihre Fackel hebt, macht sie niemandem mehr Angst, denn die Hexe hat die Kontrolle über sich selbst verloren und fällt aus dem Licht. Und wenn die Hexe nach der Beschwörung aus dem Licht fällt, entweicht die Angst von den Menschen wie Dampf aus einem Teekessel. Männer werden die Hexe nicht fürchten. Frauen werden die Hexe nicht mehr fürchten. Geschwächt und verwirrt, wird die Hexe ihre Vorderseite nicht von ihrer Rückseite unterscheiden können. Zeit wird vergehen, und die Hexe wird an derselben Stelle gelähmt bleiben. Die Dunkelheit wird sich lüften.

Zufrieden mit meinem Vortrag der »Wasserbehältnis«-Formel und des Textes mit dem geheimen Namen, forderte Djibo mich auf, den *Hadschi* an jedem meiner verbleibenden Tage in Méhana zu besuchen. »Gib mir Bescheid, wenn er wieder krank wird.« Gerne ergriff ich die Gelegenheit, die Fortschritte der Genesung zu überprüfen. Ich glaubte, dass der *Hadschi* schon bald einen Rückfall erleiden würde, der die Wirkungslosigkeit von Djibos Heilung beweisen würde.

Jeden Tag schleppte ich mich in der Frühe durch die Hitze und die Feuchtigkeit zum Gehöft des *Hadschis*, der überraschenderweise offenbar täglich kräftiger wurde. Eine Woche nach dem Heilungsritual legte er seinen edelsten weißen *Boubou* aus Damast an, ein wehendes Gewand mit kunstvoll golden bestickten Kragen und Ärmeln. »Komm mit mir zu meinem Laden«, befahl er. »Dies ist ein großartiger Tag.«

»Warum ist heute so wichtig für dich, *Hadschi*?«

»Verstehst du nicht?«

»Was soll ich verstehen?«

»Ich habe meinen Laden seit mehr als einem halben Jahr nicht gesehen. Heute möchte ich persönlich alle Menschen begrüßen, die in mein Geschäft kommen, um Dinge zu kaufen. Ich möchte vor meinem Laden sitzen und die Stunden im Gespräch mit Freunden verbringen. Ich habe mich so gelangweilt. Ein Leben ohne Gespräche ist wie ein lebendiger Tod, musst du wissen.«

»Das freut mich für dich, *Hadschi*. Das freut mich sehr.«

Und so ging er zu seinem Laden, begrüßte Kunden und zog sich hinter einen leeren Markstand gegenüber vom Eingang seines Geschäfts zurück. Trotz der Hitze und Unbequemlichkeit des heißen Junitages plauderte der *Hadschi* stundenlang mit seinen Freunden. Mittags brachte eine seiner Ehefrauen Essen, und wir aßen zu sechst aus einer Schale ein köstliches Gericht aus Reis mit einer würzigen Fischsoße. Ich stopfte mich voll und rülpste laut. Der *Hadschi* wusste es zu schätzen und folgte mit seinen Freunden meinem Beispiel. »Ich versichere dir, dass ich meiner Frau berichten werde, wie sehr du das Mahl genossen hast, das sie bereitet hat«, sagte er.

Ich stand auf. Der geheilte *Hadschi* schien unempfindlich gegen die Hitze, in der meine Energie verdampfte. »Vielen Dank, *Hadschi*. Ich muss jetzt zu meinem Gehöft zurückkehren. Ich bin müde, und ich muss anfangen, meine Abreise vorzubereiten.«

»Ah, Paul«, sagte der *Hadschi*, »wenn du nicht mehr hier bist, wird das Leben in Méhana langweilig werden.«

14

Tillabéri

Im Juni hing mittags wie immer Stille über Tillabéri. Die Menschen nahmen in ihren Häusern, vor der Sonne geschützt, das Mittagsmahl zu sich. Ein Esel wieherte. Hin und wieder ratterte ein Lkw über die einzige Straße von Tillabéri, die bis nach Niamey, der hundertzwanzig Kilometer südlich gelegenen Hauptstadt von Niger, asphaltiert war. Ich hatte Méhana am Morgen verlassen, einen Tag, nachdem der erste Regen gefallen war. Idrissa hatte mich unruhig verabschiedet und war dann ins Feld geeilt, um auszusäen. Er hoffte, dass ich zurückkehren würde, um ihm in näherer Zukunft Glück – also ein Einkommen – zu bringen. Andere Menschen hatten weder Zeit noch Lust, mir Lebewohl zu sagen. Obwohl ich Djibo erzählt hatte, dass ich abreisen würde, hatte ich nicht erwartet, dass er mich verabschieden würde. Er hatte mir einmal erklärt, dass ein *Sorko* unsentimental sein müsse, und er war ein Mann, der zu seinem Wort stand. Ich wusste auch, dass viele Menschen in Méhana froh waren, mich abfahren zu sehen. Für einige war ich ein Fremder geblieben, der tief in ihr Privatleben eingedrungen war. Ich selbst war ebenfalls glücklich, Méhana zu verlassen. Meine Arbeit war weit über meine Erwartungen hinaus erfolgreich gewesen, und ich war zuversichtlich, in Tillabéri mehr über die Welt der Songhai zu erfahren.

Ich stieg umständlich aus dem Buschtaxi, das mich von Bonfebba, ein Marktort am Ostufer des Nigers, nach Tillabéri gebracht hatte. Weil ich Adamu Jenitongos Adresse nicht kannte, ging ich zum Postamt. Tillabéri ist ein regionales Verwaltungszentrum, deshalb gibt es in der Stadt zahlreiche Regierungsbüros. Die Post war geschlossen, aber vor dem Gebäude saß ein Mann.

»Hallo«, sagte ich zu ihm. »Wie ist deine Gesundheit?«

»Gut. Und deine?« Er starrte mich eine Weile an. »Kenne ich dich nicht?«

Auch mir kam der Mann bekannt vor. Ich hatte fünf Jahre zuvor an der weiterführenden Schule von Tillabéri unterrichtet. »Ist das so?«

»Bist du nicht Mr. Jim?«

»Nein, nein.«

»Amerikaner?«

»Ja.«

»Lehrer?«

»Das war ich früher mal, genau wie Mr. Jim. Aber er hat zwei Jahre vor mir hier unterrichtet.«

»Ihr Weißen seht für mich alle gleich aus«, sagte er und kratzte sich am Kopf. »Junge, du sprichst aber gut Songhai! Du bist ein Songhai geworden.«

»Danke«, erwiderte ich, »aber man sagt, dass der schwimmende Stamm nie ein Krokodil wird.«

»Gütiger Gott, du kennst Sprichwörter!«

»Ich brauche eine Auskunft, vielleicht kannst du mir helfen.«

»Natürlich.«

»Kannst du mir sagen, wie ich zum Gehöft von Adamu Jenitongo komme?«

»Wer?«

»Er ist der *Zima* von Tillabéri.«

»Oh, das Gehöft des *Zimas*. Er lebt auf einer Düne hinter der weiterführenden Schule.«

Es war beruhigend zu erfahren, dass der *Zima* noch auf demselben Gehöft lebte, das er schon fünf Jahre zuvor bewohnt hatte, als ich Lehrer an dieser Schule gewesen war. Damals kannte ich ihn als einen alten Mann, der auf seinem Hof häufig Besessenheitstänze durchführte. Das Echo der Kalebasse hatte die Stille zahlreicher heißer Nachmittage in Tillabéri durchdrungen. Selbst damals war mir Adamu Jenitongo schon sehr alt vorgekommen. Er war klein und dürr und sein schütterer, sauber gestutzter weißer Bart bildete einen scharfen Kontrast zu seiner ebenholzfarbenen Haut, die sich straff über sein Gesicht spannte. Er hatte markante Wangenknochen und ungetrübte schwarze Augen, die tief in seinen Augenhöhlen glühten.

Während meiner Zeit in Tillabéri hatte ich diesen alten Mann, den *Zima*, öfter besucht. Jedes Mal hatte er mich gedrängt, ich solle an einem seiner Besessenheitstänze teilnehmen. Ich hatte standhaft abgelehnt, weil ich befürchtete, dass dies meine Position als Lehrer in der Gemeinde kompromittieren könnte. Gegen Ende meiner Vertragszeit hatte ich jedoch mehrere Tänze, die er organisiert hatte, beobachtet. Das schrille Jaulen der einsaitigen Geige und das Klackern und Rollen der Bambusstöcke auf der Kalebasse – die Instrumente des Besessenheitstanzes – hatten mich ebenso beeindruckt wie die Tänzerinnen, zumeist ältere Frauen, mit ihrer Würde und ihrem Elan.

Aber seitdem waren fünf Jahre vergangen, und ich kehrte in dem Wissen zum Gehöft des alten Mannes zurück, dass er einer der größten Zauberer in Niger war. Während ich den sandigen Wegen folgte, die die Stadt durchschnitten, fragte ich mich, wie ich so ignorant hatte sein können. Ich stieg einen Damm hinab und versank im tiefen Sand des ausgetrockneten Flussbetts. Am anderen Ufer machte ich mich an den steilen Anstieg die Düne hinauf. Der

Sohanci Adamu Jenitongo, Tillabéri, Niger, 1984

Riemen meines Seesacks scheuerte an meiner Schulter. Ich rieb mir die von Sand raue Stirn. Schweiß tropfte mir in die Augen. Entschlossen schleppte ich mich bis zur Kuppe hinauf. Hinter meinem Rücken erstreckte sich, nur unterbrochen von Tafelbergen, meilenweit der Busch wie eine braune Decke bis zum Horizont. Zu meiner Rechten glitzerte der Niger im Sonnenlicht. Zu meiner Linken schimmerte das Dach der weiterführenden Schule. Direkt dahinter lag das Gehöft des *Sohanci*, auf dem mehrere Grashütten standen und das von einem ein Meter hohen Zaun aus getrockneten Hirsestängeln umfasst war.

Vor dem Tor klatschte ich dreimal in die Hände, um meine Anwesenheit anzuzeigen. Leicht gebeugt und mit steifen Schritten kam Adamu Jenitongo, um mich zu begrüßen. Sein dürrer Oberkörper war von einem ärmellosen schwarzen Hemd bedeckt.

»*Pap, pa, pa, pap*. Ich habe dich erwartet. Wie war deine Reise von Méhana hierher?«

»Woher wusstest du, dass ich komme? Woher wusstest du überhaupt von mir?«

Adamu Jenitongo, der *Sohanci*, lachte. »Ich wusste von dir, seit ich dich zum ersten Mal gesehen habe, als du noch Lehrer an der Schule warst.«

Ich starrte den *Sohanci* an.

»Du siehst erschöpft aus«, brach er das Schweigen. »Komm in meine Hütte und iss mit mir.« Er drehte sich um und rief. »Moru, komm und hol Monsieur Pauls Sachen.«

Ein Junge von etwa zwanzig Jahren, nicht größer als der alte Mann, kam aus einer der Hütten zu uns geeilt und ergriff meinen Seesack. Wir betraten gebückt die Hütte des *Sohancis*. Er breitete eine Strohmatte aus, warf ein Kissen – ein Bündel aus seinen zusammengerollten Hemden, Hosen und Gewändern – darauf und forderte mich auf, Platz zu nehmen. Er öffnete den Deckel eines bunten Emailletopfes mit dampfendem Reis und Soße darin und gab mir einen Holzlöffel. »Iss, du musst wieder zu Kräften kommen.«

Während wir in der Mittagshitze aßen, sprachen wir nicht.

»Hast du genug gegessen?«, fragte der *Sohanci* nach einer kurzen Zeit.

»Ja«, antwortete ich.

»Aber du hast das Essen kaum angerührt.«

»Ich bin voll«, erklärte ich ihm.

»In mehr als einer Hinsicht«, erwiderte er.

Wusste dieser Mann alles über mich? Als seine tiefliegenden Augen auf mir ruhten, hatte ich das Gefühl, nichts vor ihm verbergen zu können. Sein Blick strahlte große Erkenntnis und Weisheit aus, ein Blick, der den Panzer eines Menschen durchbrach und sein wahres Ich erfasste.

»Ich bin gekommen, um mit dir zu sitzen, ähm ...«

»Du musst mich *Baba* nennen. Alle Männer, die kommen und bei mir sitzen, nennen mich *Baba*.«

»*Baba*, ich bin gekommen, um bei dir zu sitzen und zuzuhören.«

»Du hast deine Worte wohl gewählt, mein Sohn. Du musst *Baba* am Morgen, am Mittag und am Abend besuchen. Wir müssen zusammen essen, denn wenn zwei Männer gemeinsam essen, baut das Vertrauen zwischen ihnen auf. Aber um die wichtigen Dinge zu lernen, musst du spät abends kommen, wenn alle schlafen.«

»Ich glaube, ich verstehe. Wenn du mächtige Worte hast, darf niemand sie mithören.«

»Gütiger Gott! Wie viel du gelernt hast.« Der *Sohanci* griff in eine Tasche in den Tiefen seiner ärmellosen schwarzen Tunika und zückte eine Lederbrieftasche, die er öffnete, um vorsichtig eine zerfetzte, altersgefleckte Karte herauszuziehen.

»Was steht darauf?«, fragte ich. Statt zu antworten, gab er sie mir.

Es war sein Ausweis. »Hier steht, dass du Adamu Jenitongo bist, ein Bauer, geboren um 1882 in Jessey.« Ich sah ihn an. »Ist das wahr?«

»Oh ja, man sagt, dass ich nur noch fünf Jahre vor hundert Jahren alt bin.«

Ich war skeptisch. Aber er war offensichtlich ziemlich alt. »Für einen Mann deines Alters bist du sehr gesund«, erklärte ich ihm.

»Alle Nachkommen von Sonni Ali Ber sind starke Menschen, die lange leben. Mein Vater Jenitongo ist hundertzwei Jahre alt geworden.«

»Hundertzwei?« Diese Langlebigkeit erinnerte mich an meine eigene Familie. Die Großmutter meines Großvaters väterlicherseits, eine Heilerin und Kräuterheilkundige, ist hundertsieben Jahre alt geworden. Und alle Männer im väterlichen Zweig meiner Familie hatten gesund bis weit über achtzig oder neunzig gelebt.

»Oh ja. Ich werde dir von meinem Leben erzählen.«

»Mein Vater Jenitongo war der mächtigste Zauberer seiner Zeit. Als ich noch ein kleiner Junge war, wählte er mich aus, seine Bürde zu erben. Tagsüber arbeitete ich auf den Feldern und kehrte dann heim, um zuzuhören, wenn mein Vater mir von seinem Leben erzählte. Ich erfuhr, dass mein Großvater in Wanzerbe geboren war, der großen magischen Stadt der Songhai. Aber Großvater zog in das Land der Zerma östlich des Niger. Dort wurde mein Vater ein Mann und lernte, ein *Sohanci* zu sein.

Mit der Magie seines Vaters hat unser Vorfahre Sonni Ali sich unverwundbar gegen Speere und Pfeile gemacht. Mit der Magie der Familie seiner Mutter, der Faru, lernte Sonni Ali Ber zu fliegen. Wie ein Geier, das Symbol seiner Vorfahren, erhob er sich in die Lüfte und legte große Entfernungen zurück. Der Magische König hat sein mächtiges Wissen an seinen Sohn Si Baru weitergegeben, der es wiederum an seine drei Söhne weitergab, die es ihren Söhnen weitergaben, bis das Wissen nach Jessey gelangte.

Das Leben in Jessey war friedlich, bis eines heißen Tages die französischen Soldaten kamen. Sie griffen unser Dorf an und töteten einige unserer Leute, um ihre überwältigende Macht zu demonstrieren. Ich versteckte mich in einer kleinen Höhle am Dorfrand. Ich hörte das Knattern ihrer Gewehre und die Schreie der Verwundeten. Aber ich habe die europäischen Soldaten nicht gesehen.

Kurz nach der Eroberung verließen sie Jessey, und das Leben nahm wieder seinen normalen Lauf. Weil sich die Dorfältesten der Autorität der Franzosen unterwarfen, nahmen die Franzosen keine Gefangenen. Der Offizier, der die Soldaten anführte, versprach, Jessey zum Sitz der lokalen Kolonialverwaltung zu machen.

Mein Vater Jenitongo interessierte sich wenig für diese politischen Angelegenheiten. Er zog es vor, die Welt der Songhai-Magie zu ergründen. Und er unterrichtete mich weiterhin in Songhai-Zauberei.

Als ich kaum zwanzig Jahre alt war, wurde ich von Fernweh gepackt. Jeden Tag blickte ich nach Süden und stellte mir vor, wie aufregend das Leben dort sein müsste. Ich hatte von den Wundern von Accra gehört, wo graue Wolken, die schwer und tief am Himmel hingen, die Sonne verdeckten. Die staunenswerteste Sehenswürdigkeit von Accra sei jedoch der endlose Fluss, erzählte man mir – ein Gewässer, das so groß war, dass man das andere Ufer nicht sehen konnte, ein Fluss mit kraftvollen Wellen, die sich auf dem Sandstrand brachen. All das wollte ich sehen.

Ich erzählte meinem Vater von meiner Absicht. Er wollte nicht, dass ich in ein weit entferntes Land voller Verrat reise. Doch obwohl er sich um meine Sicherheit sorgte, hielt er mich nicht auf, als ich Jessey verließ. Auf meinem Weg nach Süden kam ich aus den kühlen Bergen in den Wald. Das dichte Laub verdeckte den Himmel. Nie zuvor hatte ich so viele Bäume und Grün gesehen, und nie hatte ich mich unwohler gefühlt. Obwohl die Sonne des Waldes einen nicht ausdörrt, raubt die Feuchtigkeit einem schnell die Kraft. Auf meinem Weg durch den Wald wurde ich schwächer und schwächer, bis ich eines Tages eine kühle Brise von Süden spürte.

Es war in der Dämmerung, als ich den Ozean zum ersten Mal sah. Er war riesig. Ich stolperte an den Strand, sank auf die Knie und starrte auf das Meer und die Wellen. Ich spürte die Feuchtigkeit der Gischt. Erstreckte sich der Strand endlos? Hatte dieser Fluss kein Ende? Und was war auf der anderen Seite?

Ich ging in das *Zongo*-Viertel von Accra, das Viertel für muslimische Ausländer. Dort fand ich meine Landsleute. Länger als einen Monat war ich durch Dörfer von mir unbekannten Völkern gekommen. Einige dieser Leute trugen keine Kleider. Einige feilten ihre Zähne zu scharfen Spitzen. Sie aßen Esel-, Hunde- und Affenfleisch. Sie redeten in seltsamen Sprachen, die klangen, als würden sie nicht sprechen, sondern singen. Trotzdem waren diese Menschen freundlich zu mir gewesen und hatten mir Nahrung und Schutz geboten. Dafür hatte ich ihnen einige der Amulette geschenkt, die mein Vater mir mitgegeben hatte. Aber nun war ich wieder unter meinen eigenen Leuten, den Zerma und Songhai aus dem Norden.

Zwei Männer aus Ouallam, einer Stadt in der Nähe von Jessey, luden mich ein, in ihrem Zimmer zu wohnen, einer kleinen Zelle mit weiß getünchten Wänden. Nachdem ich untergebracht war, begleitete ich meine Mitbewohner zum Hafen und schrieb mich als Tagelöhner ein. Das Tragen der schweren Fracht von den Schiffen an Land erschöpfte mich. Die Arbeit war beschwerlich, doch ich mochte das kühle Klima von Accra. Außerdem mochte ich die Speisen der Küste: den Meeresfisch, Reis, geraspelten Maniok und *Fufu*, eine Paste aus zerstampftem Cassava oder Bananen.

Nach kurzer Zeit in Accra ergriff eine Krankheit meinen Körper. Meine Arme hingen schlaff von meinen geschwächten Schultern. Meine Knie gaben beim Gehen nach. Ich bekam ein hartnäckiges Fieber, das mein Augenlicht trübte. Ich legte mich ins Bett. Die Männer aus Oullam riefen einen *Zima*-Priester, damit er nach mir sah. Der *Zima* gab mir ein Mittel zum Trinken und trug einige Beschwörungsformeln über meinem Leib vor. Meine Landsleute überredeten eine ghanaische Krankenschwester, mich zu untersuchen. Mein Zustand war ihr ein Rätsel, und sie schlug vor, ich solle ins Krankenhaus gehen, was ich jedoch verweigerte. Drei Monate vergingen, und es ging mir immer schlechter.

Eines Tages wachte ich vollkommen erschöpft auf und stellte fest, dass mein Daumenring aus Messing nicht mehr da war. Ich hatte den wunderschönen Ring, den mein Vater mir zum Schutz gegeben hatte, nie abgenommen. Im selben Moment kam Harouna, ein Mann aus Jessey, in mein Zimmer und erklärte: ›Dein Vater sagt, dass Accra nicht gut für dich ist. Dein Vater sagt, du wirst deine Kraft wiedergewinnen, sobald du die Heimreise nach Jessey antrittst.‹

Plötzlich fühlte ich mich so kräftig wie seit Monaten nicht mehr. Ich willigte ein, nach Hause zurückzukehren, und erklärte meinen Freunden aus Oullam, dass ich aufbrechen würde. Meinen Daumenring konnte ich nirgends finden.

Meine Freunde halfen mir, zum Zug zu kommen, mit dem ich bis zur Endstation fuhr. Je weiter der Zug nach Norden rollte, desto gesünder fühlte ich mich. Von der Endstation in der Savanne im Norden von Ghana begann ich meinen Marsch nach Hause. Mit jedem Schritt nach Nordosten wurde ich kräftiger, meine Schritte wurden länger, fester und geschwinder. Nach zwei Wochen erreichte ich unweit des Dorfes Say den Niger. Ich überquerte den Fluss in einem Einbaum und machte mich in forschem Tempo auf das letzte Stück des Weges. Drei Tage nach der Überquerung des Nigers traf ich in Jessey ein. Meine Verwandten eilten mir entgegen, um mich zu empfangen. Mein Vater Jenitongo war der Letzte, der mich begrüßte.

›Adamu, willkommen, willkommen‹, sagte er zu mir.

Dann wandte er sich ab und machte mir ein Zeichen, ihm zum Rand des Gehöftes zu folgen. ›Du warst krank in Ghana‹, stellte er fest.

›Ja, *Baba*‹, sagte ich.

Vater lächelte und griff tief in die Brusttasche seines Gewandes. Er zog meinen Daumenring aus Messing heraus. ›Hast du den verloren?‹, fragte er und legte ihn in meine Hand.

›Aber wie hast du …?‹

›Ich bin nach Accra geflogen, um dich zu retten.‹

›Ja?‹

›Und nun weißt du, dass ein wahrer *Sohanci* immer einen Beweis seiner schnellen Reisen mitbringt.‹«

»Das reicht für heute. Es gibt noch viel mehr, was ich dir erzählen muss. Ich freue mich darüber, einen Sohn zu haben, der ein so guter Zuhörer ist.«

»Aber warum erzählst du mir das alles?«

»Muss ein Sohn nicht den Vater kennen, mit dem er zusammensitzt?«

»Ja, du hast recht.«

»Gut. Wo wirst du wohnen?«

»Ich hoffe, bei einem Französischlehrer unterzukommen, den ich kenne.«

»Das ist gut. Komm heute nicht am späten Abend her. Ich werde dir sagen, wenn du mich abends besuchen sollst. Aber komme morgen wieder. Ich habe dir noch viel mehr zu erzählen.«

15

Der junge *Sohanci*

Ich richtete mich im Haus von J. F. ein, den ich 1971 kennengelernt hatte, während ich als junger Peace-Corps-Freiwilliger in Tillabéri unterrichtet hatte. Wie gebeten, kehrte ich am nächsten Morgen zum Gehöft von Adamu Jenitongo zurück. Der *Baba* saß ruhig im Schatten einer seiner Hütten und flocht Palmwedel zu einem Seil.

»Wie hast du geschlafen, mein Sohn?«

»Ich habe gesund und friedlich geschlafen. Und du?«

»Gut.« Er blickte zu mir auf. »Wo habe ich gestern aufgehört?«

»Du warst aus Accra nach Hause zurückgekehrt, und dein Vater hatte dir deinen Ring zurückgegeben.«

»Ah, ja.«

»Nachdem ich nach Jessey zurückgekehrt war, arbeitete ich auf den Hirsefeldern meiner Familie. Abends lernte ich bei meinem Vater. Er lehrte mich alles über die Pflanzen und Kräuter, die Sonni Ali Ber persönlich verwendet hatte. Aber mein Vater und ich sind besondere *Sohanci*. Wir sind

Guunu. Weil unsere Väter *Sohanci* und unsere Mütter Hexen sind, sind wir *Guunu,* die mächtigsten *Sohanci.* Deswegen führen *Guunu* Beschneidungen durch. Als mein Vater ging, um einen Jungen zu beschneiden, forderte er mich auf, ihn zu begleiten, damit ich lernen konnte. Er lehrte mich, wie man die richtigen Schnitte macht und welche Pflanzen man benutzt, um den Schmerz zu lindern, die Blutung zu stillen und die Wunde rasch verheilen zu lassen. Bald führte ich die Operationen durch, und mein Vater sah zu.

Während ich lernte, wie man Beschneidungen vornahm, kam die Dürre des geschwollenen Bauches [*Gunda beri*]. Zwei Jahre lang gab es keinen Regen [tatsächlich dauerte die Dürre vier Jahre, von 1911 bis 1914]. Kinder starben. Alte Menschen starben. Wir überlebten, indem wir *Kram-kram*-Samen [die Kletten, die nackte Füße stechen] und die gekochte Rinde des *Haasu-kwarey*-Baums aßen, die beim Schlucken unsere Kehle verbrannte.

Gott verschonte meine Familie, und die Dürre des geschwollenen Bauches ging vorüber. Mein Vater trug mir auf, in die Welt hinauszuziehen und zu beschneiden. ›Du musst an die Ränder unserer Welt reisen, mein Sohn, und jene aufsuchen, die wünschen, dass ihre Söhne beschnitten werden. Du wirst nicht durch ein Dorf kommen, wo deine Dienste nicht gebraucht werden.‹

Bevor ich aufbrach, gab mein Vater mir zwei Dinge: eine große Tasche für die Pulver, die ein *Guunu* bei Beschneidungen verwendet, und einen *Lolo*, einen langen Metallstab. ›Nimm diesen *Lolo*, der mit dem Blut von tausend Opferungen überkrustet ist‹, sagte mein Vater zu mir. ›Nimm ihn und stecke ihn in den Sand, bevor du mit einer Beschneidung beginnst. Damit markierst du den Platz, an dem du die jungen Männer des Dorfes beschneiden wirst. Der *Lolo* ist das Erbe unserer Vorfahren: Er ermächtigt uns, unsere Feinde zu besiegen.‹

Viele Jahre reiste ich mit meinem *Lolo* und meinem Beutel von Dorf zu Dorf, aber zur Aussaat kehrte ich immer nach Jessey zurück. Ich wanderte durch die Länder der Songhai, der Hausa, der Tuareg, der Bambara, der Fulani, der Gormantsche und der Mossi. Ich habe die Sahara gesehen. Ich habe die Berge der Dogon gesehen. Ich habe den Palast des Mossi-Königs gesehen. Wohin ich kam, pflanzte ich meinen *Lolo* in die Erde, und die Dorfältesten brachten mir ihre Söhne. ›Beschneide diese Jungen‹, erklärten sie mir, ›und mache sie zu Männern.‹ In manchen Dörfern beschnitt ich einhundert Jungen an einem Nachmittag. Wenn ich meine Arbeit beendet hatte, schlachteten die Dorfältesten einen Bullen und holten Musiker und Sänger. Wir feierten, sangen und tanzten bis tief in die Nacht.

Wenn ich alljährlich zur Aussaat nach Jessey zurückkehrte, saß ich bei meinem Vater und lernte weitere Beschwörungsformeln. Manchmal schickte er mich auch in den Busch, um die Pflanzen, Wurzeln und Rinden zu suchen, die er brauchte. Das Leben in jener Zeit war süß. Hirse füllte unsere Kornkammern, und Kinder füllten unsere Hütten.

Mein Vater wurde sehr alt und gebrechlich. Er konnte nur noch mit großer Mühe gehen. Und eines Tages konnte er nicht mehr aus seinem Bett aufstehen. Es war in der Hitzezeit direkt vor der Aussaat, als er mich in seine Hütte rief.

›Mein Sohn, ich muss dir jetzt mein größtes Geschenk machen, die Kette unserer Macht [*Sisiri*].‹

›Ja, Vater.‹

›Bist du bereit? Ist kein Schmutz in deinem Herzen?‹

›Ich bin bereit. Mein Herz ist rein.‹

›So möge es geschehen, mein Sohn.‹

Mein Vater trug seiner jüngsten Frau Mintu auf, mir einen kleinen Topf zu bringen, der eine grünliche Paste enthielt. ›Die musst du essen, und dann wirst auch du die Kette der Macht haben‹, sagte mein Vater.

Ich aß ein wenig von der Paste [*Kusu*] und bekam starke Blähungen. Ich sah aus wie eine schwangere Frau. Ich konnte nur schlecht gehen. Deshalb blieb ich an jenem Tag bei meinem Vater. Am nächsten Tag war mein *Kusu* eingeschlafen und mein Bauch wieder flach. Vater schickte meinen jüngeren Bruder los, Trommler zu holen. Meine Prüfung sollte beginnen.

›Bist du bereit, mein Sohn?‹

›Ja, Vater, ich bin bereit.‹

›Dann gehe hinaus und beweise deine Macht.‹

Die Musiker kamen, ihre Doppeltrommeln über die Schulter gehängt. Sie machten sich bereit und fingen an, in schnellem Tempo auf die Felle zu schlagen. Der Klang ließ mich tanzen und tanzen und tanzen. Ich tanzte sehr lange und bat Mintu um ein wenig gewöhnlichen Hirsebrei. Die Trommler fingen wieder an zu spielen, und ich tanzte und tanzte und tanzte, bis ich ein Kribbeln im Bauch verspürte. Das Kribbeln wanderte aus meinem Bauch in meinen Hals. Ich sah ein hellweißes Licht und die Kette der Macht kam aus meinem Mund. Um mich versammelte sich eine Menschenmenge. Die Kette baumelte an meiner Zungenspitze. Zwei Männer halfen mir, auf einem umgestülpten Mörser Platz zu nehmen, und ich begann meine Prüfung. Ich musste die Kette schlucken. Ich nahm sie in den Mund, bis das letzte Glied verschwunden war. Dann schluckte ich sie herunter in meinen Bauch, wo sie einschlief. Viele *Sohanci* sind bei ihrem ersten Versuch, die Kette zu schlucken, gestorben. Sie starben, weil sie es gewagt hatten, die Kette zu schlucken, obwohl ihr Herz voller Schmutz war.

Ich betrat die Hütte meines Vaters. Er wusste, dass ich überleben würde. ›Deine Kette ist jetzt ein Pulver, mein Sohn. Dieses wird nur zur Kette werden, wenn du stundenlang zum Rhythmus der besten Trommler tanzt. Wenn du stirbst, musst auch du deinem würdigsten Sohn eine Kette der Macht weiterreichen. So müssen wir unser Erbe weitergeben und die Macht, unsere Feinde zu besiegen, in der Familie halten.‹

Am nächsten Tag starb mein Vater, doch die Menschen in und um Jessey wussten, dass ich nun die Bürde meines Vaters trug.«

»Und dann?«, fragte ich ungeduldig.

»Ich bin jetzt müde, und bald werden Leute kommen, um mich zu sehen. Bleib bei mir, wenn du magst, aber wir werden erst am späten Abend weiterreden.«

»Heute am späten Abend?«

»Ja, wenn Tillabéri schläft.«

Eine massige Frau mittleren Alters watschelte auf das Gehöft. Die Haut ihres mondförmigen Gesichts war straff. Sie war so riesig, dass sie sich mit einem Seufzer bücken musste, um die Hütte des *Sohanci* zu betreten. Stöhnend nahm sie auf einer der Strohmatten Platz.

»*Bismiallahi*«, sagte sie völlig außer Atem.

»Wie ist deine Gesundheit, Hampsa?«, fragte der *Sohanci* sie.

»Wie du siehst, bin ich bei bester Gesundheit. Und deine Familie?«

»In meinem Haushalt gibt es keine Probleme«, antwortete der *Sohanci*.

»Warum ist ein *Anasara* hier?«, fragte sie den *Sohanci*.

»Wie geht es dir, schöne Frau?«, fragte ich in meinem besten Songhai, weil ich wusste, dass die Songhai fettleibige Frauen attraktiv finden.

»Ah, *Anasara*, du sprichst Songhai?«

»Nur ein wenig«, sagte ich.

»Nun, *Anasara*, wie ist deine Gesundheit?«

»Schöne Frau, mein Name ist nicht *Anasara*. Mein Name ist Paul, genau wie dein Name Hampsa ist.«

»In Gottes Namen, du hast recht, Paul. Aber warum lässt du uns jetzt nicht trotzdem allein?«, beharrte sie.

»Hampsa«, unterbrach der *Sohanci*, »was du mir sagst, sagst du auch Paul, denn wir sind ein Leib, ein Geist und ein Herz. Wir sind auf demselben Weg.«

»Dann soll es so sein.«

Der *Sohanci* zog einen Lederbeutel hervor, öffnete ihn und schüttete sieben Kaurimuscheln heraus. Er strich den Sand zwischen seiner Matte und der der Frau glatt und warf die Kaurimuscheln darauf. Dann starrte er auf die Anordnung der Muscheln im Sand und sah die Frau an. »Es gibt Probleme in deinem Haushalt, oder nicht?«

»Ja, *Baba*.«

»Und sie haben mit einer Mit-Frau zu tun, einer Frau aus dem Norden, die jünger ist als du.«

»Ja, *Baba*.«

Er warf die Muscheln ein zweites Mal in den Sand. »Diese Mit-Frau hatte im vergangenen Jahr eine Totgeburt, oder nicht?«

»Ja, *Baba*.«

»Und diese Frau ist eifersüchtig auf dich.« Er zeigte auf eine der Muscheln. »Siehst du es nicht, Paul? Kannst du die Eifersucht dort nicht sehen?«

»Natürlich sehe ich sie«, log ich.

»*Baba*, diese Frau macht mich unglücklich. Meine Kinder schlafen nicht. Mir ist seit Monaten übel. Ich kann nicht schlafen. Mein Mann beachtet mich nicht.«

»Geduld, Geduld.« Er warf die Muscheln ein drittes Mal. »Ich sehe die Lösung. Du musst mir übermorgen, am Donnerstag, zwei gescheckte Hühner bringen, und ich werde sie Nya Beri opfern. Du hast Schmutz in deinem Herzen, mein Kind. Hast du deine gute Freundin nicht betrogen?«

»Ich … ich …« Sie zögerte. »Ja, das habe ich, *Baba*.«

»Dann bring mir die Hühner. Dein Herz muss gereinigt werden, damit das Leben in deinem Haus wieder seinen normalen Lauf nehmen kann.«

»Ist das alles, *Baba*?«

Die Frau zog ein zusammengeknotetes Tuch zwischen ihren riesigen Brüsten hervor und gab dem *Sohanci* eine Hundert-Francs-Münze daraus.

»Danke dir und Gottes Segen«, erklärte er ihr.

Die Frau hatte solche Mühe sich aufzurichten, dass ich eine Hand ausstreckte und der Riesin aufhalf. Sie atmete tief ein, zwängte sich aus der Hütte des *Sohanci* und stapfte davon.

»Wie viele Menschen kommen jeden Tag zu dir?«

»Zwischen fünf und zehn Leute, die wollen, dass ich für sie die Kaurimuscheln lese.«

»Wird die Frau am Donnerstag mit Hühnern wiederkommen?«

»Wenn sie Frieden in ihrem Leben haben will, wird sie wiederkommen. Wenn sie zu viel Schmutz im Herzen hat, wird sie zu Hause bleiben.«

Wir saßen im Schatten der Hütte des *Sohanci* wie zwei Menschen, die sich schon ein Leben lang kannten. Keiner von uns empfand das Bedürfnis zu sprechen. So vergingen vielleicht zwei Stunden, bevor eine weitere Klientin nahte. In ihrem rot gemusterten Wickelrock und einem Oberteil aus demselben Stoff war sie schon aus einiger Entfernung zu sehen, als sie zielstrebig auf uns zukam. Sie hatte leuchtende tiefliegende Augen.

»*Baba*, wir müssen reden.«

Der *Sohanci* bewegte sich nicht von seinem schattigen Platz. »Rede.«

Die Frau sah mich stirnrunzelnd an. »Aber ...«

»Mach dir keine Sorgen, Paul sitzt bei mir und arbeitet mit mir zusammen.«

Die Frau nahm neben uns Platz. »Mein Sohn soll nächste Woche heiraten. Ich mag seine zukünftige Braut nicht. Ich glaube, sie ist eine Hexe, die die Kinder meines Sohnes in Hexen verwandeln wird.«

»Das sind übliche Befürchtungen«, erklärte der *Sohanci*.

»Ich möchte, dass mein Sohn heiratet und Erfolg hat. Ich möchte, dass er gesunde Kinder in diese Welt bringt.«

»Es ist gut, dich so reden zu hören.« Der *Sohanci* wandte sich an mich. »Du musst wissen, Paul, die jungen Leute heutzutage respektieren die alten Sitten und Werte nicht mehr. Sie fragen nicht.«

»Was muss ich tun, um das Glück und Wohlbefinden meines Sohnes sicherzustellen?«

»Wir müssen am Donnerstagnachmittag einen Besessenheitstanz abhalten. Das ist der beste Tag für die Geister. Wir werden versuchen, Serci zur Erde zu bringen. Serci wird dir und deinem Sohn Rat geben. Serci wird dir sagen, was du tun musst, damit die Ehe gut wird.«

»Was brauchst du für diesen Tanz?«

»Ich brauche zweitausenfünfhundert Francs für die Musiker und Geistermedien und ein weißes Huhn zum Opfern.«

»Du sollst alles bekommen.«

16

Fragen

Dünne Wolken zogen in rasendem Tempo am Halbmond vorüber, als ich mich in der Nacht auf dem Weg zu meinem Treffen mit Adamu Jenitongo die Düne hinaufkämpfte. Mithilfe meiner Taschenlampe fand ich den Eingang des Gehöfts, das bis auf den matten Schein einer Laterne in einer der Grashütten dunkel war. Der *Sohanci* saß neben der Lampe, begrüßte mich und bat mich herein. Vier Beile, an deren Schneide jeweils eine Glocke hing, waren an dem Holzgerüst unter dem Strohdach der Hütte befestigt. Drei große Pfähle bildeten das Zentrum der runden Behausung. Der mittlere ragte durch das Dach, die beiden anderen waren etwa anderthalb Meter lang. Um die kürzeren Pfähle waren rote, weiße und schwarze Schnüre gebunden. Über die Spitze eines der beiden war eine schwarze Mütze gestülpt. Den prachtvollsten Anblick jedoch bot der *Lolo*, den der *Sohanci* etwa in der Mitte der Hütte in den Sand gebohrt hatte. Es war ein etwa ein Meter zwanzig langer Eisenstab, der fleckig vom Blut geopferter Tiere war. Auf der Spitze des *Lolos* steckten sieben blutverkrustete Ringe.

»Wie war dein Tag?«, fragte mich der *Sohanci*.

»Gut.« Im blassen Licht der Hütte fiel mir zum ersten Mal der Schmuck des *Sohancis* auf. Am Mittelfinger der linken Hand, dem Finger der Macht, trug er sieben Ringe, dazu ein gewundenes Armband aus Kupfer und Eisen am linken Handgelenk und einen riesigen Messingring, den Ring, den sein Vater ihm geschenkt hatte, am linken Daumen. An der rechten Hand hatte er keinen Schmuck.

»Trage mir einen Text vor.«

Ich rezitierte den *Korombey*-Text und schob meine Interpretation hinterher. Meiner Ansicht nach verlieh ein *Sorko* oder *Sohanci* dem *Korombey*-Pulver durch seine Beschwörung die Kraft, jeden Teil eines gebrochenen Körpers zu heilen. Die Anrufung überträgt die Kraft der heiligen Worte auf das Pulver, erklärte ich. Aber am Gesichtsausdruck des *Sohancis* erkannte ich, dass meine Erklärung ihn nicht zufriedengestellt hatte.

»Ist das alles?«, fragte er. »Hast du eine gute Frage, die du mir stellen willst?«

»Nun ...« Ich zögerte.

»Was ist mit *asi goun goun ma* [den unübersetzbaren ersten Worten der Beschwörungsformel]?«

Der *Sohanci* nickte. »Ah, *darin* liegt die Macht der Anrufung.«

»Aber was ist *asi goun goun ma*?«

»Es ist ein anderer Name für *Korombey*, aber in seinem Klang liegt die Kraft.«

»Das verstehe ich nicht.«

»Natürlich nicht, aber irgendwann wirst du es verstehen.«

»Aber was soll ich tun?«

»Du hast mir erzählt, dass du die Dünen am späten Nachmittag magst. Begebe dich morgen dorthin und denke nach. Vielleicht wird dir die Antwort kommen.«

Ich stand auf und wünschte dem *Sohanci* eine gute Nacht.

»Und vergiss nicht«, sagte er, als ich in die kühle Luft hinaustrat, »um zu lernen, musst du fragen. Wer nicht fragt, wird gar nichts wissen. Wenn du das Wissen hast, eine gute Frage zu stellen, werde ich dir antworten. Aber ich werde nicht mit dir reden, solange du nicht die richtige Frage stellst.«

Am nächsten Tag stand ich in den Dünen hinter der weiterführenden Schule. Die untergehende Sonne warf ihr Licht auf eine Düne, die sich an das Ostufer des Nigers schmiegte. Ich wandte mich nach Osten. Das Licht des späten Nachmittags ließ die zerklüfteten Konturen des *Tilla beri*, des großen Berges, hervortreten. Ein Fulani-Hirte folgte seiner Herde aus dem Busch. Heute würde es keinen Regen geben, dachte ich und grübelte über die Bedeutung des Textes: »*Asi goun goun ma!*« Diese Worte stammten aus einer anderen Sprache, vielleicht der Sprache der Vorfahren. Wie konnte ihr Klang Macht haben? Gänse stiegen schreiend vom Fluss auf, um einen Schlafplatz im Busch zu finden. In meinem Kopf nahm eine Theorie Gestalt an. Die Bedeutung der Worte der Beschwörungsformel war nicht so wichtig wie ihr Klang; es waren die Schwingungen, die Klangwellen, auf die es eigentlich ankam. Darin musste auch die Bedeutung des Hexen-Texts liegen, den ich gelernt hatte. Djibo hatte mir das Versprechen abgenommen, den Namen dieser Beschwörungsformel nie zu verraten. Die Bedeutung war wichtig, aber wichtig waren auch die Laute, der Klang der Worte, die einst von den Vorfahren gesprochen worden waren.

Als Tillabéri am späten Abend fest schlief, kehrte ich zur Hütte des *Sohancis* zurück. Dieses Mal verzichteten wir auf eine ausführliche Begrüßung, weil wir beide unbedingt wissen wollten, ob meine Überlegungen vom Nachmittag sich auf die richtigen Aspekte konzentriert hatten. Ich erklärte dem *Sohanci* meine Theorie des Klangs, Laute wie »*asi goun goun ma*« würden die Kräfte des Himmels transportieren, die Macht der Ahnen.

»Ja, natürlich«, sagte er auf eine Art, die mich an Djibo erinnerte.

Ich lächelte, weil ich meine erste Lektion gemeistert hatte.

»Du weißt noch gar nichts«, erinnerte der *Sohanci* mich. »Trage mir einen anderen Text vor.«

Ich rezitierte den zweiten Text, den ich gelernt hatte, *Diggi*, in dem es heißt *»bam, bam, bam«* und dann *»bum, bum, bum«*. In dieser Beschwörungsformel geht es um den Krieg, Menschen verwandeln sich in Blätter, Käfer, harten Ton und Kuhdung. »Ich glaube, die Worte des Textes dringen in die Substanz ein«, erläuterte ich dem *Sohanci* meine Theorie, »und ermöglichen es dem *Sorko* oder *Sohanci*, sich in diverse Objekte zu verwandeln. Auf diese Weise können seine Feinde ihn nicht sehen und ergreifen.«

»Das ist wahr. *Diggi* ist sehr mächtig«, erklärte der *Sohanci.*

»Aber was geschieht, wenn der *Sorko* oder *Sohanci* doch gesehen oder ergriffen wird?«, fragte ich.

Die Miene des *Sohancis* erstarrte. »Er wird krank und stirbt.«

»Ach, komm schon, *Baba*, er stirbt doch nicht wirklich, oder?«

»Ein Mensch, der auf dem Weg ist, muss stets bereit sein, seinem Feind zu begegnen. Sonst wird er als junger Mann sterben.« Er hielt unendlich lange meinen Blick. »Was hast du zu diesem Text noch für Fragen?«

»Was ist *bam, bam, bam, bum, bum, bum*?«

»Welche Geräusche macht jemand in Amerika, wenn sein Herz von Trauer über einen Verrat [*Zamba*] verdorben wurde?«

»Ich weiß es nicht, *Baba*. Manche Menschen tragen ihre Trauer stumm.«

»Gut. Wenn bei uns ein Mann, der auf dem Weg ist, verraten und sein Herz mit dem Schmutz des Verrats gefüllt wurde, ist er geschwächt, und er sagt *bam, bam, bam, bum, bum, bum*. Es ist eine Warnung an jene, die ihn verraten könnten, und an jene, die ihn verraten haben, dass sein mächtiges Herz wach und gefährlich ist.«

»Ach?«

»Und du, der du voll bist«, sagte er und zeigte auf mich, »du musst vorsichtig sein, nicht wütend zu werden und nicht *bam, bam, bam, bum, bum, bum* zu sagen, weil dein Herz jetzt mächtig ist. Du bist noch so jung, deshalb weißt du nicht, wozu dein Herz fähig ist. Als ich jünger war, habe ich einen hohen Preis für meine Starrköpfigkeit bezahlt. Solche Torheit musst du vermeiden.«

»Ach?«

»Hast du noch andere gute Fragen?«

Ich hatte über die Metapher der von den sieben Himmeln auf die Erde fallende Wolfsmilch-Pflanze nachgedacht. War das ein Bild für die rituelle Handlung beim Vortrag einer Beschwörungsformel? Die Worte kommen vom Himmel – von oben – und richten sich an die Substanz – an das, was unten auf der Erde ist. Man spuckt in die Substanz – das, was unten ist – aus dem Mund – das, was oben ist. Und wenn man die Substanz zu sich nimmt, wandert sie vom Mund nach unten in den Bauch. In der Anrufung wird metaphorisch die Gegensätzlichkeit von Himmel/Erde, mächtig/ohnmächtig durchgespielt. Meinen Erfahrungen nach zu urteilen, so flüchtig diese auch sein mochten, sprachen die Songhai andauernd von den Mächten und Kräften der Himmel. Und in den Werken von Jean Rouch und Boubou Hama hatte ich gelesen, dass die Songhai sich als ohnmächtige Schachfiguren im Plan eines mächtigen und tödlichen Universums sehen, eines Universums, das von Gott, seinem Boten Ndebbi, diversen Engeln, Ahnen und Geistern beherrscht wird. So wie die Wolfsmilch kamen auch die Anrufungen für *Diggi, Korombey, Kobe, Sira* und weitere Pulver von den Himmeln. Sie waren von Ndebbi an die Vorfahren und von Generation zu Generation weitergegeben worden, bevor diese geheimen und machtvollen Klänge in das

Bewusstsein der Heiler der Gegenwart kamen. »Wenn du die heiligen Worte vorträgst, erfüllen sie das Pulver mit der Kraft der Himmel«, sagte ich zu dem *Sohanci*. »Die vorgetragenen Worte und die Macht kommen nicht aus der Gegenwart, sondern aus der Vergangenheit, von den Ahnen.«

»Es ist wahr«, erwiderte der *Sohanci*, »dass die Kraft von den Himmeln kommt, von den Ahnen. Sie haben uns den Weg offenbart, und wir sollten ihm folgen. Und wenn wir ihm folgen, hat nur Gott die Macht, uns von dieser Erde zu nehmen. Unsere Feinde können uns nichts anhaben.« Der *Sohanci* passte den Docht der Petroleumlampe an. »Fahre fort.«

17

Gefängnisjahre

Einen Tag nachdem der *Sohanci* mich zu philosophischer Erkenntnis geführt hatte, ging ein schwerer Regen über Tillabéri nieder. Wie die meisten Niederschläge im Juni begann der Sturm früh am Morgen mit Böen aus Sand und Staub, gefolgt von prasselnden Tropfen auf den Blechdächern. Das Geräusch riss mich aus einem kurzen, tiefen Schlaf. Während der Regen draußen die Luft reinigte, hing der Staub in meinem Zimmer noch so dicht, dass mir das Atmen schwerfiel. Der heftige Niederschlag weichte den Boden auf, und die Bauern von Tillabéri konnten vielleicht endlich ihre Hirsefelder besäen. Die Männer wurden jetzt schon am frühen Morgen aus ihren behaglichen Behausungen auf die Felder gelockt, auf denen sie in harter Arbeit die Saat ausbrachten, motiviert von der Erwartung einer prächtigen Ernte im Oktober.

Auch mein Herz war von Erwartungen erfüllt, Erwartungen, die Wahrheit über die Philosophie der Songhai zu erfahren. Ich nahm ein schnelles Frühstück zu mir und erklomm, nachdem der Regen aufgehört hatte, die Düne, deren Boden durch den morgendlichen Guss fest geworden war. Obwohl die Sonne nach wie vor von Wolken verdeckt war, saß der *Sohanci* an der Seite seiner Hütte, an der er sonst um diese Zeit Schatten gefunden hätte.

»Ah, Paul. Hast du ruhig und friedlich geschlafen?«

»Nichts als ruhig und friedlich.«

Nachdem der *Sohanci* mich begrüßt hatte, wandte er sich wieder seiner Lieblingsbeschäftigung zu – dem Flechten von Palmwedeln. »Setz dich«, sagte er, ohne von seiner Arbeit aufzublicken.

»Hast du gegessen?«

»Ja.«

»Nun, wir schicken meine Enkeltochter, ein paar Bohnenbällchen zu holen. Dein amerikanischer Magen verträgt doch Bohnenbällchen, oder?«, fragte er.

»Natürlich. Ich mag sie.«

»Gut.«

Er wandte sich wieder seiner Flechtarbeit zu, ohne mich noch einmal anzusprechen. Wir saßen schweigend nebeneinander, bis Kati, die Enkeltochter des *Sohancis*, uns eine Schale mit Bohnenbällchen brachte, die wir stumm verzehrten. »Djemma«, rief der *Sohanci* seine zweite Frau nach kurzer Zeit, »komm und hol die Bohnenbällchen.«

Wir hatten kaum die Hälfte der Bällchen in der Schale gegessen.

Der *Sohanci* widmete sich wieder dem Flechten, und ich starrte ins Leere und fragte mich, wann wir anfangen würden, über wesentliche Dinge zu sprechen.

Aus dem Dorf näherten sich zwei Männer dem Gehöft. Selbst aus der Entfernung erkannte ich Daouda Godji, der die einsaitige Geige spielte, und Halidou, den Neffen des *Sohancis*, der die Kalebasse spielte. Die großen dünnen Männer waren immer im westlichen Stil gekleidet – hautenge Hosen und gemütliche Baumwollhemden mit Kragen.

Sie kamen, um den Besessenheitstanz zu besprechen, den der *Sohanci* am Nachmittag abhalten wollte.

Der *Sohanci* blickte vom länger werdenden Geflecht seines Seils auf und hieß die Männer willkommen, die ihrerseits den *Sohanci* und mich begrüßten.

»*Baba*«, sagte Halidou. »Wir sind gekommen, um zu besprechen, wie viel wir für heute Nachmittag bezahlt bekommen.«

»Wie könnt ihr die Bezahlung besprechen, wenn wir das Geld noch gar nicht erhalten haben?«, fragte der *Sohanci*. »Außerdem werden die Leute Geld beisteuern, wenn ihr gut spielt. Habt Geduld. Habt Geduld.«

»Wir wollen nur wissen, wie hoch unser Anteil ist«, sagte Daouda.

»Ihr werdet beide gut bezahlt werden für eure Arbeit. Macht euch keine Sorgen. Und belästigt mich nicht mit diesen dummen Geldangelegenheiten.«

Der *Sohanci* drehte sich zu mir. »Siehst du, Paul, diese jungen Leute interessieren sich nur für Geld – nur für Geld. Glaubst du, sie stellen gute Fragen? Nein, sie haben es eilig mit dem Lernen und lernen dabei nichts außer Verrat.« Er wandte sich wieder an die Musiker. »Warum nehmt ihr nicht Platz und hört mir zu? Ich habe heute viel zu erzählen, und vielleicht lernt ihr ja etwas.«

»Tut mir leid, *Baba*«, sagte Halidou. »Ich muss los.«

»Siehst du, Paul. Halidou ist ein wertloser Mensch. Er hat keine Zeit, der Weisheit der Alten zu lauschen.«

Halidou stand auf und ging; Daouda, der Geiger, blieb. Der *Sohanci* legte die Palmwedel, die er geflochten hatte, beiseite. »Ich werde euch von meiner Zeit in Mali erzählen.«

»Kurz nach dem Tod meines Vaters übernahm ich seine Bürde. Leute aus weit entfernten Orten kamen zu meinem Gehöft in Jessey, um geheilt zu werden. Ich behandelte sie wegen einfacher Probleme wie Hautentzündungen, schmerzenden Muskeln, gebrochenen Knochen, Fieber und dergleichen. Aber ich half auch Menschen, die verhext oder von einem Zauber oder bösen Geistern angegriffen worden waren. Ich stellte Talismane her, die vor Hexen und Zauberern schützen, und große Männer kamen, um Amulette und geknotete Gürtel zu kaufen, die ihnen große Macht bringen sollten.

Mein Ruf im Land der Zerma wuchs und verbreitete sich bis in das Land der Hausa im Osten und das Land der Songhai im Westen. Leute wurden neidisch auf meine Macht und meinen Ruf. Manche schickten Schlangen zu meinem Gehöft. Eine Schlange, eine Puffotter, biss eins meiner Kinder. Das kleine Mädchen starb. Aber ich suchte keine Rache, weil mein Vater mich gelehrt hatte, meine Macht mit großer Vorsicht anzuwenden. Und das tat ich, trotz der wiederholten Angriffe auf mich.

Ich wurde reich. Meine Klienten kauften mir viele Geschenke: Hirse, Reis, Hühner, Ziegen und Kleidung von den Marktstädten. Meine Familie war sehr glücklich. Ich blieb das ganze Jahr in Jessey. Mein jüngerer Bruder, Hamani, übernahm die Bürde, ein *Guunu* zu sein. Er bot weit und breit seine Dienste als Beschneider an.

Aber die Tage meines Wohlstands kamen zu einem plötzlichen Ende. In meiner Familie hatte es einen Todesfall gegeben, und die französischen Soldaten kamen und brachten mich nach Tillabéri, wo sie mich ins Gefängnis warfen. In den drei Jahren, die ich im Gefängnis auf meinen Prozess wartete, nahm ich stark ab. Manchmal bekam ich Besuch von Verwandten, die mir köstliche Speisen brachten. Aber das besserte meine Laune nur kurz. Tagsüber setzten die französischen Soldaten uns als Arbeiter ein. Wir bauten Straßen. Wir bestellten Felder. Wir arbeiteten in ihren Gärten. Wir reparierten Häuser. Während der heißen Tage schufteten wir wie die Esel, nur um abends in das stickige Gefängnis zurückzukehren.

Es kam zum Prozess, und der Richter verurteilte mich zu zwanzig Jahren Haft. Er sagte, ich hätte meine Ehefrau ermordet. Die ganze Geschichte war ein Haufen Lügen. Jemand hatte mich verraten. Aber der Richter glaubte diese Lügen und verurteilte mich zu einer Haft in Chidal, dem Militärgefängnis für die schlimmsten Verbrecher in der französischen Kolonie.

Ich kam nach Chidal in Mali, als der große Krieg begann. Die ersten Jahre waren schwierig. Jeden Tag arbeiteten wir auf den Feldern, bauten Straßen, pflügten den Boden. Aber ich benutzte mein Wissen, um zu überleben. Nach zwei Jahren als Arbeiter machte mich der Gefängniskommandeur zum Koch. Ich arbeitete in der Offiziersmesse. Nie habe ich so viel Fleisch, Kohl, Zwiebeln und Milch gesehen – mehr als irgendein Mensch essen konnte. Aber die Offiziere aßen mehr als jeder andere, den ich bis dahin gekannt hatte. Sie mochten meine Kochkünste so sehr, dass sie mich zum Chefkoch von Chidal ernannten. Nach einer Weile gaben sie mir ein eigenes Haus und baten mich, auf ihre Kinder aufzupassen.

Dann wurden wir alle von Chidal nach Bidon 5 versetzt, einem Armeeposten mitten in der Wüste, wo es viel Wind, keine Bäume und kein Wasser gab. Ich blieb Koch in der Offiziersmesse, sodass ich genug Essen und Trinken hatte. Zahlreiche andere Gefangene starben. Einige verhungerten. Andere wurden verrückt.

Als ich während des großen Krieges in Bidon 5 war, habe ich General de Gaulle gesehen. Er traf eines Tages in einem Flugzeug ein. Begleitet wurde er von einem kleinen dicken Mann, der an einem Stock ging. Kommandant Villey befahl mir, Wasser zu holen, damit de Gaulle und der andere Mann duschen konnten. Als ich eintraf, legte de Gaulle gerade seine Kleider ab. Er war der größte Mann, den ich je gesehen habe. Ich sagte: ›Ze vous donne l'eau pour dous.‹ Er bedankte sich und wusch sich. Als ich General de Gaulle sah, wusste ich, dass er ein mächtiger Zauberer war. Ich hatte gehört, dass er heimlich nach Mekka gereist war, wo er ein Amulett erhalten hatte, das ihm die Macht verlieh, seine Feinde zu besiegen. Der andere Mann duschte auch. Danach stiegen sie wieder in das Flugzeug und flogen weg.

Ich verbrachte nur ein Jahr in Bidon 5. Wir dankten Gott, als wir diesen schrecklichen Ort verlassen durften. Wie wir überlebt haben, weiß ich nicht. Wir ließen uns in Tessalit nieder, ein anderer Gefängnisstandort in Mali. In Tessalit ernannte Kommandant Villey mich zum Chefkoch der Offiziersmesse. Er wollte auch, dass ich weiter auf seine Kinder aufpasste.

Bei Gott, in Tessalit ging es mir gut. Ich hatte ein europäisches Haus für mich allein. Ich aß so gut wie die französischen Offiziere. Von dem guten Essen wurde ich fett. Eines Tages rief mich der neue Gefängnisleiter in sein Büro.

›Adamu, komm herein‹, forderte er mich auf. ›Komm und setz dich.‹

Ich betrat das Büro und nahm vor seinem großen Holzschreibtisch Platz. Er hielt ein Papier hoch.

›Weißt du, was das ist?‹, fragte er mich.

Ich hatte keine Ahnung.

›Hier steht, dass du deine Zeit abgesessen hast, Adamu. Du bist 1940 ins Gefängnis gekommen und jetzt haben wir 1960. Zwanzig Jahre sind vergangen. Du bist frei und darfst nach Hause zurückkehren.‹ Der Kommandant erhob sich und kam zu mir herüber. Ich stand ebenfalls auf. Er schüttelte mir die Hand und gratulierte mir. Er gab mir fünftausend Francs und eine Fahrkarte für die Heimfahrt nach Niger. Vor meiner Abreise überreichten mir die Offiziere viele Geschenke – vor allem Stoff, den ich zum örtlichen Schneider bringen sollte, damit er mir daraus einen prachtvollen *Boubou* nähte. Am Tag meiner Abreise versammelten sich die Offiziere, um mich zu verabschieden. Der

Adamu Jenitongos Schwester, Niamey, Niger, 1990

Kommandant erklärte, dass es für mich nun Zeit sei, heimzukehren und meine Familie zu sehen. Er gab mir ein Stück Papier, das ich den Soldaten in Niger zeigen sollte.

Ich stieg in das Buschtaxi und verließ Tessalit für immer. Die Fahrt nach Niger dauerte einen Tag. Wir machten in Gao und dann in Ayoru in Niger Halt. Als ich den Soldaten mein Papier zeigte, sagten sie: ›Willkommen zurück, *Baba*. Bald bist du in Tillabéri. Dort sollst du dich beim Kommandanten melden. Steig in deinen Bus und fahre nach Hause.‹ Zwei Stunden später war ich in Tillabéri. Wir kamen an dem Gefängnis vorbei, in dem ich drei Jahre verbracht hatte. Ich stieg aus dem Bus und erkannte niemanden. Eine Frau rief: ›Wo ist Adamu Jenitongo?‹

›Ich bin hier‹, sagte ich.

Die Frau umarmte mich. ›Adamu, ich bin's, Kedibo, deine Schwester. Du bist so fett! Ich habe dich gar nicht erkannt. Deine Kleider sind sehr schön!‹

›Sie mochten mich im Gefängnis, aber ich bin froh, wieder zu Hause zu sein.‹«

Ein Mann betrat das Gehöft des *Sohancis*. Der *Sohanci* blickte ihm ins Gesicht. »Mein Sohn«, sagte er zu ihm, »komm in meine Hütte. Dein Gesicht sagt mir, dass ich Arbeit habe.«

18

Das Erscheinen von Serci

Am frühen Nachmittag desselben Donnerstags versammelten sich die Männer und Frauen, die dem Besessenheitskult in Tillabéri angehörten, auf dem Gehöft von Adamu Jenitongo. Sie grüßten ihn und mich, als sie die Grashütte des *Sohancis* betraten, die sie das Geisterhaus nannten, die Domäne übernatürlicher Wesen. Der *Sohanci* wies seine Frau Djemma an, den Anhängern etwas zu essen zu bringen. Sie trug eine Platte mit dampfendem Reis auf, den sie mit einer pikanten schwarzen Soße übergoss. Von meinem Schattenplatz unter dem einzigen Baum des Gehöfts hörte ich die Frauen, die als Geistermedien gekommen waren, schwatzen, während sie aßen. Wenig später wehte der beißende Geruch von *Ceeyndi*-Harz aus dem Geisterhaus.

»Warum verbrennen sie dieses Harz?«, fragte ich den *Sohanci.*

»Sie bereiten sich auf die Feierlichkeiten heute Nachmittag vor«, erklärte er mir.

Als die Schatten so lang geworden waren, dass sie vom Strohdach bis zum Geisterhaus reichten, war es Zeit, mit

Adamu Jenitongos Geisterhaus, Tillabéri, Niger, 1984

der Zeremonie zu beginnen. Die Trommler saßen hinter ihren Kalebassen und gaben einen rollenden Rhythmus vor. Der Geiger saß auf einem niedrigen Hocker direkt hinter ihnen und spielte ein paar synkopierte Melodien aus dem riesigen Repertoire heiliger Geistermusik. Das Echo der Kalebassen hallte weit in der stillen trockenen Luft von Tillabéri wider. Angelockt von der Musik trafen immer mehr Menschen auf dem Gehöft des *Sohancis* ein, Männer und Frauen in höchst extravaganter Kleidung, denn ein Besessenheitstanz ist stets ein Anlass, sich schick zu machen.

Mit den Zuschauern kamen Verkäufer, die kleine Tabletts mit Waren auf dem Kopf balancierten, um Zigaretten,

Bonbons und Kaugummi an das Publikum zu verkaufen. Die Musik wurde schneller. Das Summen im Publikum wurde eindringlicher. Ein paar kleine Kinder rannten auf die Tanzfläche vor dem überdachten Podium der Musiker, wurden aber sowohl von den Zuschauern wie auch von den Angehörigen des Besessenheitskults ignoriert.

Nun schritten mehrere ältere Frauen auf die Tanzfläche, je ein etwa dreißig Zentimeter breites Tuch mit beiden

Ein Medium beim Tanz, Méhana, Niger, 1977

Händen vor sich haltend. Sie bildeten einen Kreis und tanzten gegen den Uhrzeigersinn. Zu dem langsamen melodischen Rhythmus des sogenannten *Windi* bewegten sie sich bedächtig, drückten ihren rechten Fuß jeweils dreimal in den Sand, bevor sie einen Schritt vorwärts machten. Irgendwann löste sich der Kreis auf, und die Frauen bildeten eine Reihe am Rand der Tanzfläche. Die Musiker erhöhten das Tempo und spielten einen Rhythmus, der *Gani* oder Tanzmusik genannt wird. Während eine Tänzerin nach der anderen sich auf den Unterstand und die Kalebassen zubewegten, spielten die Musiker immer schneller. Die Tänzerinnen kamen nacheinander näher, das Tempo wurde weiter erhöht und erreichte sein Maximum, als die Tänzerinnen direkt vor den Musikern mit den Füßen heftig Sand aufwirbelten.

Die talentiertesten Tänzerinnen erhielten Trinkgelder von dem aufmerksamen Publikum. Wenn das geschah, hielt die Tänzerin das Geschenk in die Höhe, meistens eine Münze im Wert von fünfzig oder hundert Francs, und warf sie einem der Trommler zu, der sie in eine gemeinsame Kasse legte. Wenn viele Menschen zu einem Besessenheitstanz kamen und der Tanz und die Musik besonders gut waren, konnte der Kult manchmal bis zu fünftausend Francs einsammeln.

Auf dem Höhepunkt des Tanzwettbewerbs betrat zum Entzücken des Publikums auch der betagte *Sohanci* die Tanzfläche. Inspiriert vom Tanz der Frauen bewegte sich Adamu Jenitongo frenetisch zu einem fesselnden Rhythmus. Etliche Menschen im Publikum sorgten sich, dass dies das Herz des alten Mannes belasten könnte und drängten ihn sanft von der Tanzfläche.

Der Tanz dauerte etwa zwei Stunden. Die Musiker spielten ihre Lieblingsgeisterrhythmen, und auch Menschen, die selbst keine Geistermedien waren, tanzten vor ihrem Podium. Als das Gehöft des *Sohancis* in das goldene Licht

Adamu Jenitongo während eines Besessenheitstanzes,
Tillabéri, Niger, 1984

des späten Nachmittags getaucht wurde, befahl eine alte Frau den Kindern, die Tanzfläche zu verlassen. Die Musiker spielten nun die Musik der *Genji kwarey*, der Geisterfamilie, zu der Serci, Ratgeber in sozialen Fragen, gehörte. Das Oberste der Medien von Tillabéri, eine große alte Frau, deren faltige Wangen beim Gehen schwabbelten, betrat, von zwei anderen Geistermedien begleitet, die Tanzfläche. Sie bildeten einen Kreis und tanzten gegen den Uhrzeigersinn. Ein *Sorko* in einem indigofarbenen Gewand sprang auf die Tanzfläche und pries die *Genji kwarey*, die weißen Geister. Er sang:

»Dugundas Ehemann. Garo Garos Ehemann. Zaaje. Weißes Salz, Meister des Bösen. Du hast uns mit deiner eigenen Wolkendecke bedeckt. Gnade und Huld. Nur Gott ist größer als er. Er ist in deiner Hand. Er hat den Engeln ihre Großzügigkeit gegeben. Du bist der Vater von Kangey. Du bist die Geburt der Sprache. Du hast den Sieg gebracht.«

Der *Sorko* wiederholte das Loblied, während die Musiker Rhythmen spielten, die mit Serci verbunden werden. Die drei Medien näherten sich den Musikern. Die Frau mit den faltigen Wangen machte einen weiteren Schritt auf sie zu. Der *Sorko* stand direkt hinter ihr und brüllte ihr die Loblieder für Serci ins Ohr.

Das Tempo steigerte sich allmählich. Die große Frau stand jetzt direkt vor den Musikern und bewegte nur den Kopf und die Arme zu der Musik. Sie wandte den Kopf nach links, während sie ihre rechte Hand über ihren rechten Oberschenkel gleiten ließ. Dann strich sie mit der linken Hand über ihren linken Oberschenkel, während sie den Kopf nach rechts wandte. Sie schüttelte den Kopf von links nach rechts, von links nach rechts, von links nach rechts. Der Geiger spürte, dass der Geist Serci direkt über der Tanzfläche schwebte, und ließ den Bogen fliegen. Die Frau schwang ihren Körper hin und her, pumpte mit den Armen und schwitzte heftig. Der *Sorko* brüllte ihr direkt ins Ohr.

Die Frau zog eine Grimasse und ihr Gesicht erschien wie der zerfurchte Boden eines ausgetrockneten Wasserlochs. Tränen strömten aus ihren zugekniffenen Augen, und Schleim lief aus ihrer Nase. Etwas Unsichtbares ergriff ihren Körper und warf sie ohnmächtig zu Boden. Eine Stimme rief: »*Ah, di, di, di, di, di, a dah, dah, dah, dah, dah, a dah.*« Der Frau entwich ein tiefes Stöhnen. Wiederbelebt hockte sie sich in den Sand, stemmte die Arme in die Hüften und spuckte die Musiker an. Die Musiker begrüßten Serci, denn das war der Geist, der jetzt in den Körper der alten Frau gefahren war. »Willkommen, willkommen, Dugundas Ehemann, Garo Garos Ehemann.«

Zwei Helfer hoben Serci behutsam vom Boden auf und führten ihn zu einer neuen Matte aus gewebten Palmwedeln. Dort wuschen Helfer ihm die Füße, Knöchel, Hände und den Kopf, als ob sie ihn für das islamische Gebet vorbereiten wollten. Derweil brachte ein weiterer Helfer Serci sein Kostüm, eine wogende weiße Robe mit einem goldbestickten Kragen. Nachdem Serci sein Gewand angezogen hatte, wickelte ein anderer Helfer einen weißen Turban um seinen Kopf. Der *Sohanci* ging zu der Matte und überreichte Serci eine Kette mit silbernen Betperlen.

Der *Sorko* in dem indigofarbenen Gewand, der dem Medium ins Ohr gebrüllt hatte, sprach mit der Frau, die den Besessenheitstanz für ihren Sohn finanziert hatte. Er forderte sie auf, mit ihm zu Sercis Hof zu kommen, und führte sie und ihren Sohn zu der Matte, auf der Serci saß. Dem Beispiel des *Sorkos* folgend, nahmen sie auf einer Matte vor dem Geist Platz. Die Frau fragte den *Sorko*, was sie tun müsse, um eine erfolgreiche Ehe ihres Sohnes sicherzustellen. Der *Sorko*, der als Dolmetscher fungierte, richtete dieselbe Frage an Serci.

»*Sorko*«, begann Serci mit zitternder und wie von Ferne klingender Stimme, »ein weißes Huhn, ein rotes Huhn und ein rot-weiß geflecktes Huhn müssen geopfert werden.«

»Gut«, sagte der *Sorko*. »Und was noch?«

»*Sorko*, der Junge muss das Ei einer weißen Henne nehmen und es am Stamm des *Gao*-Baums vergraben, der an der Kreuzung am Ostrand des Dorfes steht.«

»Gelobt sei Gott«, deklamierte der *Sorko*.

»*Sorko*, wenn diese Dinge getan werden, wird die Ehe gesunde Kinder in die Welt bringen.«

Der *Sorko* wandte sich an die Frau und ihren Sohn und wiederholte Sercis Worte. Dann winkte Serci den Sohn zu sich und packte seinen Kopf mit beiden Händen. Er legte den Mund an ein Ohr des jungen Mannes und schrie dreimal ein Wort. Als er mit seiner Arbeit fertig war, stieß er den jungen Mann von sich.

»*Sorko*.«

»In Gottes Namen, ich höre dich.«

»*Sorko*, sag ihnen, dass sie nie vom Weg ihrer Vorfahren, dem Weg der Geister, abkommen dürfen.«

»Gut«, sagte der *Sorko*.

Während der *Sorko* diese Ermahnung an die Mutter und ihren Sohn weitergab, legte der *Sohanci* langsam die Hände auf Sercis Schläfen. Der Körper der alten Frau sackte in sich zusammen, als sie das Bewusstsein verlor. Der *Sohanci* strich ihr über Stirn und Schläfen. Helfer massierten ihre Füße und Beine. Sie öffnete die Augen, wirkte jedoch immer noch benommen. Hustend verlangte sie nach Wasser.

»Alte Frau«, sagte der *Sohanci* zu ihr, »wir danken dir für deinen Schmerz. Wir danken dir für deine Arbeit.«

Die Frau trank ein paar Schlucke Wasser. »*Sohanci*, du hast deine Bürde, und ich habe meine. So ist es in dieser Welt.«

19

Worte des Schutzes

Während meines Aufenthaltes in Tillabéri 1977 regnete es nur zweimal. Doch die Leute machten sich noch keine Sorgen um die Ernte. Im Juni regne es für gewöhnlich nicht öfter als zwei- oder dreimal, erklärten sie mir. Der kurze, aber heftige Niederschlag war angenehm, und ich konnte die Junihitze in der Sahelzone für eine kurze Zeit vergessen. Aber die Erholung dauerte nur wenige Tage, denn nachdem die Wolken sich aufgelöst hatten und der kühle Westwind abgeflaut war, brannte die sengende Sonne wieder vom Himmel und saugte die letzten Tropfen kühler Feuchtigkeit aus dem Land. Der Sand der Dünen wurde wieder staubig und heiß. Beim Erklimmen der Hänge wurde mir schwindelig von der grellen Sonne. Selbst nach dem kurzen Weg von der weiterführenden Schule zum Gehöft des *Sohancis*, den ich zwei- oder dreimal am Tag zurücklegte, war ich atemlos, durstig und erschöpft.

Aber ich arbeitete unvermindert weiter, weil meine verbleibende Zeit in Niger nur kurz war. Gegen Ende meines zweiwöchigen Aufenthalts in Tillabéri erzählte mir der *Sohanci* noch mehr von seinem Leben.

»Als ich nach Tillabéri zurückgekehrt war, arrangierte meine Familie als Erstes eine Ehe für mich. So habe ich Hadjo geheiratet, die ich Moussa Nya [Moussas Mutter] nenne.«

»Wie bist du dazu gekommen, Djemma zu heiraten, die Mutter von Moru?«

Der *Sohanci* lächelte. »Als ich im Gefängnis war, zog meine Familie in ein Dorf namens Sohanci, in der Nähe des Ortes Simiri. Meine Familie fand es furchtbar, dass das älteste Mitglied unseres Familienzweigs eine Frau aus Tillabéri geheiratet hatte. Mein Bruder kam nach Tillabéri und sagte: ›Adamu, wir danken Gott für dein Leben, aber du musst nach Hause nach Simiri kommen. Dort wirst du unsere Felder bestellen und eine der Frauen aus dem Dorf heiraten.‹«

»Und?«, fragte ich.

»Man kann sich der Familie nicht verweigern. Also ging ich nach Simiri, wo ich die Felder der Familie bestellte und Djemma heiratete, die Mutter von Moru.«

»Und dann?«

»Dann bin ich nach Tillabéri zurückgekommen.«

»Warum?«

»Weil alle Medien von Tillabéri sich einig waren, dass sie mich als ihren *Zima* haben wollten.« Er nahm sein Portemonnaie aus der Tasche, zog vorsichtig ein gefaltetes Stück Papier heraus und gab es mir. Es war datiert auf Februar 1964. »Was steht darauf?«, fragte der *Sohanci* mich.

Das Schreiben war vom Regionalverwalter von Tillabéri unterzeichnet und erklärte, dass Adamu Jenitongo offiziell registrierter Heiler in der Stadt Tillabéri sei.

»Seitdem bin ich hier. In diesem Haus am Rande des Busches.«

Der *Sohanci* stand auf und gab mir ein Zeichen, ihm in seine Hütte zu folgen – in das Geisterhaus. »Es ist Zeit zu sehen, was auf deinem Weg liegt, mein Sohn.« Er setzte sich und holte seine Kaurimuscheln hervor. »Mithilfe von

Das Dorf Sohanci in der Nähe von Simiri,
Niger, 1990

Wambata [Nya Beri] kann ich vielleicht in die Vergangenheit und in die Zukunft blicken«, deklamierte er und warf die Kaurimuscheln in den Sand.

»Was siehst du, *Baba*?«

»Ich sehe Ärger für dich auf deinem Weg. Vielleicht im nächsten Monat, vielleicht in zwei Jahren. Siehst du diese Frau hier?«, fragte er und zeigte auf eine Muschel, die abseits der anderen lag. »Sie ist im Westen und wird dir irgendwann in der Zukunft viel Ärger bereiten.«

»Ja?«

»Und ich sehe, dass du heute Abend hierherkommen musst. Ich muss dir das *Genji how* geben, denn diese Worte und nur diese Worte werden dich vor den Übeln schützen, die auf deinem Weg vor dir liegen.«

Er warf die Kaurimuscheln erneut.

»Was siehst du, *Baba*?«

»Ich sehe, dass du mit Schutz vorwärtskommen und hart werden wirst. Du wirst deinen Weg in der Welt finden. Die Menschen werden dich mögen. Aber hab acht! Denn auf deinem Pfad gibt es Menschen, die versuchen werden, dir den Weg zu versperren. Ihnen gegenüber musst du hart sein, sehr hart.«

»Hart?«, fragte ich. »Was meinst du damit?«

»Die Bedeutung wird dir aufgehen. Ich kann dir nicht sagen, was es ist. Du musst es erfahren, so gut du kannst.«

»*Baba*, ich habe tausend gute Fragen ...«

»Keine weiteren Fragen. Du musst jetzt gehen und dich darauf vorbereiten, das *Genji how* zu lernen. Komm heute am späten Abend wieder.«

An diesem Nachmittag konnte ich in den Siestastunden nicht schlafen; ich lief in der Nachmittagshitze auf und ab und fragte mich, was mich am Abend in der Hütte des *Sohanci* erwartete. Ich trank ein Glas Wasser nach dem anderen, aber es kühlte mich nicht ab. Ich schaltete den elektrischen Ventilator ein, der größte Luxus an einem Ort wie Tillabéri im Juni, doch auch er half nicht viel, sondern quirlte bloß die heiße Luft.

Die Hitze ließ die Grenze zwischen Fantasie und Realität zerfließen. Ich sah die Übel, die der *Sohanci* angedeutet hatte. Ein Flussdämon, eine fast zwanzig Meter lange Schlange, griff den Einbaum an, in dem ich den Niger überquerte. Wir kenterten, und der Dämon schnappte sich mit seinem riesigen Maul den Fährmann und zerteilte ihn in zwei Häften. Dann machte er sich über die anderen Passagiere her und verschlang sie am Stück. Er hob den Kopf aus dem Wasser und verfolgte auch mich. Seine Augen leuchteten rot, seine gespaltene Zunge schnellte zwischen seinen

Zähnen hervor und knallte wie eine Peitsche. Mein Ende war nah. Aber dann fiel mir ein, dass das *Genji how* Menschen vor Gefahr schützte. Also trug ich es vor, die Schlange wich zurück und tauchte unter die Wasseroberfläche. Ich war fest überzeugt, dass sie mich von dort erneut angreifen würde, und erwartete meinen sicheren Tod. Aber nichts geschah. Die Schlange war verschwunden. Ich schwamm zu einer Insel in der Nähe, auf der Dorfbewohner mir zur Hilfe kamen und mich *Cimikoy* nannten, Bewahrer der Wahrheit und Besitzer des Wissens der Ahnen.

Das Wiehern eines Esels brachte mich wieder zu Verstand, zurück in ein überhitztes, weiß getünchtes Zimmer in Tillabéri. Die Zauberei und die Philosophie, die ich kennengelernt hatte, mussten eine Illusion sein, jedenfalls bestimmt nichts, was sich auf greifbare Daten und Fakten reduzieren ließ. Ich erkannte, dass ich meine Rolle als objektiver Beobachter nicht aufgeben durfte, egal wie tief ich in die Welt der Songhai-Magie eintauchte. Ich durfte nicht vergessen, dass ich Ethnologe war, ein wissenschaftlicher Erforscher von Kultur und Gesellschaft. Ich war mir sicher, dass ich die Songhai nach einer Weile wirklich verstehen würde, vielleicht besser als sie sich selbst.

Als sich die Abendstille über Tillabéri senkte, machte ich mich auf den Weg zum Gehöft des *Sohancis*. Das Knirschen meiner Schuhe im Sand war das einzige Geräusch in der mondlosen Nacht. Der Schein meiner schwachen Taschenlampe riss nur ein winziges Loch in die Dunkelheit vor mir. Langsam erklomm ich die Düne, erkannte hier einen vertrauten Halt, dort einen seltsam geformten Busch oder einen besonders hohen und dornigen Baum.

Ich ging direkt zur Hütte des *Sohancis*, in der wie üblich eine flackernde Lampe brannte.

»Komm rein«, flüsterte er. »Heute Abend müssen wir sehr leise sein; ich werde dich mit Worten bekannt machen, die große Macht haben. Wenn schlechte Menschen uns belauschen, könnten sie diese Worte missbrauchen. Ich kenne dich gut genug, mein Sohn, um zu wissen, dass ich dir diese Worte anvertrauen kann.«

Trotz allem, was ich gelernt und erfahren hatte, konnte ich mich nach wie vor nicht mit dem Gedanken anfreunden, dass Worte solche Macht, solche Kraft haben sollten. In meinen Albträumen mochten sie mich vor Flussdämonen bewahren, aber konnten sie mich vor einem Zauberer schützen, der entschlossen war, mich zu vergiften? »Ich danke Gott für dein Vertrauen, *Baba*.« Tatsächlich verstand ich nicht, warum dieser alte Mann, der mich seit fünf Jahren nicht gesehen hatte und erst jetzt allmählich kennenlernte, mich in eines seiner größten Geheimnisse einweihen wollte, einen Text, den er bisher nicht einmal seinen jüngsten Söhnen Moussa und Moru beigebracht hatte.

»Bist du bereit, mein Sohn?«

»Das bin ich, *Baba*.«

Er berührte sanft meine Hand. »Hör gut zu. Es wird eine Zeit kommen, eine Zeit, die ich in den Kaurimuscheln gesehen habe, in der du auf der Suche nach Wissen das gesamte Land der Songhai bereisen wirst.«

»Ja, so Gott will.«

»Und wenn du von mir weggehst, werden die Menschen dich kennen. Sie werden wissen, dass du auf dem Weg bist. Aus diesem Grund werden viele Leute dich nicht mögen. Sie werden dir Schaden zufügen wollen. Deshalb musst du, wenn du andere Menschen besuchst, immer ein oder zwei Hühner mitbringen.«

»Warum Hühner? Sie sind eine Last für einen Reisenden.«

»Das ist richtig, aber besser man trägt eine Last, als zu sterben.«

»Wovon redest du, *Baba*?«

»Ein Mann auf Reisen kann nie wissen, was ein anderer ihm antun wird. Ein Mann auf Reisen kennt nicht immer seine Feinde. Ein Mann auf Reisen muss hart sein; er muss vorbereitet sein. Wenn du Essen von jemandem bekommst, den du nicht gut kennst, oder von jemandem, den du zwar kennst, dem du jedoch nur wenig traust, musst du deinem Huhn ein wenig von dem Essen geben. Wenn es überlebt, ist das Essen genießbar. Wenn nicht, weißt du, dass du eine Schlacht vor dir hast.«

»Eine Schlacht? Was soll das heißen?«

»Das kann ich nicht sagen.«

»Warum sollte mich jemand vergiften wollen?«

»In der Welt des Krieges ist jeder Mensch auf Reisen ein mögliches Opfer der bösen Geister. Es gibt viel Schmutz und Verrat in unserer Welt. Du musst vorbereitet sein.«

Überwältigt und perplex versprach ich dem *Sohanci*, in Zukunft darauf zu achten, auf Reisen immer zwei oder drei Hühner dabeizuhaben. Die Vorstellung, dass ein Songhai versuchen würde, einen amerikanischen Forscher zu vergiften, schien mir trotzdem abwegig.

Der *Sohanci* flüsterte weiter: »Irgendwann in der Zukunft wird eine Frau dir Probleme bereiten. Sie wird dir etwas antun. Und du wirst denken, dass du sterben musst. Wenn das geschieht, musst du die Beschwörungsformel sprechen, die ich dir heute Abend beibringe. Du musst sie vortragen, bis deine Angst vor dem Tod sich verflüchtigt.«

Seine eisigen Worte ließen meine Miene erstarren. Mit offenem Mund starrte ich den *Sohanci* an. »Ich verstehe«, versicherte ich ihm.

Er tippte mir erneut auf den Handrücken und flüsterte sein *Genji how*:

»Im Namen Gottes, Koosh. Im Namen Gottes, Koosh. Ich spreche zu Ndebbi. Ich spreche zu den sieben Himmeln. Ich spreche zu den sieben Höllen. Ich spreche zum Westen. Ich spreche zum Osten. Ich spreche zum Norden. Ich spreche zum Süden. Meine Worte müssen reisen, bis, bis, bis sie bekannt und verstanden sind. Ndebbi war vor den Menschen. Er wies Soumana den Weg. Soumana gab ihn an Niandou.

Niandou gab ihn Mata. Mata gab ihn mir. Was sie mir gegeben haben, ist besser als gut. Mein Weg ist jenseits von ihrem. Ndebbi gab uns sieben Beile und sieben Hacken. Er kam und gab uns die Sprache, und er nahm sie zurück. Er zeigte uns den Fels. Er machte die Prinzen stark. Nun werden die Engel nicht sehen. Kugeln werden nicht sehen. Alles ist geschützt durch die Kraft der Himmel.«

Er lachte. »Oh, es ist ein sehr gemeiner Text; es ist ein schwieriger Text.«

Ich fand, dass es ein rätselhafter Text war, und überhäufte ihn mit Fragen. Wer war Soumana? Wer war Niandu? Worauf bezogen sich »die sieben Beile und die sieben Hacken«? Warum hatte Ndebbi die Sprache zurückgenommen?

»Psst! Jemand könnte uns belauschen.«

»Erklär mir den Text, *Baba*.«

»Das kann ich nicht machen. Du musst den Text auswendig lernen. Die Bedeutung der Worte ist zweitrangig. Verstehst du?«

»Nein, das verstehe ich nicht«, sagte ich frustriert.

Der *Sohanci* fand meinen Trotz amüsant. »Das ist egal. Lernen wir diesen Text auswendig. Schnell jetzt.«

Mit meiner Routine im Auswendiglernen von Beschwörungsformeln brauchte ich nicht lange, um mir das *Genji how* des *Sohancis* einzuprägen. Nachdem ich es beherrschte, nahm er meine Hände zwischen seine.

»Bewahre diesen Text in deinem Herzen und trage ihn nie vor, außer du musst.«

»Ja, *Baba*.«

Er nahm erneut seine Kaurimuscheln und warf sie in den Sand. »Aha! Siehst du diese Muschel dort, die im Süden gelandet ist? Das, mein Sohn, bist du. Du solltest deine Abreise aus Tillabéri nicht verzögern. Fahre morgen, denn dein Weg ist ein freier und guter für dich und deine Arbeit.«

»Aber ich würde gern noch ein paar Tage bleiben. Ich habe so viele gute Fragen.«

»Die ich nicht beantworten würde«, sagte der *Sohanci*. »Wenn die Muscheln sagen, dass du gehen musst, musst du es tun. Sie lügen nicht. Reise morgen ab und gehe mit Gottes Schutz.«

»Aber, *Baba*, wann werde ich dich wiedersehen?«

»Eher, als du ahnst.«

20

Unterwegs

Es regnete an dem Tag, an dem ich Tillabéri verließ. Den ganzen frühen Morgen über hingen die Wolken tief und schwer am Himmel, sodass ich ahnte, dass der Regen den ganzen Tag andauern würde. Ich wusste, dass ich trotzdem aufbrechen musste. Also stopfte ich die meisten meiner Sachen in meinen großen grünen Seesack und lud ihn in den Peugeot, der J. F. gehörte. J. F. brachte mich zum Busbahnhof von Tillabéri, der neben dem Markt an der asphaltierten Straße nach Niamey im Süden lag. Nachdem ich mich von ihm verabschiedet hatte, sah ich Salou, den Bahnhofsvorsteher. Er saß apathisch auf einer Bank unter einem Strohdach.

»Ah, Monsieur Paul«, begrüßte er mich lallend auf Französisch.

Ich kannte Salou seit 1970. Damals hatten wir hin und wieder in der Bar »Giraffe« gemeinsam Bier getrunken. Einmal hatte ich dabei auch mit ihm mithalten können. Aber im Laufe der Jahre hatte mein Fassungsvermögen für Bier abgenommen, während Salous noch gestiegen war. Die Menschen erklärten mir, dass es in Tillabéri drei Gewissheiten gebe: Die Sonne würde im Osten aufgehen, sie würde im Westen untergehen, und Salou würde am späten Vormittag betrunken sein. Der regnerische Tag meiner Abreise war da keine Ausnahme. Salou roch nach Bier. Auf seinem Hemdsärmel war ein kleiner Flecken Erbrochenes getrocknet.

»Ah, Monsieur Paul, wohin fährst du?«

»Nach Niamey.«

»Du hast Glück, Monsieur Paul. Oungunias Bus wird sehr, sehr bald abfahren.«

»Das ist toll! Ich werde mit meinem alten Freund Oungunia nach Niamey fahren.«

Oungunias Fahrkünste waren nicht zu Unrecht legendär in Tillabéri, wie ich bestätigen kann. In der Hitzeperiode 1971 hatte ich mich darauf eingelassen, in Oungunias Buschtaxi, einem Peugeot 404 Pick-up, von Niamey nach Tillabéri zu fahren. Ich zwängte mich mit zwölf anderen Menschen auf die Ladefläche, die für maximal acht Personen vorgesehen war. Eingeklemmt zwischen einer gut zwei Zentner schweren Frau und drei schreienden Kleinkindern konnte ich beobachten, wie Oungunia eine Dreiviertelliterflasche Bier ansetzte. Mühsam kletterte ich aus dem Taxi und stellte den Fahrer zur Rede.

»Wie viele Bier hast du schon getrunken, Oungunia?«

Er kippte den Rest der Flasche herunter und rülpste. »Das macht jetzt vier Flaschen. Wenn es heiß ist, trinke ich Bier.«

»Aber kannst du fahren?«, fragte ich.

»Kann ich fahren, fragt er. Nun, Monsieur Paul, steig in das Taxi. Bald werden wir wissen, ob ich fahren kann oder nicht.«

Nach der Hälfte der Strecke hatte Oungunia drei weitere Flaschen *»Bière Niger«* geleert. Je mehr er trank, desto schneller fuhr er über die kurvenreiche Piste, die von dornigen Ästen übersät war, die nur darauf warteten, einen Reifen zu zerstechen. Die Passagiere klopften an das Rückfenster der Fahrerkabine, weil sie fanden, dass Oungunia zu schnell fuhr. Und wir wussten alle, dass wir noch die

Brücke des Todes zu überqueren hatten, eine einspurige Brücke, die sich ohne Seitenbegrenzung über ein ausgetrocknetes, aber tiefes Flussbett spannte, in dem die verrostete und verbeulte Karosserie eines umgekippten Lkw lag. Als wir uns der Brücke des Todes näherten, vernahm ich ein lautes Ploppen und ein wildes Lachen, als Oungunia mit den Zähnen den Kronkorken einer weiteren Bierflasche geöffnet hatte. Er gab Gas, der Motor heulte auf. Die Mitfahrer hämmerten gegen das Rückfenster der Kabine und brüllten ihn auf Hausa und Songhai an. Unbeeindruckt raste Oungunia über die Brücke. Als wir nach der geglückten Überquerung auf der anderen Seite alle erleichtert aufatmeten, kam der Wagen quietschend zum Stehen, und Oungunia sprang aus dem Taxi. »Bin ich nicht der beste Fahrer in ganz Niger?«

»Nein, nein, Oungunia«, erwiderte eine Frau, »du bist einfach nur der Sohn eines Esels!«

Plötzlich riss mich Oungunias große Gestalt zurück in die Gegenwart. Er war dick, rund und schwarz und trug einen sogenannten Buschanzug, ein Hemd und eine Hose aus ein und demselben Stoff. Er klopfte mir kräftig auf den Rücken und begrüßte mich mit seiner heiseren Stimme.

»Monsieur Paul, kommst du mit mir nach Niamey?«

»Ja, Oungunia.«

»Gut. Der Regen wird die Fahrt angenehm machen. Du musst neben mir sitzen, damit wir über alte Zeiten reden können. Okay?«

Trotz seiner trunkenen Rastlosigkeit waren Oungunia und ich gute Freunde geworden. Bevor ich Niger 1971 verlassen hatte, hatte ich ein Foto von ihm gemacht, auf dem er an seinem Buschtaxi lehnte, und ihm einen Abzug geschickt.

»Weißt du noch das Foto, Monsieur Paul?«

»Ja.«

»Ich hab es mit der Post bekommen. Ich habe einen Rahmen dafür gekauft. Es hängt in meinem Haus an der

Wand. Ich werde es immer aufbewahren.« Oungunia drehte sich um und brüllte einen von zwei jungen Männern an, die seinen Bus, einen Mercedes mit Plätzen für fünfunddreißig Personen, beluden: »Du sollst es sicher festbinden, du Esel. Wir können es uns nicht leisten, dass etwas runterfällt.« Lächelnd wandte er sich wieder mir zu. »Ah, Monsieur Paul, die Straße mag mittlerweile asphaltiert sein, aber eigentlich hat sich nichts verändert.«

»Du sprichst die Wahrheit, Oungunia«, sagte ich.

Die Passagiere stiegen in den Bus und suchten sich Plätze.

»Sind wir bereit?«, fragte Oungunia Salou.

»Ihr seid bereit«, sagte Salou. »Los mit euch.«

Nach nicht einmal einem Kilometer stießen wir auf eine Straßensperre der Polizei. Ein junger Mann in einer grünen Uniform gab uns ein Zeichen anzuhalten und forderte alle Passagiere auf, aus dem Bus zu steigen. Als er mich, einen Weißen, sah, verlangte er barsch meinen Ausweis. Ich gab ihm meinen Ausweis und meine vom Präsidenten der Republik unterschriebene Forschungsgenehmigung.

Der junge Mann studierte beides und sagte dann: »Es ist uns eine Ehre, Sie zu treffen, Monsieur le Professeur.«

»Die Ehre ist ganz meinerseits«, erklärte ich ihm.

Der Unteroffizier, der unter einem Baum auf einer Holzbank saß, rief Oungunia und mich in sein Büro. »Weißer Mann, wohin fahren Sie?«, fragte er mich auf Französisch.

»Mein Name ist Paul. Der Name meines Vaters ist Stoller«, antwortete ich in meinem besten Songhai. »Ich fahre nach Niamey.«

»Ha«, staunte der Unteroffizier, »du sprichst Songhai.« Der Mann war ein Riese, sogar noch größer als Oungunia.

»Nur ein wenig«, erklärte ich ihm.

»Mehr als nur ein wenig«, widersprach er, offensichtlich erfreut. Er sah Oungunia an und zog die Augenbrauen hoch. »Sag mir, Oungunia, warum ich dich nicht deine komplette Fracht entladen lassen sollte.«

»Wenn du mich alles ausladen lässt«, antwortete Oungunia ohne Zögern, »wie soll ich da rechtzeitig mit dem Kasten Bier wieder in Tillabéri sein, den du heute Abend mit deinen Freunden trinken willst?«

Der Unteroffizier kratzte sich am Kinn. »Weißt du, das hätte ich beinahe vergessen. Na, dann steh hier nicht rum und glotz mich an. Fahr los! Ich krieg jetzt schon Durst.«

Nun konnten wir weiterfahren. Die Straße führte bis zum Horizont und teilte die von kargem Gestrüpp bewachsene Landschaft. Zur Linken erstreckte sich eine sonnenverbrannte Ebene, die in ihrer Monotonie nur von vereinzelten Tafelbergen und wenigen Bäumen aufgelockert wurde. Zur Rechten glänzte der sich in seinem steten Lauf nach Süden windende Niger im morgendlichen Sonnenlicht. Wir hielten uns links, und der Bus tuckerte einen Tafelberg hinauf, der sich über dem Nigerbecken erhob. In Sansané Hausa, einer Kleinstadt mit einer medizinischen Einrichtung, machten wir Halt. Junge Mädchen, die Tabletts mit Mangos und Limonen auf dem Kopf balancierten, strömten um den Bus zusammen. Ein junger Mann bot mir einen Fleischspieß an, doch ich lehnte ab, weil ich nur allzu gut wusste, welche Folgen der Verzehr von mit zu viel scharfer Paprika und Erdnussmehl gebratenem Fleisch haben konnte. Wir brachen in Sansané Hausa auf, sausten den Hang eines Tafelbergs hinunter und krochen den Hang des nächsten hinauf. Wir hielten erst wieder für eine weitere Polizeikontrolle in den Außenbezirken von Niamey, der Hauptstadt von Niger. Ein Soldat mit Gewehr über der Schulter stand neben der Sperre. Während Oungunia dem Verantwortlichen seine Papiere zeigte, schlenderte ein weiterer Soldat zu mir und fragte, warum ein reicher Weißer in einem Bus für einfache Leute fuhr. Ich zeigte ihm meinen Pass und das Genehmigungsschreiben des Präsidenten. Die Haltung des jungen Soldaten änderte sich schlagartig.

»Ich wünsche einen angenehmen Aufenthalt in Niamey«, sagte er.

Nachdem wir den Checkpoint ohne Probleme passiert hatten, fuhren wir weiter nach Niamey. Am Stadtrand wurde überall gebaut: Regierungsgebäude, Lehmgehöfte und im Osten ein neues Viertel mit zweistöckigen Luxusvillen. Im Zentrum von Niamey bot sich ein buntes Kaleidoskop urbaner Eindrücke: der atemberaubende Gestank der offenen Abwasserkanäle; Fliegen, die über Lachen von auf der Schotterstraße ausgekipptem Spülwasser schwebten; ein Kind, das über einer Spalte im Bürgersteig hockte; Menschentrauben, die den unzähligen Taxis auswichen, die die Straße hinunterschossen; das Schreien eines verängstigten Kindes. Unweit des Marktes sahen wir alte Männer, die wegen schlecht gerichteter gebrochener Knochen krumm über den Bürgersteig schlurften. Zahnlose Leprakranke humpelten auf Krücken und hielten potenziellen Spendern ihre Handstumpen ins Gesicht. Kleine Kinder mit Emailleschalen führten ihre blinden Mütter und Väter einen unsichtbaren Bettlerpfad entlang. Durch dieses Meer menschlichen Elends kamen wir zum Busbahnhof neben dem zentralen Markt von Niamey. Die Parkplatzanlage war eine einfache asphaltierte Fläche voll mit Lkws, Bussen und Taxis. In vielen der leeren Fahrzeuge saßen junge Männer und hörten Musik.

Oungunia parkte den Bus am westlichen Ende des Bahnhofs, wo die Busse von und nach Tillabéri hielten und abfuhren. Sofort wurden die Passagiere von Gruppen junger Männer umschwärmt. Manche verkauften Sonnenbrillen, andere präsentierten eine Auswahl nachgemachter Schweizer Uhren an ihren Armen. Ein junger Mann hatte Brötchen im Angebot, ein anderer faserig gekochten Maniok. Wer nichts zu verkaufen hatte, bot den Passagieren Hilfe mit ihrem Gepäck an. Die meisten dieser jungen Männer auf dem Platz kannten mich persönlich oder hatten von mir gehört – der weiße Mann, der gut Songhai sprach.

Auf dem Großen Markt von Niamey, Niger, 1984

»Hey, Paul, hey. Hey, Méhanas *Anasara*, hey«, rief einer mir zu. »Wie geht es dir?«, fragte ein anderer. »Hey, Paul. Wenn du zurück nach Méhana fährst, nimm mich mit. Ich arbeite für dich.«

»Danke für die Gefühle in euren Herzen«, erklärte ich ihnen, »aber in Gottes Namen, ich bin nach Niamey gekommen, um hier zu bleiben und dann bald nach Amerika zurückzukehren.«

Der kühnste der jungen Männer kam auf mich zu. Seine schwarze Hose und sein ärmelloses schwarzes Baumwollhemd saßen perfekt an seinem dünnen Körper. »Du gehst nach Amerika?«, fragte er mich.

»Ja. In ein paar Wochen steige ich in ein Flugzeug.«

»Und warum kannst du mich nicht mitnehmen? Nimm mich in dem Flugzeug mit. Ich will nach Amerika.«

Ich klopfte ihm auf die Schulter. »Was glaubst du, wie viel es kostet, nach Amerika zu fliegen?«

»Ich war noch nie dort. Woher soll ich das wissen?«

»Hin und zurück kostet es dreihunderttausend Francs.«

»Gott, dreihunderttausend CFA?«

»Genau. Und ich bin Student. Meine Regierung hat meine Reise bezahlt. Ich könnte sie mir selbst auch nicht leisten.«

»Sicher könntest du das«, schaltete sich ein anderer junger Mann ein.

»Und außerdem«, sagte ich zu dem jungen Mann in dem ärmellosen schwarzen Hemd, »wie kannst du reisen, wenn du keinen Pass hast?«

»Einen Pass?«

Ich zeigte der Gruppe meinen Pass. »Könnt ihr so was von eurer Regierung bekommen?«

»Ich weiß nicht«, sagte der Mann in dem ärmellosen Hemd.

»Und selbst wenn du einen Pass hättest, bräuchtest du noch ein Visum, um nach Amerika zu reisen.«

»Ich habe gehört, dass das wahr ist«, meldete sich ein anderer Mann zu Wort, der mitgehört hatte. Mein Gerede von Pässen, Visa und Flugtickets hatte in wenigen Minuten gut fünfzig Zuhörer angelockt.

Einer von Oungunias Helfern reichte mir meinen Seesack. Oungunia verabschiedete sich und erklärte mir, er wisse, dass ich bald nach Tillabéri zurückkehren würde. »Ich spüre es in meinem Herzen.«

Ich lehnte alle Hilfsangebote ab, schulterte meine Taschen und steuerte einen der vielen Ausgänge des Busbahnhofs an.

»Monsieur Paul«, rief der junge Mann in dem ärmellosen Hemd.

»Ja?«

»Du verstehst es zu reden. Bei Gott, du verstehst es zu reden.«

21

Vergeltung an einem Mächtigen

Der Busbahnhof lag gegenüber des amerikanischen Kulturzentrums an der Avenue de Gaulle, einer der Hauptdurchgangsstraßen in Niamey. Als ich die Straße überquerte, humpelte mir schon Ali, ein von Kinderlähmung verkrüppelter junger Mann, entgegen. Er bestand darauf, meine Taschen zu tragen. Wir gingen am Kulturzentrum vorbei in eines der zahlreichen von Menschen wimmelnden Viertel Niameys. Mein Ziel war das Haus von Moussa, einem ehemaligen Mitarbeiter am Institut für Gesellschaftswissenschaften der Universität Niamey. Da sein Haus in der Nähe des Busbahnhofs lag, schaute ich dort stets als Erstes vorbei, wenn ich nach Niamey kam.

Moussa begrüßte mich am Eingang seines Gehöfts. Er war ein kleiner Mann mit einem außergewöhnlich großen Kopf und einem ovalen Gesicht. Außerdem war er einer der wenigen jungen Songhai, die ich kannte, die einen Bart trugen.

Er stellte mir seinen zu Besuch weilenden Cousin Mody vor, der uns eine schreckliche Geschichte von einem Mann erzählte, der ihm eine große Ungerechtigkeit angetan hatte. Es handelte sich um einen europäischen Geschäftsmann mit einem Unternehmen in Niamey, der seine Angestellten regelmäßig misshandelte. Mody hatte fünfzehn Jahre für den Europäer gearbeitet und sich als vertrauenswürdiger Mitarbeiter erwiesen. Aber eines Tages hatte ihn sein Chef in einem unerklärlichen Wutanfall des Diebstahls bezichtigt. Mody flehte seinen Chef an, ihm nicht zu kündigen. Es gab eine polizeiliche Ermittlung, Mody konnte kein Vergehen nachgewiesen werden. Der Europäer feuerte ihn trotzdem. Und Mody schwor Rache.

»Das klingt furchtbar, Mody. Was hast du deswegen unternommen?«

»Vielleicht kannst du helfen?«, fragte Moussa.

»Ich? Was kann ich tun?«

Sie führten mich in eines der drei kleinen Zwei-Zimmer-Häuser auf dem Gehöft. »Wir wissen«, sagte Moussa, »dass du in Méhana im Haus eines *Sorkos* gewesen bist. Wir wissen auch, dass du in Tillabéri mit einem *Sohanci* zusammengesessen hast.«

»Woher wisst ihr das?«

Moussa entblößte lächelnd seine Zähne, die zu groß für seinen kleinen Mund schienen. »Worte reisen schnell flussabwärts.«

»Und welche Rolle spielt es, dass ich mit diesen Männern zusammengesessen habe?«

»Es spielt eine große Rolle.« Moussa atmete tief ein. »Wir dachten, dass du diesem Mann etwas antun könntest, um ihn dafür zu bestrafen, dass er meinem Cousin gekündigt hat.«

Blut schoss mir ins Gesicht. »Moussa, ich werde nichts dergleichen tun! Außerdem weiß ich nichts. Ich habe kaum angefangen, diese Dinge zu lernen.«

Moussa öffnete den Mund nur ein wenig und sagte leise: »Wir brauchen deine Hilfe, Monsieur Paul. Wir haben wegen dieses Mannes viel gelitten. Und Mody ist nicht der Einzige, andere leiden auch.«

Während meines ersten Aufenthalts in Niger war Moussa sehr freundlich zu mir gewesen; er hatte mir geholfen, ohne eine einzige Gegenleistung zu verlangen. Ich willigte also ein: »In einer Woche werde ich Niamey verlassen, um einen meiner Lehrer zu konsultieren. Wenn etwas geschieht, werde ich es dir erzählen. Wenn nicht, werde ich es nie wieder erwähnen.«

In dieser Woche in Niamey litt ich sehr. Ich verbrachte meine Zeit abwechselnd in der Bibliothek des Forschungsinstituts für Gesellschaftswissenschaften, in der ich französische Forschungsberichte über die Gesellschaften der Sahelzone las, und in einem Verschlag im Haus eines Freundes, in dem ich die zahllosen Texte transkribierte, die ich auf Tonband aufgenommen hatte. Zwischendurch schrieb ich einen ersten Entwurf des Abschlussberichts meiner Studien, den ich bei der Regierung von Niger abgeben musste – eine Bedingung der erteilten Forschungsgenehmigung. Das waren alles Aufgaben, an denen ich als feldforschender Ethnologe keine wirkliche Freude hatte. Aber noch mehr als die Pflicht, Texte zu transkribieren und Abschlussberichte zu schreiben, belasteten mich meine Schuldgefühle. Hatte ich mich zu weit auf die Welt der Songhai-Zauberei eingelassen? Hier saß ich und erwog ernsthaft, Mittäter bei einem Zauberangriff zu werden, selbst wenn ich bezweifelte, dass ein Ritual dem empörenden Verhalten des Europäers ein Ende machen würde. Ich glaubte offen gestanden nicht, dass irgendeine rituelle Handlung – egal wie ernsthaft sie sein mochte – menschliches Verhalten verändern konnte. Trotzdem hatte ich zugesagt, mit dem *Sohanci* über diesen Fall zu sprechen. Ich konnte nicht entscheiden, welches meiner gemischten

Gefühle überwog. War es mein wissenschaftlicher Drang, mehr über die Songhai-Zauberei zu erfahren, oder wurde ich langsam in eine Welt geführt, in der es keine Moral gab?

An einem frühen Nachmittag nur eine Woche vor meiner Abreise aus Niger kehrte ich noch einmal nach Tillabéri zurück und machte mich direkt auf den Weg zum Gehöft des *Sohancis*. Das Schuljahr war zu Ende, das Schulgelände verlassen. Ich stieg auf die Düne zum Gehöft des *Sohancis*, der im Schatten des Geisterhauses saß und Palmwedel flocht. Er sah mich an: »Mein Sohn, was führt dich nach Tillabéri?«

Ich erzählte dem *Sohanci* von dem Mann in Niamey, der Moussas Cousin gekündigt hatte. »Findest du es nicht auch lächerlich, dass Moussa mich um Hilfe bittet? Was könnte ich tun?«

»Bist du nicht auf dem Weg, mein Sohn?«

»Doch.«

»Bist du nicht voll?«

»Doch, ich bin voll.«

»Ist dein Herz nicht stark? Bist du nicht in der Lage zu sagen, *bam, bam, bam, bum, bum, bum*?«

»Ja, *Baba*, ich spüre Zorn, aber ich habe nicht das Gefühl, dass mein Herz gefährlich für andere ist. Wie könnte es?«

Der *Sohanci* ignorierte meine rhetorische Frage und wandte sich wieder seinem Flechtwerk zu. »Was du beschreibst, ist ein Fall von *Bankwano fouta* [wörtlich: ›böser Anführer‹]. In den alten Zeiten gab es viele mächtige Männer, die ungerecht waren. Manchmal haben uns die guten Anführer gebeten, für sie zu arbeiten und einen bösen unter ihnen fertigzumachen.«

»Fertigzumachen?«

Der *Sohanci* lachte leise. »Ja, der Macht des Mannes ein Ende zu bereiten.« Er erhob sich abrupt und betrat das Geisterhaus. Er rief mich hinein und forderte mich auf, neben ihm Platz zu nehmen. »Im Fall eines bösen Anführers ist die Lösung einfach.«

»Was ist die Lösung?«, fragte ich.

»Man nimmt das ___ eines ___ Huhns und vergräbt es unter der Türschwelle des bösen Mannes, an einer Stelle, über die er jeden Tag schreitet. Während du die Beschwörungsformel vorträgst, darf dich niemand hören.«

»Welche Beschwörungsformel?«

Der *Sohanci* sprach sie mir vor: »Herz für Herz. Geist für Geist. Mein Herz ist dein Herz. Mein Geist ist dein Geist. Was in meinem Herzen ist, wird in deinem Herzen sein. Was in meinem Geist ist, wird in deinem Geist sein. Was immer ich will, willst du auch. Du hast keine Wahl. Du kannst nicht entkommen.«

Ich lernte die Beschwörungsformel fünf Minuten lang auswendig.

»Was muss ich jetzt tun?«, fragte ich.

»Du musst sofort nach Niamey zurückkehren«, sagte der *Sohanci*, »das ___ eines ___ Huhns kaufen und den Text darüber sprechen. Dann nimmst du das ___ des __ Huhns, gibst es deinem Freund und sagst ihm, dass er es vor dem Haus des bösen Anführers vergraben soll.«

»Sollte ich das nicht selbst machen?«

»Nein, nein, jemand anderes muss es vergraben.«

»So soll es sein.«

Die Rückfahrt nach Niamey ging schnell, wahrscheinlich weil ich mich in Tagträumen verlor, während ich in den dunkler werdenden Himmel im Westen starrte. Ethisch betrachtet, war es höchst unprofessionell, dass ich für Moussa und seinen Cousin intervenieren wollte. Dennoch redete ich mir ein, dass die Arbeit eines Ethnografen ja immer irgendwie unethisch sei: War es moralisch zu rechtfertigen, im Namen der Wissenschaft das Privatleben anderer Menschen auszukundschaften? Meine Verwicklung hatte mir immerhin einen intimen Einblick gewährt, aus welchen Gründen und auf welche Weise die Songhai Hilfe bei einem Zauberer suchen. Und außerdem – wie sollte ein derartiges Ritual überhaupt funktionieren?

Wir erreichten die Stadtgrenze von Niamey in der Dämmerung; als wir ins Zentrum kamen, war es schon dunkel. Staubiger Dunst hing unter den Neonlaternen am Markt.

Am nächsten Morgen besuchte ich Moussa in seinem Haus.

»Nun«, fragte er, »was kannst du mir sagen?«

»Ich kann dir eine Menge sagen, aber bevor wir irgendetwas tun, brauche ich ein paar Informationen.«

»Was möchtest du wissen?«

»Zuerst will ich den Namen des europäischen Chefs wissen.«

»Okay, es ist Monsieur R. Kennst du sein Unternehmen?«

»Oh ja, ich habe von ihm gehört. Er ist ein unangenehmer Mensch, oder nicht?«

»Ja. Und er hat unserer Familie großen Schaden bereitet.« Moussa sah mich fragend an. »Sonst noch etwas?«

»Ja. Weder du noch ich werden direkt beteiligt sein. Mody oder ein anderer Verwandter sollen sich einsetzen.«

»Aber Monsieur Paul, das *haben* sie schon getan. Sie haben schon verschiedene Dinge probiert; es hat nicht funktioniert.«

»Also gut.« Ich präsentierte Moussa das ____ eines ____ Huhns. Am Vormittag hatte ich darüber dreimal die Beschwörungsformel gesprochen und ihm damit theoretisch die Kräfte des Himmels übertragen. »Jemand muss das unter einer Schwelle begraben, die Monsieur R. jeden Tag überschreitet.«

»Ich verstehe, Monsieur Paul. Meine ganze Familie dankt dir.«

»Danke nicht mir, Moussa. Danke meinem Lehrer.«

Ich sah Moussa erst am Tag vor meiner Abreise wieder. Ich hatte gerade meinen Abschlussbericht bei der Regierungsstelle des Nigers abgegeben und die Reservierung für meinen Flug nach Paris bestätigt. Auf dem Weg zum Markt traf ich Moussa auf der Avenue de Gaulle.

»Ah, Monsieur Paul! Können wir reden?«

Ich hatte nicht viel Zeit, weil ich bis zu meinem Abflug noch Etliches zu erledigen hatte. »Nur eine Minute, Moussa.«

Moussa beugte sich verschwörerisch vor. »Wenn der Esel einen Menschen abwirft, kann dieser den Sturz nicht bremsen, indem er die Ohren des Esels packt.«

»Wovon redest du, Moussa?«

»Kennst du das Sprichwort nicht?«

»Nein.«

»Nun, es bedeutet, wenn jemand einmal etwas getan hat, kann man es nicht mehr ungeschehen machen.«

»Aha! Es ist also erledigt, ja?«

»Ja, Monsieur Paul.«

»Gut. Möge Gott uns auf all unseren Wegen schützen.«

»*Amin.* [Amen]« Moussa öffnete den Beutel, den er bei sich trug, und zog einen Streifen bunten Stoff heraus. »Das ist für dich, Monsieur Paul. Mein Bruder hat es gewebt.«

Ich zögerte. »Aber ich kann nicht ...«

»Du musst es nehmen.«

»Aber, aber ...«

»Du musst, Monsieur Paul.«

»Ich danke dir von Herzen, Moussa.«

»Möge Gott mit dir sein, Monsieur Paul.«

Am nächsten Tag verließ ich Niger und hoffte trotz der eifrigen Gebete zahlreicher Menschen, dass das ___ eines ___ Huhns das Verhalten eines bösen Anführers niemals verändern würde.

II

1979–80

22

Erschreckende Entdeckungen

Im November 1979 kehrte ich nach Niger zurück. Nachdem ich durch den Zoll war und mich in einem Zimmer im Forschungsinstitut für Geisteswissenschaften eingerichtet hatte, ignorierte ich die offiziellen Verpflichtungen, denen man als Forscher zu Beginn einer Feldforschung nachkommen muss, und beschloss, als Erstes Moussa zu besuchen. Ich ging am amerikanischen Kulturzentrum vorbei und sah Ali, den Krüppel, der mich mit Lobgesängen begrüßte. Vor Moussas Haus klatschte ich dreimal in die Hände. Jemand sagte: »Komm rein«, was ich sogleich tat. Moussa saß auf einem klapprigen Gartenstuhl aus Leinen. Er begrüßte mich, als hätten wir uns erst gestern und nicht vor anderthalb Jahren zuletzt gesehen.

»Wie steht es um deine Gesundheit, Moussa?«

»Alles ist gut«, erwiderte er wie beiläufig. »Und ich danke Gott dafür.« Ich starrte ihn kurz an. Wie konnte er so ungezwungen sein? Ich nahm meinen Mut zusammen und stellte die Frage, die ich ihm seit mehr als einem Jahr stellen wollte.

»Moussa«, begann ich, »wie geht es Monsieur R.?«

Moussa lächelte mich an. »Hast du es nicht gehört?«

»Ich habe nichts gehört«, sagte ich und hielt den Atem an. »Was ist passiert?«

»Bist du sicher, dass du es nicht gehört hast, Monsieur Paul?«

»Nein, ich habe es nicht gehört.«

Moussa beugte sich über den Tisch. »Monsieur R. hat Niger verlassen.«

»Wann ist er abgereist?«

Moussa kratzte sich am Kopf. »Lass mich überlegen ...« Er blickte zur Decke. »Etwa einen Monat nach dir, vor fast anderthalb Jahren.«

»Wieso?«

»Nun, Monsieur Paul, in Afrika geschehen seltsame Dinge. Monsieur R. ist in seine Heimat zurückgekehrt.«

»Wirklich?«

»Wirklich«, bestätigte Moussa.

»Aber«, fragte ich mich laut, »hatte Monsieur R. nicht schon viele Jahre in Niger gelebt?«

»Er war etwa zehn Jahre hier«, erklärte Moussa.

War es ein Zufall, dass der »böse Anführer« Niger nach zehn Jahren plötzlich verlassen hatte und in seine Heimat zurückgekehrt war? »Was ist geschehen? Warum hat er das Land verlassen?«

Moussa schürzte die Lippen. »Du solltest wissen, was geschehen ist, Monsieur Paul«.

Ich fragte das Undenkbare: »Ist Monsieur R. erkrankt?«

»Nein, aber seine Schwester ist ernsthaft krank geworden, Monsieur Paul.«

»Seine Schwester?«

Moussa schilderte das bizarre Leiden der Schwester. Etwa drei Wochen nach meiner Abreise aus Niger wachte die Frau eines Morgens auf und merkte, dass ihr Gesicht gelähmt war. »Ihre Nase war dicht an ihrem Ohr und ihr

Mund war auf die linke Seite ihres Gesichts gerutscht«, erklärte Moussa. Besorgt über die ungewöhnliche Erkrankung hatte Monsieur R. seine Schwester in eine Privatklinik gebracht, in der die Ärzte ihr Muskelrelaxanzien und diverse Beruhigungsmittel gaben, was jedoch wirkungslos blieb. Daraufhin hatte Monsieur R. mit seiner Schwester das National Hospital aufgesucht, in dem man ein weiteres Mal versuchte, ihren Zustand zu lindern, ebenfalls vergeblich. Schließlich war Monsieur R. zu der Ansicht gekommen, dass die medizinischen Einrichtungen in Niger unzulänglich seien, und hatte seine hysterische Schwester in ihr europäisches Geburtsland gebracht. »Kaum hatte sie einen Fuß auf den Boden ihres Heimatlandes gesetzt, löste sich die Lähmung«, berichtete Moussa. »Nase und Mund wanderten zurück an ihren Platz in der Mitte des Gesichts.«

»Woher weißt du, was geschehen ist?«, fragte ich.

»Sowohl Mody als auch ich haben sie vor ihrer Abreise gesehen, außerdem passiert so was ständig in Afrika.«

»Aber woher weißt du, dass Mademoiselle R. sich wieder erholt hat?«

»Ah, Monsieur R. hat vor einer Weile in einem Brief an seine ehemalige Firma berichtet, dass seine Schwester sofort nach ihrer Heimkehr wieder gesund geworden ist.«

Ich wandte mich von Moussa ab und blickte zur Türschwelle. Ich wollte nicht wahrhaben, dass ich irgendetwas mit diesem Ereignis zu tun hatte.

»Aber wie konnte das geschehen, Moussa?«

»Monsieur Paul, *du* weißt, wie es geschehen konnte.«

»Aber wer würde der armen Frau so etwas antun?«

»Monsieur Paul, *du* weißt, wer ihr das antun konnte.«

»Aber …«

Moussa seufzte und zeigte mit dem Finger auf mich. »Du weißt, wer ihr das antun konnte, Monsieur Paul.«

»Aber ich verfüge nicht über die Macht für eine solche Tat. Es war bestimmt mein Lehrer oder jemand anderes.«

»Mag sein«, sagte Moussa, »aber ich habe Angst vor dir und deinem Geist, Monsieur Paul. Du bist ein harter Mann mit viel Gewalt tief in deinem Herzen.«

»Du hast Angst vor mir? Ich glaub das alles nicht ... Ich bin nicht imstande, so etwas zu bewirken. Ich kann es nicht, glaub mir.«

Ich stürzte aus dem Haus auf die Straße, hastete am amerikanischen Kulturzentrum vorbei, überquerte die Avenue de Gaulle und verschwand im Gewirr des zentralen Marktes.

23

Machtbeweis

Auf der Suche nach Antworten reiste ich drei Tage später mit dem Boot nach Méhana. Anfangs war mein Interesse an Zauberei hauptsächlich theoretischer Natur gewesen. Ich hatte nicht wirklich an die Sachen geglaubt, die ich ausgeführt hatte. Vielleicht wollte Moussa sich einen Spaß mit mir machen. Eine Besprechung mit Djibo würde diese Fragen gewiss klären und mich beruhigen. Er würde mir sagen, dass ich nichts wusste und mich ohne Not quälte.

Wir stakten in den Fluss hinaus und hatten wenig später den Staub und Schmutz der Felder am Ufer hinter uns gelassen. Friedlich glitten wir durch die bezaubernde Landschaft aus schmalen Kanälen zwischen hohen Reisgräsern. Inmitten dieses schwankenden Grüns waren alle Geräusche gedämpft: das Eintauchen des Paddels; vom Blatt tropfendes Wasser, wenn Haruna das Paddel hob; das Rascheln des Schilfs, wenn der Rumpf des schmalen Boots es streifte. Über uns flogen rufende Enten in Formation. Ein Fisch sprang aus dem Wasser und schnappte eine Fliege von einem Schilfblatt. Reiher blieben unbeeindruckt stehen, als wir dicht an ihnen vorüberglitten. Schließlich kamen wir aus dem Schilf auf den breiten, schnell fließenden rechten Arm des Nigers. Ich nahm ebenfalls ein Paddel, und

Das Ufer des Niger bei Tillabéri,
Niger, 1984

Haruma und ich paddelten mit der Strömung. Als wir uns Méhana näherten, reihten wir uns in eine bunt gemischte Flotte mit demselben Ziel ein.

In Méhana landeten wir auf dem feinen Sand des Ufers und wurden wie Gulliver bei den Liliputanern sofort von Scharen kleiner Kinder umringt. Sie sangen: »Paul ist gekommen. Paul ist gekommen.« Ungleich feierlicher nahten auch einige der Ältesten von Méhana, um mich willkommen zu heißen. Idrissa kam ebenfalls gerannt, begrüßte mich zurück in Méhana, nahm meine Sachen und marschierte zu dem Gehöft, das ich vor mehr als anderthalb Jahren verlassen hatte. Trotz Idrissas Bemühungen waren auf dem

Gehöft keine neuen Pflanzen gewachsen, bis auf die Akazie war es immer noch vollkommen karg.

Ich richtete mich ein. Nachdem Idrissa die Neugierigen und Schnorrer abgewimmelt hatte, kam er zu mir ins Haus.

»Wie lange bist du diesmal in Méhana, Monsieur Paul?«, fragte er.

»Ich bleibe nur ein paar Tage in Méhana, Idrissa. Meine Arbeit hier ist abgeschlossen. Ich bin gekommen, um alte Freunde zu besuchen.«

»Und dann?«

»Am Freitag reise ich weiter nach Bonfebba und Tillabéri. Dort werde ich bei einem alten Mann lernen. Wahrscheinlich bleibe ich einen Monat dort, vielleicht auch zwei.«

Idrissa runzelte die Stirn. Sein Körper zuckte vor nervöser Energie.

»Bevor ich nach Amerika zurückkehre, komme ich natürlich noch mal vorbei.«

Idrissa beugte sich näher zu mir. »Monsieur Paul, du weißt es nicht, aber ich habe mich von meiner zweiten Frau scheiden lassen. Jetzt will ich meine erste Frau zurück.«

»Warum erzählst du mir das, Idrissa?«

»Du bist mein Patron.«

»Du meinst, ich bin so etwas wie dein Adeliger?«

»Genau, Monsieur Paul. Ich will meine erste Frau Jitu immer noch. Ihr Vater war dagegen, dass sie Wanzerbe verlässt. Nach unserer Heirat hat er alles verdorben, und wir haben uns scheiden lassen. Dann habe ich diese Frau aus Loga geheiratet. Sie hat mir einen Sohn geboren. Ich konnte nicht mehr mit ihr zusammenleben. Ich habe sie zurück zu ihren Eltern geschickt und mich von ihr scheiden lassen. Jetzt will ich Jitu wieder heiraten.«

»Du willst Jitu heiraten?«

»Ja. Aber ich brauche Geld, einen Brautpreis.«

»Einen Brautpreis?«

»Und ich muss nach Wanzerbe reisen, um Jitus Vater um seine Tochter zu bitten.«

»Um seine Erlaubnis?«

»Ja, er hat sich verändert. Für einen Preis ist er einverstanden, sie gehen zu lassen.«

»Und wie hoch ist dieser Preis, Idrissa?«

»Fünftausend Francs.«

»Das ist nicht übel«, erklärte ich ihm.

»Es ist gut, Monsieur Paul. Könntest du diese Heirat möglich machen?«

Idrissas Bitte bereitete mir Sorgen. Ich hatte mich bemüht, privat Distanz zu wahren, als wir auf dem Gehöft seines Vaters in Wanzerbe die Vertrautheit des Alltags geteilt hatten. Ich hätte es besser wissen müssen. »Aber Idrissa, ist das nicht die Aufgabe deines Vaters oder des Bruders deiner Mutter?«

»Ja, aber mein Vater Kundiababa ist arm. Er hat kein Geld – du schon.«

Ich erklärte Idrissa nicht, wie minimal mein Budget war und wie sehr mein Forschungsvorhaben deshalb eingeschränkt wurde; stattdessen erklärte ich ihm, dass schon irgendwie Vorkehrungen für seine Reise nach Wanzerbe getroffen werden würden und er auch seinen Brautpreis bekommen sollte. Idrissa strahlte und umarmte mich zum ersten Mal, seit wir uns kannten.

Der Rauch in der Luft über Méhana kündete vom Anbruch der Dämmerung, die Frauen fachten ihre Kochfeuer an. Ich stand auf und erklärte Idrissa, dass ich einen Spaziergang durchs Dorf machen wollte.

»Wirst du den Getreidelagerwächter besuchen?«, fragte Idrissa.

»Du meinst Djibo, den *Sorko*?«

»Ja.«

»Nun, ich dachte, ich sage ihm Hallo.«

»Sag ihm Hallo, Monsieur Paul, aber gib ihm kein Geld. Er ist ein schlechter Mensch. Er wird dich betrügen. Ich weiß es.«

»Woher weißt du das, Idrissa?«

»Ich höre nicht auf das, was der Wächter sagt. Ich beobachte, was er tut. Der Wächter wird dich betrügen. Er wird dein Leben ruinieren.«

Ich verließ das Gehöft und fragte mich, warum Idrissa Djibo so misstraute. Befürchtete er, dass ich das Geld, das er wollte, stattdessen Djibo geben könnte? Kleine Kinder kamen auf mich zu, berührten kichernd meine Hand und rannten davon. Eine junge Frau, die einen Säugling im Arm trug, der während meiner Abwesenheit geboren war, präsentierte mir ihr Baby.

»Es hat keine Nase«, sagte ich.

»Was?«, fragte die Mutter mit einem breiten Lächeln. »Mein Baby hat eine Nase! Bist du blind, Monsieur Paul?«

»Nein, ich bin nicht blind. Dein Baby hat keine Nase; es ist hässlich.«

Die junge Mutter lachte. »Mein Baby ist hässlich, ja?«

»Es ist furchtbar hässlich«, sagte ich. »Wie könnte es sonst keine Ohren haben?«

»Und was ist das?«, fragte die Mutter und zeigte auf die kleinen Ohren des Kindes.

»Das«, erwiderte ich, »sind keine Ohren. Vielleicht wachsen deinem Baby irgendwann Ohren und eine Nase. Aber bis jetzt hat es weder Nase noch Ohren.«

Die junge Mutter ging weiter und blieb nach ein paar Schritten stehen, um mit einer anderen Frau zu plaudern. Ich hörte, wie sie ihr unseren kurzen Wortwechsel schilderte. Die beiden Frauen lachten laut und freuten sich über meine Komplimente, denn bei den Songhai spricht man aus Angst vor dem bösen Blick nie über die Schönheit eines Neugeborenen.

Ich betrat das Gehöft mit dem Getreidespeicher. Djibo saß unter der großen Akazie, die in der Mitte des Hofes

Schatten spendete. »Ich habe gehört, dass du angekommen bist«, sagte er ruhig. »Nun sehe ich, dass es wahr ist.«

»Wie steht es um deine Gesundheit?«

»Meine Gesundheit ist gut. Und was ist mit deiner?«

»Gut. Und die Gesundheit deines Vaters?«

»Mein Vater ist im vergangenen Jahr gestorben.«

»Was?! Und du hast mir nicht geschrieben, um mir diese furchtbare Nachricht mitzuteilen?«

»Nein, das habe ich nicht. Ich wusste, dass du zurückkommen würdest. Die Nachricht eines Todes sollte man sich von Angesicht zu Angesicht überbringen, oder nicht?«

»Was ist mit deinem Vater geschehen?«

»Gott hat ihn von uns genommen«, sagte Djibo. »Eines Tages bekam er ein Fieber, ihm wurde heiß, und er fing an, am ganzen Körper zu zittern. Er rief mich zu sich, damit ich bei ihm sein konnte, als er starb.«

»Wie schrecklich. Der Mann hatte so viel Wissen, und jetzt ist er nicht mehr da.« Ich sah Djibo eindringlich an. »Hat er dir etwas weitergegeben?«

»Oh ja, er hat mir auf seinem Totenbett viele Dinge erzählt, denn das ist die Zeit, in der ein Meister seine Geheimnisse an seinen Nachfolger weitergibt. Ich bin jetzt ein vollwertiger *Sorko*.«

»Dann wirst du die Tradition eures Erbes weitertragen?«

»Oh ja, das werde ich.« Djibo stand langsam auf. »Und jetzt trag mir die Lobgesänge für die Tooru vor.«

Ich rezitierte sie schnell und richtig.

»Lass mich die Anrufung für *Ngimgniti* hören.«

Ich trug sie vor.

»Du erinnerst dich. Ich hoffe, dass du sehr lange bei uns bleiben wirst.«

Ich schüttelte den Kopf. »Am Freitag reise ich nach Tillabéri, um mit dem *Sohanci* zu sitzen.«

Djibo nickte. »Er ist ein guter Lehrer. Er hat mir eine Menge beigebracht.«

»Das wusste ich nicht, Djibo.«

»Es gibt vieles, was du nicht weißt.«

Ich rückte näher zu Djibo und fragte ihn leise, ob wir ungestört in seinem Haus über eine heikle Angelegenheit sprechen könnten. Er willigte ein.

»Etwas ist geschehen, Djibo, und du musst mir den Sinn erklären.«

»Sprich.«

Ich erzählte die Geschichte von dem ____ des ____ Huhns und wie ich darüber die Beschwörungsformel vorgetragen hatte, bevor einer von Moussas Verwandten es unter der Schwelle des Hauses von Modys ehemaligen Chef vergraben hatte. Ich schilderte, was Monsieur R. Moussas Cousin angetan hatte. »Er ist ein Ausländer, der wenig Feingefühl für die Sitten der Songhai hat«, erklärte ich Djibo.

»Ja, ja, und was ist dem bösen Anführer zugestoßen?«

»Ihm ist gar nichts zugestoßen. Aber seine Schwester ist krank geworden.« Ich beschrieb die Symptome der bizarren Krankheit, wie Moussa sie mir geschildert hatte, die Gesichtslähmung, durch die ihre Nase und ihr Mund nach links gerutscht waren.

»Aber dieses Leiden war nicht von Dauer, oder?«, fragte Djibo.

»Nein. Alles wurde wieder normal, nachdem die Frau nach Europa zurückkehrt war.«

»Das ist gut«, sagte Djibo.

»Aber wodurch könnte das ausgelöst worden sein?«

»Oh, so etwas machen die Doguwa-Geister. Es geschieht ständig, wenn man die richtigen Anrufungen und Gegenstände benutzt.«

»Aber habe ich es getan?«

Djibo sah mich lächelnd an. »Paul, du bist stark.«

»Stark?«

»Du bist stark, und du bist hart. Du gehst deinen Weg als *Sorko*.«

»Und die Lähmung der Frau war ein Zeichen dafür?«

»Im Namen Gottes.«

»Aber ...«

»Kein Aber, Paul! Ha. Ich werde all meinen Verwandten sagen, dass sie in deiner Umgebung vorsichtig sein müssen. Sie sollten dich besser nicht mehr verärgern. Du hast Macht. In deinem Herzen sind Stärke und Härte.«

»Ich bin hart und stark geworden.«

»Vielleicht bist du in Amerika nicht so. Aber hier bist du auf dem Weg, und wenn du nicht stark und hart bist, bist du nicht vorbereitet. Und wenn du nicht gut vorbereitet bist, wenn du das, was du gelernt hast, nicht anwendest, dann wirst du einen frühen Tod sterben. Du musst dich jetzt mehr denn je in Acht nehmen. Du riechst jetzt wie wir.«

Ich lief aus Djibos Haus, floh durch den Eingang des Getreidespeichers und rannte zurück zu meinem Gehöft. Es war mittlerweile dunkel, und die Schwärze einer mondlosen Nacht senkte sich über Méhana. Die Macht, die Djibo mir nachsagte, und die Vorstellung, dass Zauberei real war, machten mir Angst. Bisher war mein Interesse an Zauberei rein wissenschaftlich gewesen. Ich hatte nie geglaubt, dass ich wirklich in die Welt der Songhai-Zauberei eindringen könnte. Ich hatte mich für einen wissenschaftlich distanzierten Erforscher der Zauberei gehalten, nicht für einen praktizierenden Zauberer. Trotzdem brauchte ich weitere Beweise. Deshalb traf ich Vorkehrungen, am folgenden Tag nach Tillabéri aufzubrechen. Ich wollte noch den Donnerstagsmarkt in Méhana besuchen, danach mit dem Boot nach Djomona und weiter mit einem Taxi nach Süden fahren, um gegen Abend beim *Sohanci* einzutreffen.

Am nächsten Tag betrat ich das Gehöft des *Sohancis*. Er saß im Schatten der Geisterhütte, flocht ein Seil aus Palmwedeln und redete mit Saadu, einem kleinen gedrungenen

Mann mit einem breitkrempigen schlappen Strohhut. Er berührte sanft meinen Arm und fragte mich nach meiner Gesundheit.

»Djemma«, rief er seine zweite Frau, »Paul ist gekommen. Moussa Nya«, rief er seine erste Frau, »Paul ist gekommen.«

Die beiden Frauen kamen aus ihren Hütten und rannten auf mich zu. Auch sie fragten nach meiner Gesundheit, nach der meiner Familie und der aller Menschen in Amerika. Ich versicherte ihnen, dass es mir und meiner Verwandtschaft ausgezeichnet ginge. »Und die Menschen in Amerika bedanken sich, dass ihr nach ihnen gefragt habt.«

Der *Sohanci* bat Djemma, mein Gepäck in die Geisterhütte zu bringen, und fragte mich, ob ich mich waschen wollte.

»Gleich, *Baba*. Zuerst muss ich mit dir reden.«

Der *Sohanci* entschuldigte sich bei Saadu, der den Platz vor der Geisterhütte räumte und anfing, mit den Frauen des *Sohancis* zu plaudern. Wir betraten die Hütte und setzten uns auf die Strohmatten.

»Was ist, mein Sohn?«

Ich berichtete ihm die Folgen seiner »Böser Anführer«-Kur.

Der *Sohanci* kicherte wie ein Kind. »Mein Sohn, du bist stark. Du bist hart. *Pap, pap, pap, pap*. Du bist zu hart und zu stark.«

Seine Bemerkungen verwirrten mich. »Wie meinst du das, *Baba*?«

»Hast du nicht das ___ eines ___ Huhns gefunden?«

»Doch?«

»Hast du darüber nicht dreimal die Beschwörung vorgetragen, die ich dir beigebracht habe?«

»Doch.«

»Ist der böse Anführer noch mächtig?«

»Nein.«

»Nun, dann musst du stark sein. Du musst hart sein. *Pap, pap, pap, pap*. Mein Sohn«, sagte er kichernd, »du hast dich auf den Weg gemacht. *Pap, pap, pap, pap*.«

»Aber habe ich jemanden mit dem ____ eines ____ Huhns krank gemacht?«

»Weißt du es nicht, oder willst du es nicht zugeben, mein Sohn?«

Ich schwieg.

»Die Beschwörungsformeln, die ich dir beibringe, sind mächtig, mein Sohn. Nimm sie nicht auf die leichte Schulter. Achte auf dich und verberge deine Macht vor den Leuten. Sei demütig gegenüber den Worten und respektiere sie. Und sei vorsichtig.«

»Das werde ich tun, *Baba*.«

Ich hielt es nicht aus, eingehender über die Implikationen seiner Antwort nachzudenken, weil ich Angst hatte, mein Kopf könne explodieren. Stattdessen kramte ich die Geschenke aus meinem Gepäck, die ich aus den Vereinigten Staaten mitgebracht hatte. Ich gab dem *Sohanci* einen Holzstock mit einem Messingknauf in Form eines Adlers. Entzückt lief er aus der Geisterhütte und rief seine beiden Frauen, damit sie seinen neuen Stock bewunderten.

»Seht nur, seht nur!«, sagte er. »Den hat Paul mir aus Amerika mitgebracht. Den ganzen langen Weg aus Amerika.«

Derweil hatte ich den Stoff und die Seife zurechtgelegt, die ich Djemma und Moussa Nya überreichen wollte. Eine gefaltete Stoffbahn unter jeden Arm geklemmt, trat ich aus der Hütte. »Djemma und Moussa Nya«, rief ich, »kommt und nehmt eure Geschenke entgegen.«

Beide kamen mit einem breiten und erwartungsvollen Lächeln näher. Ich überreichte jeder von ihnen vier Meter amerikanischen Stoff. Djemma hüpfte mit ihrem Stoff auf dem Hof herum. »Ich danke dir, Paul. Ich danke dir, Paul.« Sie lief zum Nachbargehöft, um das Geschenk ihren Freundinnen zu zeigen. Bald hatten sich zehn Frauen auf dem

Hof des *Sohancis* versammelt, die die von Djemma und Moussa Nya entfalteten Stoffe bewunderten. »Er ist sehr hübsch, dieser Stoff aus Amerika«, sagte eine Frau. »Schau die bunten Farben«, betonte eine andere. »Ist er auch bügelfrei?«, fragte mich die nächste.

»Ja«, antwortete ich.

Die Frauen raunten voller Bewunderung und eine von ihnen erklärte Djemma und Moussa Nya: »Gott hat euch mit einem weißen Sohn aus Amerika gesegnet.«

24

Vertrieben von der Kälte in Ayoru

Der November im Sahel ist kalt und trocken, der Himmel ruhig und blau, die Luft leicht und klar. Tafelberge, Bäume und Büsche der Steppe zeichnen sich deutlich vor dem Saphirblau des Horizonts ab. Der Harmattan fegt durch die Landschaft und weht kalte Wüstenluft heran, die den Alten und Gebrechlichen in die Knochen kriecht. In dünne Baumwollkleidung gehüllt, zittern die Menschen sich durch die kalten Nächte. Opfer von Erkältungen und Grippe husten und keuchen Tag und Nacht. Die Kälte entzieht der Haut ihre Fette, sodass sie spröde wird und blättert. Tiefe Risse klaffen in den schwieligen Fersen von Kindern und Erwachsenen.

Trotz dieser Beschwerden ist der November normalerweise eine gute Jahreszeit in Tillabéri. Die Kornspeicher sind mit frisch geernteter Hirse und Sorghum gefüllt. Die Tiere sind fett. Die Sonne hat das Fett unter dem Fell der

Kühe, Ziegen und Schafe noch nicht verbrannt. In den seichten Stellen des Nigers kann man viele Fische fangen. Der November ist in Tillabéri eine Zeit zum Arbeiten. Junge Männer verlassen das Land und ziehen scharenweise nach Nigeria, Togo oder Ghana auf der Suche nach Geld und Abenteuer. Die weniger Unternehmungslustigen fahren in der Hoffnung auf bezahlte Arbeit nach Niamey. Musiker beginnen, von Dorf zu Dorf zu gehen, und legen weite Entfernungen zu Fuß zurück, um Lobgedichte, Trommelrhythmen und Besessenheitsmusik aufzuführen. Denn nach der Ernte beginnt die Jahreszeit der Rituale: Die Menschen haben nun die Zeit und das Geld, um sich mit spirituellen Angelegenheiten zu beschäftigen.

Zwei Tage lang sprach der *Sohanci* mit mir und jedem anderen, der sein Gehöft betrat, nur über ein Thema: dass es notwendig sei, einen Besessenheitstanz zu organisieren. Vor meiner Ankunft hatten ihn vier seiner Klienten gebeten, diverse Besessenheitsrituale durchzuführen. Eine Familie hatte den *Sohanci* sogar um ein Initiationsritual für ihren zwanzigjährigen Sohn gebeten, der sich seit drei Monaten unwohl fühlte, ein Symptom der Vorbesessenheitskrankheit. »Unserem Sohn ist ständig übel«, erklärte die Mutter des jungen Mannes dem *Sohanci*. »Früher war er kräftig und hat gut auf den Feldern gearbeitet. Jetzt übergibt er sich fast jeden Tag. Manchmal ist er so schwach, dass er nicht aus dem Bett aufstehen kann. Und manchmal wacht er mitten in der Nacht auf und schreit.« Nach einer guten Ernte war die Familie nun in der Lage, die Initiation ihres Sohnes zu bezahlen, eine Zeremonie, die unter den gegebenen Umständen drei Tage dauern würde.

Am Vormittag meines dritten Tages als Gast von Adamu Jenitongo saß der *Sohanci* mit einer Gruppe älterer Männer zusammen und sprach über die alten Zeiten. Ein Mann sagte, in den alten Zeiten hätte nie jemand Schwierigkeiten gehabt, eine Initiationsfeier zu organisieren.

»Damals«, erinnerte sich ein anderer, »waren unsere Getreidekammern mit Hirse gefüllt – mehr als wir essen konnten –, und wir wussten noch, was Respekt bedeutet. Wir haben die Geister geachtet und gefürchtet. Wir sind ihrem Weg gefolgt, und wir sind für unseren Respekt belohnt worden. Aber heute – ha! – heute ist nicht mehr viel übrig, nur die Halbgläubigen, deren Herz schwarz ist. Nicht einmal in der Zeit des Überflusses nach der Ernte sind wir imstande, eine schlichte Initiation zu organisieren.«

Ich mischte mich mit der Frage ein, warum man die Initiation des jungen Mannes nicht organisieren konnte. Die Männer erklärten mir, dass die Medien sich nicht auf einen Preis für ihre Dienste einigen konnten, dass niemand die Verantwortung übernommen hatte, Geld von der Familie des jungen Mannes für den Kauf der zu opfernden Hühner zu erbitten, dass der örtliche *Sorko* seine Teilnahme am Ritual verweigert hatte und dass es in Tillabéri keine guten Trommler gebe. »Wie können wir einen Tanz aufführen ohne richtige Musik?«, fragte einer.

Der *Sohanci* blickte von den Palmwedeln auf, die er flocht, und stellte fest: »Das Problem sind mein Sohn und seine Kumpel. Sie sind nach Ayoru gefahren.«

»Und warum ist das ein Problem?«, fragte ich.

»Mein Sohn Moru«, erwiderte der *Sohanci*, »ist seit drei Wochen in Ayoru. Dort trommelt er jeden Tag auf dem Gehöft von Howa *Zima*.«

»Howa *Zima*?«, wiederholte ich.

»Oh ja«, sagte einer der anderen Männer. »Howa *Zima* ist die große Priesterin von Ayoru. Sie ist sehr reich. Auf ihrem Gehöft tanzen sie jeden Donnerstag und jeden Sonntag, dem Markttag.«

»Ja«, bestätigte der *Sohanci*. »Moru verdient sehr viel Geld bei Howa, und er isst gut. Er verschwendet seine Zeit damit, schönen Mädchen nachzujagen.«

»Ha«, schnaubte einer der Männer, »er verprasst sein Geld mit diesen jungen Mädchen.«

Der *Sohanci* entfernte sich von der Gruppe und betrat das Geisterhaus. Die anderen Männer blieben draußen sitzen, weil niemand ohne eine Einladung des *Sohancis* die Hütte betrat, wie sie mir erklärten. Doch dann rief mich der *Sohanci* aus dem Inneren der Hütte zu sich. Ich trat ein und setzte mich in der Mitte der Hütte neben ihn in den festen Sand.

»Mein Sohn«, sagte er, »ich möchte, dass du morgen nach Ayoru fährst. Dort musst du auf den Markt gehen und mir *Korombey*-Pulver besorgen.«

»*Korombey*-Pulver?«

»Ja, das kennst du doch, oder nicht?«

»Ja, *Baba*.«

»Hast du in Ayoru eine Unterkunft?«

»Ja, habe ich.«

»Gut. Wenn du dort bist, musst du zu Howa *Zimas* Gehöft gehen und ihr eine Nachricht von mir überbringen.«

»Eine Nachricht von dir?«

»Ja, sag ihr, ich möchte, dass Moru nach Hause kommt, damit wir in Tillabéri eine Initiation durchführen können.«

»Ist das alles, *Baba*?«

»Das ist alles, mein Sohn, und möge Gott dich auf deiner Reise schützen.«

Am nächsten Tag nahm ich ein Buschtaxi nach Ayoru. Als ich ausstieg, kam ein Tuareg-Junge mit haselnussbraunen Augen auf mich zu.

»Monsieur Paul, bist du gekommen, um Susan zu besuchen?«

»Ich gehe in die Richtung, Mohammed.« Ich hatte den Jungen und Susan während meiner ersten Feldforschung kennengelernt. Als ich in Niamey war, erfuhr ich, dass Susan, eine Peace-Corps-Freiwillige, immer noch in Ayoru arbeitete.

»Monsieur Paul«, sagte Mohammed, »lass mich bitte dein Gepäck tragen.«

Ich gab ihm meinen Seesack, und wir gingen in östlicher Richtung dem Lärm von Lastwagen entgegen, die über eine viel befahrene Straße rumpelten. Vor einer grünen Wellblechtür stellten wir das Gepäck ab. Ich klatschte dreimal in die Hände und kündigte mich auf Songhai an. Susan freute sich, mich zu sehen, und willigte sofort ein, mich für eine Nacht unterzubringen. Sie war eine warmherzige und gastfreundliche Person, die viele durch Ayoru kommende Ausländer beherbergte.

»Hattest du eine Menge Besuch in letzter Zeit?«, fragte ich, als ich meine Sachen auf ihr Gehöft trug.

»Ständig. Die Leute aus Niamey kommen an jedem Markttag. Andere sind bloß auf der Durchreise.«

Der Hof sah aus wie der, auf dem ich in Méhana gelebt hatte. Drei schlaffe Schösslinge durchbrachen die Ödnis des ansonsten kargen Grundstücks. Susan wohnte in einem Zwei-Zimmer-Haus aus Lehmziegeln, dessen Wände innen weiß getüncht waren. Vor ihrem Haus hatte sie ein Vordach errichtet, das an drei Seiten mit Matten aus geflochtenem Gras abgeschirmt war. Susan machte diese triste Umgebung nichts aus; sie war ein Mensch, der das Beste in allem und jedem sah.

Durch meine Ankunft war sie bei der Zubereitung des Mittagessens gestört worden; Mohammed und ich zogen los, um auf dem Markt einen Beitrag zu dem Mahl zu besorgen. Wir gingen auf demselben Weg zurück, auf dem wir gekommen waren, und überquerten den Sandplatz, der als Busbahnhof diente. Ich blickte zum Flussufer jenseits des Platzes und des Marktes, wo moderne zweistöckige Touristenhotels standen, in denen es eine Klimaanlage, einen eigenen Vorrat an sauberem Trinkwasser, einen Swimmingpool und ein europäisches Restaurant gab. Zwischen den Hotels und dem Busbahnhof erstreckte sich der Markt von Ayoru.

Am Samstag, dem Tag vor dem großen Markttag, waren die meisten Stände leer. Aber am südlichen Ende des Marktes gab es Hausa-Metzger, die jeden Tag arbeiteten. Auch in Songhai-Dörfern sind die Metzger in der Regel Hausa-Männer aus dem Osten des Landes; die Songhai meinen, die blutige Arbeit eines Schlachters sei unter ihrer eigenen Würde, aber perfekt geeignet für einen Hausa. Ich kaufte geschmortes Lamm für tausend Francs und achtete darauf, dass der Mann mir die besten Stücke gab. Bei einigen Songhai-Frauen, die in der Gewürzstraße des Marktes saßen, kaufte ich getrockneten Ingwer, Knoblauch, getrocknete rote Paprika und ein paar Erdnussbällchen, genannt *Kuli kuli*. Ich ging weiter am Rand des Marktes entlang, an dem sich diverse Gemischtwarenläden aneinanderreihten. Ich fand meinen Lieblingsladen und forderte Mohammed auf, draußen zu warten. Als ich wieder herauskam, gab ich ihm eine Tüte Bonbons und Kaugummi. »Jetzt lass uns zurückgehen.«

Als wir ankamen, erwartete uns ein Mittagessen mit Reis und Fleischsoße und zum Nachtisch Kekse, die Susan selbst gebacken hatte. Susan war an meiner Arbeit interessiert, und ich erzählte ihr, dass ich zurzeit traditionelle Songhai-Medizin erforschen würde. Ich erwähnte einige Pflanzen, die die Songhai zur Heilung von Krankheiten benutzen. Eine davon hatte sich als sehr wirksam gegen Hautentzündungen erwiesen.

»Fantastisch!«, sagte sie. »Wäre es nicht großartig, wenn viele Menschen diese Pflanzen bekommen könnten?«

Ich stimmte ihr nachdrücklich zu und fragte sie dann nach ihrer Arbeit in der hiesigen Fischerei. Sie sagte, die Fischer von Ayoru seien ein sturer Haufen. Sie wehrten sich dagegen, wissenschaftliche Methoden des Fischfangs zu lernen. »Sie wollen nicht mal wissen, wie man den Fisch konserviert. Und nichts, was ich sage, kann sie umstimmen.«

»Das muss frustrierend sein«, sagte ich.

»Ist es auch. Immerhin habe ich viele gute Freunde in Ayoru.«

Ich witterte meine Chance, nach Howa *Zima* zu fragen. »Ist eine deiner Freundinnen eine Frau namens Howa? Sie ist Hebamme und Priesterin des lokalen Besessenheitskults. Manche Menschen nennen sie Howa *Zima*.«

»Oh ja, ich kenne sie. Sie wohnt sogar gleich nebenan.« Susan erhob sich und trat auf den Hof, der sich nach Westen in Richtung des Flusses ausdehnte. Sie zeigte auf die Mauer zu unserer Rechten. »Das ist Howas Gehöft.«

»Hast du je einen ihrer Besessenheitstänze besucht?«

»Nein, nicht ein einziges Mal. Ich glaube nicht an diesen Kram. Es interessiert mich wohl einfach nicht.« Susans Interesse galt den Funktionsweisen des gesellschaftlichen Lebens in Ayoru, nicht seiner dunkleren Seite.

»Susan, könntest du mich Howa vorstellen?«

»Kein Problem«, erwiderte sie freundlich. »Meistens sitzt sie am späten Nachmittag mit Freunden vor ihrem Haus. Wir könnten nachher hinübergehen.«

Erschöpft von meiner morgendlichen Reise schlief ich zur Mittagsruhe fest ein. Selbst zwischen zwei und vier Uhr nachmittags blieb die Luft relativ kühl. Man konnte so eine Weile schlafen, ohne mit den pochenden Kopfschmerzen aufzuwachen, die ein Nachmittagsnickerchen sonst meist undenkbar machten. Als ich aufwachte und mich streckte, tauchte wie aus dem Nichts Mohammed auf und sagte, dass Susan ausgegangen sei, um Besorgungen zu machen. »Sie ist bald wieder da«, sagte er. »Sie besucht meine Mutter.«

Ich öffnete den mit Petroleum betriebenen Kühlschrank und goss mir ein Glas kaltes Wasser ein. »Gut. Ich warte auf sie.«

Eine halbe Stunde später kam Susan zurück.

»Gut geschlafen? Fühlst du dich besser?«, fragte sie.

Ich bedankte mich für ihre Fürsorge.

»Ich habe Howa vor ihrem Haus sitzen sehen. Möchtest du sie jetzt kennenlernen?«

»Sehr gerne.«

»Okay. Gehen wir.«

Wir schlenderten von Susans Gehöft auf die breite staubige Straße, die zum Markt führt. Ein Fulani-Mann in einer lehmbraunen Tunika und einem kegelförmigen Strohhut ging an uns vorbei. Hinter ihm verkündete Glockengeklingel die Ankunft einer Herde Zebus, kleiner Hausrinder mit einem großen knorpelartigen Buckel, der sich über den Schultern erhebt. Vier weitere Hirten tauchten wie Strichmännchen aus der Staubwolke auf, die die Herde aufgewirbelt hatte.

Ich folgte Susan um die nächste Ecke und in eine schmale Nebenstraße zwischen den hohen Mauern der beiden benachbarten Gehöfte. Howa *Zima* saß mit einer anderen Frau auf einer Matte, den Rücken an die Mauer ihres Grundstücks gelehnt und scheinbar tief in Gedanken versunken. Howa *Zima* nahm unser Kommen erst zur Kenntnis, als wir einen knappen Meter vor ihr waren. Sie lächelte Susan freundlich an, fragte nach ihrem Haus, ihrer Gesundheit und ihrer Familie. Dann fragte sie Susan nach mir, wobei sie mich als »den Fremden« bezeichnete.

Ich streckte meine offene Handfläche aus und stellte mich Howa *Zima* vor. Sie war eine füllige Frau mit einem dicken Hals, vollem Busen und umfangreichem Bauch. Ihre Haut hatte die Farbe von Milchkaffee, ihre Augen waren hellbraun. »Du sprichst Songhai, Fremder«, sagte sie zu mir.

»Ja, ein wenig«, erwiderte ich.

Sie musterte mich von oben bis unten, von meinen Augen über meine Arme und Hände bis zu den Zehen; sie betrachtete meinen ganzen Körper. »Ist der Fremde dein Freund, Susan?«

»Ja, er ist wegen des Marktes morgen gekommen.«

»Ah.« Howa *Zima* nickte. »Viele Fremde kommen für den Markt nach Ayoru. Suchst du irgendetwas auf dem Markt?«

»Nichts Bestimmtes«, log ich.

»Auf unserem Markt gibt es so viel zu sehen.«

»Das ist wahr, Howa *Zima*. Außerdem bringe ich dir eine Nachricht von einem Mann in Tillabéri.«

Sie sah mich an, ohne zu blinzeln. »Ein Mann in Tillabéri?«

»Ja, Adamu Jenitongo.«

Ihre Miene erstarrte für einen Moment. »Ja, ich kenne ihn. Was sagt er?«

»Er fragt, ob sein Sohn Moru bei dir ist.«

»Moru ist hier.«

»Adamu Jenitongo sagt, er möchte, dass Moru nach Tillabéri zurückkehrt, damit er einen Besessenheitstanz organisieren kann.«

Howa *Zima* zog die Brauen hoch und kniff die Augen zusammen.

»Ich werde es Moru sagen, und er wird tun, was sein Herz ihm gebietet, oder nicht, Fremder?«

»Ja, das wird er.«

»Und wie ist dein Name, Fremder?«

»Ich heiße Paul.«

»Und der Name deines Vaters?«

»Der Name meines Vaters ist Stoller.«

Wir verfielen in Schweigen. Howa starrte mir direkt in die Augen. Sie lud uns nicht ein, Platz zu nehmen und zu plaudern. Sie trug keinem ihrer Diener auf, uns Tee zu bereiten, obwohl das bei den Songhai die übliche Geste der Gastfreundschaft gegenüber einem fremden Reisenden war. Susan spürte die Spannung und erklärte Howa *Zima*, dass wir gehen müssten, um vielleicht einige andere Weiße zu treffen, die bald ankommen würden.

Howa *Zima* reichte Susan die Hand. »Gehe in Frieden und möge der Rest deines Tages ruhig verlaufen.« Mir bot sie ihre Hand nicht an. »Fremder«, sagte sie stattdessen, »möge Gott uns auf demselben Weg leiten.«

Ihre Worte trafen mich wie Steine aus einer Schleuder. »*Amin*«, sagte ich. Innerlich erschüttert von Howa *Zimas* Verhalten kehrte ich mit Susan zu ihrem Gehöft zurück.

»Wie wäre es mit ein wenig aufgewärmtem Kaffee?«, fragte sie freundlich.

»Das wäre wunderbar.« Immer noch unbehaglich von meiner Begegnung mit Howa *Zima* setzte ich mich auf einen der Faltstühle in Susans Wohnzimmer. Der einst glatte Betonboden hatte Risse, er war durch langjährige Nutzung aufgeraut worden. Die Decke aus getrockneten und verputzten Hirsestängeln hing schwer durch.

Susan zündete den Ofen an. »Howa hat sich heute wirklich seltsam benommen. Vielleicht ist sie krank. Oder sie war einfach nur müde.«

»Vermutlich.« Ich hatte verstanden, dass Howa kein Gefallen an der Botschaft fand, die ich ihr ausgerichtet hatte. War es ein Affront, eine mächtige *Zima* zu bitten, ihren Trommler in ein anderes Dorf zu schicken?

Nach dem Abendessen und stundenlangen Gesprächen über die Songhai, die Politik in Niger und die internationale Lage gingen wir schlafen. Susan zog sich in ihr Bett im hinteren Zimmer des Hauses zurück. Da die Nachtluft leicht und kühl war, nahm ich einen ihrer Schlafsäcke und rollte ihn jenseits der Grasmatten des Überdachs aus. Ich kroch hinein und legte mich auf den Rücken, um den Nachthimmel zu betrachten. Der Mond war noch nicht aufgegangen, und der Himmel schimmerte mitternachtsblau. Die Milchstraße zierte seine gewaltige Kuppel. Hin und wieder zog ein Meteorit einen Streifen durch das endlose All und verschwand. Ich konnte mich stundenlang im klaren Himmel über Niger verlieren. Unter dem Zauber der Sterne konnte ich verstehen, warum die Songhai in Ehrfurcht vor dem Universum lebten und Kräfte wie den

Wind achteten, die sie nicht kontrollieren konnten. Wie sollten sie etwas anderes denken, wenn sie jede Nacht nach oben blickten und den grenzenlosen Himmel über sich glitzern sahen?

Obwohl der Tag anstrengend gewesen war, konnte ich nicht einschlafen. Einer der Millionen Moskitos, die in der Nähe des Flusses lebten, hatte mich als Opfer seiner Tortur ausgewählt. Als ich gerade wegdämmerte, kreiste er mit einem hohen Summen um mein Ohr. Jedes Mal, wenn das Summen lauter wurde, schlug ich in dem vergeblichen Versuch, die Plage zu töten, mit der flachen Hand auf mein Ohr. Aber der Quälgeist wich beharrlich aus und startete einen neuen Angriff, als meine Augen gerade zufielen und Schlaf meinen Körper übermannen wollte. So wälzte ich mich hin und her, dachte an Schlaf und daran, wie wundervoll ich mich am Morgen nach einer erholsamen Nacht hätte fühlen können.

Aus einer entfernten Ecke des Gehöfts hörte ich einen leisen Aufprall. Ich richtete den Strahl meiner Taschenlampe in die Dunkelheit und entdeckte eine streunende Katze. Eine weitere Katze sprang von der Mauer und landete auf dem Sand. Sie wandte den Kopf zu mir, und ihre Augen leuchteten im blassen Licht meiner Taschenlampe wie Glut. Die beiden Katzen fauchten sich an. Da rannte eine dritte über den Hof und attackierte die ersten beiden. Es gab ein heftiges Fauchen – ein tiefes gutturales Knurren wie die Schreie eines Mediums, das von einem Songhai-Geist besessen war –, das lauter wurde, während die Katzen miteinander kämpften. Erst der Moskito, jetzt die verdammten Katzen. Ich wand mich aus dem Schlafsack, sammelte ein paar Steine und warf sie nach den Streunern, worauf sie über die Mauer des Gehöfts davonhuschten.

Ich versuchte, wieder einzuschlafen, doch der Moskito drehte seine Kreise weiter direkt über meinem Kopf. Je dringlicher ich einschlafen wollte, desto wacher wurde ich.

Dann hörte ich plötzlich einen lauten Aufprall auf der anderen Seite von Susans mit Grasmatten abgeschirmter Veranda. Irgendetwas bewegte sich im Sand. Ich vernahm ein tiefes Brüllen. Das Ding kam näher und näher und brüllte noch einmal. Es war offenbar direkt auf Susans abgeschirmter Veranda. Ich schlüpfte aus dem Schlafsack und richtete mich neben der Grasmatte auf. Das Ding kam näher. Ich hörte eine Zunge Wasser schlürfen. Ein erneutes Brüllen direkt hinter der Grasmatte zwang mich, dem Ungeheuer die Stirn zu bieten. Ich kroch um die Matte herum und sprang in den überdachten Bereich, den linken Arm mit den schützenden Ringen an meiner Hand ausgestreckt. Ich war am ganzen Körper angespannt und bereit, mich in den Kampf mit dem gefährlichen Wesen zu stürzen, musste jedoch feststellen, dass ich allein auf der winzigen Veranda war. Ich sah nichts. Ich hörte nichts. Ich nahm meine Taschenlampe und suchte nach Spuren, die die Kreatur auf dem Gehöft hinterlassen hatte. Wieder nichts. War das Ganze bloß ein Albtraum in einer schlechten Nacht gewesen? Ich begriff nicht, was geschehen war. Aber was immer dort draußen gebrüllt hatte, es hatte Susan offenbar nicht gestört, die in dem hinteren Zimmer friedlich weiterschlief. War ich der Einzige, der den lauten Aufprall und das Gebrüll gehört hatte?

Für den Rest der Nacht hielt ich Wache, weil ich zu viel Angst hatte, um noch einschlafen zu können. Zitternd bewaffnete ich mich mit einem Holzknüppel. So wie die Milchstraße am nächtlichen Novemberhimmel hing ein Gedanke in meinem Kopf wie ein Spruchband. Ich musste am nächsten Morgen so schnell wie möglich aus Ayoru abreisen.

Als Susan erwachte, hatte ich meine Sachen schon gepackt und saß auf dem Feldstuhl im Wohnzimmer. Susan setzte Wasser für löslichen Kaffee auf, ohne mein Gepäck in der Ecke zu bemerken. Gähnend wünschte sie mir einen guten Morgen.

Nachdem ich mich für ihre Gastfreundschaft bedankt hatte, erklärte ich ihr, dass in der Nacht etwas vorgefallen sei und ich aufbrechen müsse. Susan verstand nicht. »Warum musst du so mysteriös sein?«, fragte sie spöttisch.

Ich ignorierte ihre Frage, nahm meinen Seesack und ging zum Busbahnhof.

25

Eine Deutung

Ich musste dreißig Minuten warten, bis mein Taxi Ayoru verließ, gerade genug Zeit, um das *Korombey*-Pulver für den *Sohanci* zu kaufen. So gut wie niemand verlässt Ayoru an einem Markttag bereits am frühen Morgen, deshalb machte mir auch keiner den Beifahrersitz streitig. Der Fahrer hatte es eilig und raste über die unbefestigte Hoppelpiste. Wir hielten erst an der Polizeikontrolle direkt nördlich von Tillabéri. Aber die Polizisten hatten kein Interesse an einem leeren Taxi und winkten uns durch. Im Schritttempo rollte wir in Tillabéri ein, wo ich mich am Ortsrand absetzen ließ. Ich rief einen Jungen, damit er mir half, meine Sachen die zwei Kilometer bis zum Gehöft des *Sohancis* zu tragen. Es war später Vormittag, als wir ankamen. Der *Sohanci* war in ein Gespräch mit einem alten Mann vertieft, ohne wie üblich seiner Flechtarbeit nachzugehen.

Er stand auf, begrüßte mich und stellte mir seinen Besucher vor. »Er ist ein Soudye«, informierte der *Sohanci* mich, »aus Filingué [ein Ort hundertachtzig Kilometer nordöstlich von Niamey].«

»Es freut mich, Sie kennenzulernen, mein Herr.«

Das Erste, was mir an dem gebrechlich wirkenden Mann aus Filingué auffiel, waren seine markanten Wangenknochen. Die ledrige Haut spannte sich straff über sein Gesicht. Er erkundigte sich nach meiner Arbeit in Niger, nach meiner Familie in Amerika und nach meiner Gesundheit. Dann fragte er, ob ich vielleicht im Besitz westlicher Arznei sei.

»Woran fehlt es dir?«, fragte ich.

»Ich bin bei guter Gesundheit, doch ich möchte ein paar Tabletten, die mich kräftig machen.«

»Einen Moment«, erklärte ich ihm. Ich trug meinen Seesack in das Geisterhaus und suchte nach dem Fläschchen mit den Multivitamintabletten, die ich auf eine solche Bitte hin immer verteilte. Ich gab dem Mann zehn Tabletten und sagte, er solle jeden Tag eine nehmen. »Wenn du dich danach gut fühlst, geh in die örtliche Apotheke und kaufe dir Vitamintabletten. Die sind auch hier erhältlich.«

Der alte Mann nickte. »Aber deine Tabletten sind besser, das weiß ich.«

Ich wandte mich dem *Sohanci* zu, der auf die Tafelberge im Osten starrte. Ohne mich weiter um seinen Besucher zu kümmern, sagte ich: »*Baba*, ich muss mit dir im Geisterhaus sprechen.«

»Gut.« Der *Sohanci* bat den Mann aus Filingué, uns zu entschuldigen, und wir betraten das Geisterhaus und nahmen Platz. Der *Sohanci* packte seine Kaurimuscheln aus und warf sie in den Sand. Er betrachtete die Konfiguration eine Weile, um die Botschaft über meine Vergangenheit, Gegenwart und Zukunft zu lesen, und blickte dann zu mir auf. »In Ayoru gibt es eine böse Frau, die mich nicht mag, und weil sie mich nicht mag, mag sie auch dich nicht.«

»Das ist wahr, *Baba*.« Seine Erklärung war kaum eine Offenbarung. Er wusste bestimmt, dass Howa *Zima* nicht erfreut über die Nachricht gewesen sein konnte, die ich ihr überbracht hatte.

Der *Sohanci* warf die Kaurimuscheln erneut. »Der Weg, den du hinter dich gelegt hast, ist von Schmutz gesät, und auf dem Weg, der vor dir liegt ...«

»Ja?«

Der *Sohanci* warf die Kaurimuscheln ein drittes Mal und betrachtete sie. »Auf dem Weg, der vor dir liegt, wartet eine weitere böse Frau. Sei vorsichtig, denn sie hat große Macht und wird dir schaden wollen.«

Diese Prophezeiungen beunruhigten mich. Vielleicht hatte der *Sohanci* das, was mir in Ayoru widerfahren war, richtig gedeutet, doch seine Andeutungen waren so vage, dass man nichts mit Gewissheit sagen konnte. Vielleicht war dies das Grundprinzip aller Weissagungen. »Wirfst du die Muscheln noch einmal, *Baba*?«

»Das reicht für heute, mein Sohn. Wir werden es in ein paar Tagen erneut versuchen.« Der *Sohanci* packte seine Muscheln weg und öffnete seinen Tabaksbeutel. Er schob sich eine Prise lokal angebauten Tabak unter die Lippe. »Und nun erzähl mir von Ayoru.«

Ich schilderte dem *Sohanci* meine Begegnung mit Howa *Zima*; wie sehr mich ihr kühles Gebaren beunruhigt hatte und wie ich in der Nacht vor dem Markt nicht hatte schlafen können. Ich beschrieb den Kampf zwischen den Katzen und das sich anschleichende Wesen, das dann spurlos verschwunden war. Ich strengte mich an, das Brüllen nachzuahmen, das mich in Angst versetzt hatte. »Und dann bin auf die Veranda gesprungen, aber da war nichts, nicht die geringste Spur.«

Der *Sohanci* schüttelte den Kopf. »Es gibt böse Menschen auf der Welt.«

»*Baba*, habe ich geträumt? War das ein böser Traum?«

»Nein, mein Sohn, das war kein Traum, das war ein Kältegeist, ein Kind von Nya Beri. Jemand hat einen Geist geschickt, um dich zu verscheuchen.«

»Oh, komm schon, *Baba*. Wie könnte jemand einen Geist schicken, um mich zu verscheuchen?«

Der *Sohanci* legte sein Gesicht in Falten. »Wo bist du heute: in Ayoru oder in Tillabéri?«

»In Tillabéri.«

»Hattest du keine Angst?«

»Doch, große.«

»Und?«

»Und ... *Baba*, es war ein böser Traum ...«

»... der dich zu meinem Haus geführt hat ... Ja, nur die Kältegeister brüllen in der Nacht, und diese böse Frau hat die Macht über viele Kältegeister.« Der *Sohanci* zupfte an seinem dünnen weißen Bart. »Ja, es war gut, dass du abgereist bist. Wirklich gut.«

26

Der Weg nach Wanzerbe

In einer der folgenden kalten und windigen Dezembernächte konnte ich nicht einschlafen. Der heulende Wind pfiff durch das Stroh der Geisterhütte, sodass ich zitterte, obwohl ich mit Jeans, Hemd und Pullover vollständig bekleidet und mit zwei Baumwolldecken zugedeckt war. Neben mir schlief der *Sohanci* fest und von der Kälte offenbar unbeeinträchtigt. Die Einsamkeit meiner wachen Nächte verstärkte mein latentes Gefühl der Isolation und ließ mich daran denken, das Ödland der Wüste für immer zu verlassen. Ich wickelte eine Decke um meine Schultern und verließ das Geisterhaus, um zuzusehen, wie die Nacht verblasste. Der Mond war bereits untergegangen, und das orangefarbene Band am östlichen Horizont deutete die aufziehende Dämmerung an. Ich stand stumm da und beobachtete, wie der Lichtstreifen am Himmel im Osten breiter wurde. Hähne krähten. Ich hörte das Gemurmel morgendlicher Unterhaltungen. Zwei Frauen, die wie ich in dünne Baumwolldecken gehüllt waren, gingen mit je einem Teebecher in der Hand langsam in den Busch, um einen abgelegenen Platz zu finden, an dem sie ihre Notdurft verrichten konnten. Ich sammelte so viele Holzreste, wie ich auf dem Gehöft finden konnte, gab ein paar getrocknete Hirsehalme hinzu und schürte ein Morgenfeuer, das knackend eine behagliche Wärme verbreitete, die meine ausgekühlten Glieder durchströmte. Aus dem Geisterhaus hörte ich ein Grunzen. Noch gebeugt vom Schlaf, trat der *Sohanci* steif aus der Hütte.

»Ah, Paul. Wie ich sehe, hast du ein Feuer gemacht. Gut, gut. Die Knochen der Alten sind brüchig und mögen den kalten Wind nicht.« Er breitete eine abgewetzte Strohmatte neben dem Feuer aus und setzte sich. »Aahh, aahh«, sagte er, »das ist gut, sehr gut.«

Ich legte weitere Hirsestängel auf das Feuer. Flammen loderten auf. Zwischen ihnen sah ich das müde Gesicht dieses weisen Mannes. »Wie gefällt dir das Feuer, *Baba*? Soll ich noch etwas drauflegen?«

Er schüttelte den Kopf. »Es ist gut, mein Sohn. Genau richtig.« Wir verfielen in Schweigen und starrten in das Feuer, bis es ausgebrannt war. Ich bot an, einen löslichen Kaffee zu machen. Der *Sohanci* bestand darauf, seine Enkelin loszuschicken, um Bohnenbällchen zu kaufen. »Soll dir Djemma das Essen von gestern Abend aufwärmen?«

»Nein, *Baba*. Lass uns Bohnenbällchen essen.«

»Gut. Kadidja? Hey, Kadidja, hey!«, rief er zu den anderen Hütten auf dem Gehöft hinüber.

Ein kleines Mädchen, das in ein raues indigofarbenes Tuch gehüllt war, spähte aus der mittleren Hütte. »Hol eine kleine Schale«, trug der *Sohanci* ihr auf, »und kaufe Bohnenbällchen für hundert Francs.«

Das Mädchen nahm etwas Geld vom *Sohanci* und die Schale und machte sich hüpfend auf den Weg zum Gehöft einer Frau, die Bohnenbällchen backte und verkaufte. Wir sahen ihm nach, bis es hinter der Düne verschwunden war.

»Mein Sohn, es ist Zeit für dich zu reisen.«

»Reisen?«

»Ja, reisen …«

»Aber ich bin noch nicht lange hier, *Baba*. Es gibt so viel zu sehen und so viel zu lernen.«

»Das ist wahr, mein Sohn. Ein Mann auf dem Weg hört nie auf zu sehen, zu hören, zu denken und zu lernen. Aber du musst reisen!«

»Wohin soll ich denn reisen, *Baba*?«

»Du musst nach Wanzerbe gehen.«

»Nach Wanzerbe? Dort war ich schon. Soll ich noch einmal hingehen?«

»Dort wohnt eine Frau. Ihr Name ist Kassey. Sie ist auch eine *Sohanci*. Gehe dorthin und rede mit ihr. Sie wird dir viel beibringen können.«

»Ich habe schon einmal versucht, sie zu treffen. Sie hat sich geweigert.«

»Versuch es noch einmal. Es ist wichtig.«

»Und wann sollte ich gehen, *Baba*?«

»Du musst sofort aufbrechen. Es gibt keine Zeit zu vertrödeln.« Der *Sohanci* stand auf und verschwand in Djemmas Hütte.

Ich verließ Tillabéri am nächsten Tag. Es war ein Freitag, der Tag, an dem der Markt Bonfebba, ein ansonsten verschlafenes Örtchen am Flussufer, in ein hektisches Zentrum wirtschaftlicher Aktivität verwandelt. Wegen des Überangebots an Taxis konnte man schnell und ohne Probleme von Tillabéri nach Bonfebba gelangen. Wieder genoss ich den Luxus, in der Kabine eines Toyota-Minibusses fahren zu dürfen. Einziger Nachteil auf der kurzen Fahrt waren die defekten Stoßdämpfer des Wagens. Jedes Mal, wenn wir über einen Buckel auf der unasphaltierten Straße fuhren, quietschte, ächzte und zitterte der Minibus fürchterlich. Zur Schonung seines leidenden Gefährts – und seiner durchgerüttelten Passagiere – fuhr der Fahrer langsamer als üblich, sodass wir neunzig Minuten für die sechzig Kilometer zwischen den beiden Städten brauchten.

Am Busbahnhof von Bonfebba, einem staubigen und dicht bevölkerten Platz, stieg ich aus und ging weiter zum Markt, der an einem Hang mit Blick auf den Fluss liegt. Zahlreiche bekannte Gesichter aus Méhana begrüßten mich, als ich zu den Schneidern ging. Wir redeten stundenlang, während sie auf das Pedal ihrer uralten Singer-Maschinen traten und Hemden, Kleider und Hosen für ihre Kundschaft nähten.

Der Ruf des Muezzins zum Frühnachmittagsgebet war für mich das Signal, nach Méhana aufzubrechen. Ich verließ meine Freunde und ging zum Hafen hinunter. Dort traf ich Hamidou, einen der zahlreichen Schiffer aus Méhana, die freitags nach Bonfebba kamen. Er trug einen Strohhut mit breiter Krempe, um sein rundes Gesicht vor der Sonne zu schützen.

»Wann fährst du ab, Hamidou?«

»In ein paar Minuten, Paul. Hol deine Sachen, wenn du mitkommen willst.«

»Das mache ich«, erwiderte ich. Ich lief zurück zum Markt, um meine Sachen zu holen, und brachte sie zu Hamidous Boot, welches im Vergleich zu den anderen, die im Hafen von Bonfebba festgemacht hatten, recht klein war. Hamidou wartete, während ich bei den Metzgerständen gekochtes Hammelfleisch kaufte. Dann machten wir uns auf den Weg flussaufwärts.

Die Fahrt nach Méhana dauerte die üblichen zwei Stunden. Hamidou hatte sein verwittertes Boot lange nicht geflickt, sodass ich mit Wasserschöpfen beschäftigt war. Wenige Minuten nach unserer Ankunft kam Idrissa zum Ufer und brachte meine Sachen zum Gehöft. Ich ging den Hang zu meinem Haus in Méhana hinauf. Dabei kam ich an der Freitagsmoschee und einer Männergruppe vorbei, die sich um den Imam versammelt hatte. Dieser war gerade dabei, seinen Schülern die feinen Unterschiede zwischen den verschiedenen Korankommentaren beizubringen. Vor meiner Tür saß die rundliche Gestalt von Bankano.

»Ah, Monsieur Paul«, sagte sie. »Wir wussten nicht, dass du kommst, deshalb habe ich kein Mittagessen vorbereitet. Aber wir werden dir ein feines Abendessen kochen.«

»Gott sei gelobt, meine Mutter«, sagte ich.

»Du hast abgenommen«, sagte sie.

»Nein, nein.«

»Vielleicht hilft mein Abendessen, dass du ein bisschen Speck auf die Hüften kriegst«, sagte sie und verzog sich auf ihr Gehöft.

Der Markt von Bonfebba vom Fluss aus gesehen,
Niger, 1977

Idrissa war bereits im Haus, als ich den Hof betrat. Mit raschen Bewegungen fegte er den Unrat auf dem Boden zusammen. Ich bat ihn, kurz aufzuhören.

»Ja, Monsieur Paul?«

»Idrissa, wir fahren nach Wanzerbe.«

Idrissa strahlte. »Wann?«

»So bald wie möglich, Idrissa. Aber ich muss wissen, welches der am wenigsten beschwerliche Weg dorthin ist.«

»Das ist einfach«, sagte Idrissa, ohne zu zögern. »Wir fahren morgen mit Mamadous großem Boot nach Ayoru und überqueren am Markttag den Fluss. Dann suchen wir uns eine Mitfahrgelegenheit nach Wanzerbe. Zwei Tage, dann sind wir in Wanzerbe.«

Natürlich wollte ich Ayoru nach Möglichkeit meiden. »Gibt es auch eine Überlandstrecke, Idrissa?«

»Schlechte Straße, nur sehr wenige Taxis, Monsieur Paul. Was ist mit Pferden?«

»Nein, nein, davon hatte ich genug.« Ich erinnerte mich an den Hundertzwanzig-Kilometer-Ritt vor anderthalb Jahren. »Wir fahren über Ayoru.«

»Gut«, sagte Idrissa. »Und Jitu und das Brautgeld?«

»Du sollst bekommen, was du brauchst, Idrissa.«

»Gott sei gelobt.«

In der kühlen feuchten Luft der Dämmerung wateten wir durch die schlammigen Untiefen und bestiegen Mamadous gut dreißig Meter langen, motorisierten Einbaum. Mamadou, ein großer Mann mit Bierbauch, hatte vier Frauen in vier verschiedenen, weit voneinander entfernt liegenden Dörfern – damit er nicht den Verstand verliere, wie er erklärte. Als die Sonne gerade über den Horizont spähte, warf er seinen Evinrude-Außenbordmotor an. Der Motor brummte vor sich hin, während Mamadou das Verladen der Gepäckstücke beaufsichtigte, am Rumpf des Einbaums entlangging und sich vergewisserte, dass auch der letzte

Hundert-Kilo-Sack Hirse richtig verstaut war. Auf Zehenspitzen balancierte er bis zum Bug und zeigte flussaufwärts, das Signal für die Abfahrt. Wir glitten durch die seichten Stellen und kämpften dann mit Vollgas gegen die Strömung an. Das Wasser war glatt wie Eis, als wir nach Norden in das dunstige Grau des Morgens fuhren.

Dreißig Minuten nach dem Ablegen stellten wir fest, dass Mamadou noch das eine oder andere Mal Halt machen wollte. Wir hielten in Loga, einem Dorf etwa drei Kilometer nördlich von Méhana, wo wir ein Dutzend weitere Hundert-Kilo-Säcke Hirse an Bord nahmen. Wir machten Halt in Mamsey, wo wir Reis, noch mehr Hirse, einige Hühner und zwei Ziegen zuluden. Wir machten Halt auf vier Inseln, die so klein waren, dass sie nicht auf meiner Karte verzeichnet waren. Auf einer Insel nahmen wir einen Mann an Bord, den wir auf einer anderen Insel fünf Kilometer stromaufwärts wieder absetzten. Wir legten auf Cendaaji an, einer großen Insel gegenüber eines prachtvollen Sandsteinbergs, der über einer Flussbiegung thront. Hinter Cendaaji wird der Fluss zu einem Gewirr aus kleinen Kanälen und winzigen Inseln. Als die Sonne durch den Morgendunst brach und auf dem Wasser in diesem Insellabyrinth funkelte, schien die Zeit stehenzubleiben. Die Kanäle verliefen im Zickzack zwischen dem üppigen Grün, das jeden Zentimeter der Inseln bedeckte. In dieser Masse von Bäumen, Kletterpflanzen und Büschen konnte man sich nur schwer vorstellen, dass sich unweit von hier Sanddünen, vertrocknete Hirsefelder und kilometerweise karge Ebenen erstreckten, in denen nur niedriges, trockenes Gestrüpp wuchs.

Wir hörten das Rauschen von Wasserfällen zwanzig Minuten, bevor wir das Wasser auf die Felsen donnern sahen. Mamadou steuerte den großen Einbaum geschickt zwischen den tückischen Brocken hindurch. Bei der Fahrt durch die Stromschnellen schwappte zwar ein wenig Wasser ins Boot, doch wir stießen auf dem Weg in den relativ

Die Anlegestelle von Ayoru,
Niger, 1982

ruhigen östlichsten Nigerarm nirgendwo an. Der Hafen von Ayoru, der größten Marktstadt am Niger, war jetzt nicht mehr weit.

In Ayoru nahm Idrissa meine Sachen und sprang von Bord. Ich hatte größere Mühe. Immer wieder rutschte ich in dem weichen Sand aus. Meine aus alten Autoreifen hergestellten Sandalen mit einer Hand über meinen Kopf haltend, watete ich ans Ufer, wo ich auf den Zweig einer Wüstendattel trat. Zum Glück bohrte der Dorn sich nicht tief in meine Haut, dennoch pochte mein Fuß. Ich zog meine Sandalen wieder an und machte mich auf den Weg zu Susans Haus, wo ich hoffte, Idrissa wiederzutreffen. Auf dem Markt begegnete ich Zakaribaba, dem Bruder von *Sorko* Djibo. Er war eine Woche in Ayoru gewesen, als Gast von Howa *Zima*. Howa *Zima* hatte ihm von einem fremden Weißen erzählt, der bei Adamu Jenitongo über die Geister gelernt hatte. »Ich habe Howa *Zima* erklärt, dass der fremde Weiße Monsieur Paul aus Méhana war«, erklärte er, »und dass er auch mit mir, meinem Bruder und meinem Vater Mounmouni Koda zusammengesessen hat.«

»Was hast du ihr sonst noch erzählt?«, fragte ich.

»Ich habe ihr alles erzählt, was ich über dich weiß, Monsieur Paul.«

»Wirklich. Das ist großartig, Zakaribaba. Wirklich großartig.«

Ich verabschiedete mich und wandte mich ab. Er fasste den Ärmel meines Hemdes. »Könntest du fünfhundert Francs für einen *Sorko*-Kollegen erübrigen? Ich muss Rosinen kaufen.«

Ich gab ihm dreihundert und ging weiter zum Gehöft meiner amerikanischen Freundin, wo ich Idrissa mit meinen Sachen anzutreffen hoffte. Wie an den meisten Samstagen drängten sich viele Reisende in den Straßen von Ayoru. Kinder rannten im Staub der Rinder- und Ziegenherden hin und her. Als ich mich Susans Gehöft näherte, sah Mohammed mich, rannte mir entgegen und fasste meine Hand. Susan hatte Besuch von drei Frauen, deren massige Körper die Strohmatten, auf denen sie saßen, komplett bedeckten. Für Susans Stühle waren ihre Hintern zweifelsohne zu breit. Susan stellte mich den Damen vor, die über Babys und andere Frauen sprachen. Ich verschwand im Haus und sah, dass meine Sachen ordentlich in einer Ecke standen. Ich setzte mich auf einen Stuhl und wartete, bis die Gäste gegangen waren.

Schließlich kam Susan herein und setzte sich auf einen der Gartenstühle. Sie erklärte noch einmal, dass sie nicht an die Existenz einer Songhai-Geisterwelt glaubte. »All diese Geschichten über Hexen, Zauberer und Geister, das ist alles Aberglaube, weißt du.«

Ich wusste nicht, was ich sagen sollte, also schwieg ich.

»Aber direkt nach deiner Abreise sind seltsame Dinge geschehen«, fuhr Susan fort. Sie beschrieb mir Geräusche, die wie das Knurren einer Katze geklungen hatten, aber tiefer und lauter – wie ein Brüllen.

Mein Herz pochte.

»Ich hatte einen Riesenschiss, Paul.«

»Erzähl mir alles, erzähl mir alles«, drängte ich sie nervös.

Susan hatte mitten in der Nacht ein Brüllen auf ihrem Hof gehört. »Aber als ich mit meiner Taschenlampe rausgegangen bin, war alles still. Am nächsten Morgen habe ich nach Spuren gesucht ... Nichts. Nichts.«

»Hat es lange gedauert?«, fragte ich. »Zwei Nächte?«

»Genau! Woher weißt du das? Es waren die beiden Nächte nach deiner Abreise.«

»Mein Gott!« Ich fühlte mich schrecklich. Hatte ich Susan einer Gefahr ausgesetzt? Ich erklärte ihr, dass jemand die Geräusche geschaffen habe, um mich zu verscheuchen. Offensichtlich mit Erfolg. Susan erinnerte sich, wie angespannt ich am Morgen meiner Abreise zwei Wochen zuvor gewirkt hatte. In meiner Eile hatte ich nicht daran gedacht, einen Talisman unter ihrer Schwelle zu vergraben. Deshalb war ihr Haus nach meiner Abreise verwundbar geblieben. »Wenn ein Songhai-Zauberer einen Zauber ausspricht, hält dieser in der Regel drei Tage. Nach drei Nächten haben die Geräusche, die mich und dich zu Tode erschreckt haben, doch aufgehört, oder?«

Susan runzelte die Stirn. »Ich kann das alles nicht glauben. Das ist doch verrückt!«

»Darf ich etwas vor deiner Schwelle vergraben, um dein Haus zu schützen?«

»Warum nicht?«, meinte Susan achselzuckend.

Ich schlug vor, dass ich irgendwo anders in der Stadt übernachten könnte, doch Susan bestand darauf, dass ich bei ihr blieb, weil sie sicher war, dass es eine rationale Erklärung für die Geräusche geben musste. Ich vergrub ein Stück Schlacke, das der *Sohanci* mir zum Schutz mitgegeben hatte. Schlacke, ein Abfallprodukt der traditionellen, uralten Eisenherstellung in der Region, fand sich in großen Haufen überall im Land der Songhai, die ihr magische Kräfte zuschrieben. »Vergrabe dies unter der Schwelle eines Hauses«, hatte der *Sohanci* mir geraten, »und es wird vor aller Hexerei und Zauberei geschützt sein.« In der folgenden Nacht jedenfalls wurden wir nicht durch irgendwelche Geräusche gestört.

Am nächsten Tag suchte ich auf dem Markt nach Vorräten für die Reise nach Wanzerbe. Idrissa, der die Nacht bei Verwandten verbracht hatte, kaufte 50-Kilo-Säcke Reis. Weil ich wusste, dass es in Wanzerbe nur wenig Küchengewürze gab, erwarb ich Knoblauch, getrockneten Ingwer, Peperoni, Johannisbrotschoten, Muskat und Anis. Außerdem fand ich Hirse-Couscous.

Ende Dezember wimmelte es auf dem Markt vor Geschäftigkeit, weil zum lokalen Handelstreiben noch Touristen kamen, die sich eben dieses Treiben anschauen wollten. Man konnte Gift darauf nehmen, dass Touristen wie angewurzelt stehen blieben, wenn sie die Fliegen entdeckten, die auf dem Fleisch hockten wie eine schwarze Decke. Im Allgemeinen hielten Fremde Abstand zu den Fisch- und Fleischständen und schlenderten lieber durch den Bereich mit Handwerksarbeiten, wo sie vielleicht um einen Kamelsattel oder eine bunte Baumwolldecke feilschten. Ich hörte Fetzen von Englisch, Französisch und Deutsch, während lokale Unternehmer dieses und jenes zum Verkauf anboten.

Idrissa fand mich unter einem Baum am Flussufer sitzend und berichtete, dass am Westufer des Flusses in Kürze ein Mann nach Dolsul ablegen würde. Ich stand auf. »Gut. Hol den Reis, dann fahren wir.«

Wir erreichten Dolsul im goldenen Licht des Spätnachmittags. In der Nähe des Ufers parkten drei Fahrzeuge: eins, das aussah wie ein Lkw-Oldtimer, und zwei Land Rover. Neben den Fahrzeugen wachte ein Polizist mit einem über die Schulter geschlungenen Gewehr. Ein Stück den sandigen Hügel hinauf standen fünf oder sechs Lehmziegelhäuser. »Das ist das gesamte Dorf Dolsul«, erklärte Idrissa mir. Träger stellten unsere Sachen und Waren neben den leeren Fahrzeugen ab. Der Polizist gab mir ein Zeichen, zu ihm zu kommen, und fragte mich auf Französisch nach meinen Papieren. Ich zeigte ihm meine Forschungserlaubnis und begrüßte ihn auf Songhai. Er lud mich ein, mich zu ihm zu setzen, und bestellte Tee bei einem jungen Mann in der Lehmziegelhütte, die ihm als Büro diente. Ich fragte den Polizisten, wann die Abfahrt der Wagen zu erwarten sei.

»Oh, irgendwann bald«, sagte er und blickte in die untergehende Sonne.

»Gut.« Die Vorstellung, einen Abend in Dolsul zu verbringen, schien nicht besonders verlockend.

Der junge Mann, der unter einer Lähmung litt, brachte ein Metalltablett mit einem verwischten Blumenmuster, auf dem drei kleine Gläser und eine kleine blaue Teekanne aus Emaille standen. Dann holte er einen Kohlerost, fachte die glühenden Kohlen an und stellte die Teekanne darauf. Als der Tee durchgezogen war, tranken wir ihn. Zeit verstrich. Der Tag ging in die Dämmerung über. Aus Ayoru kommende Boote glitten durch das flache Wasser und landeten am Ufer. Junge Männer wateten ins Wasser und entluden Güter, die ebenfalls neben den drei Fahrzeugen gestapelt wurden.

»Wo sind die Fahrer?«, fragte ich.

»Sie sind noch nicht gekommen«, antwortete der Polizist. »Sie müssten bald hier sein.«

Der Fahrer des uralten Lkw kam mit dem nächsten Boot. Er war ein Angehöriger des Mossi-Volks aus Obervolta, gedrungen und mit ungewöhnlichen Gesichtszügen: markante Überaugenwulste und große, weit auseinanderliegende Augen.

Ich fragte, ob ich vorn in der Kabine des Lasters mitfahren könne. Der Platz sei schon besetzt, erklärte er mir. »Es gibt noch Plätze auf der Ladefläche.«

Während ich versuchte, einen Platz zu buchen, packten die jungen Männer die Ladefläche mit Matratzen, Bettrahmen und Getreidesäcken voll. Ich beobachtete, wie die Leute über die Ladeklappen kletterten und auf dem Berg von Waren einen Platz suchten. Die Straße von Dolsul nach Wanzerbe bestand aus nicht viel mehr als den Spurrillen vorheriger Lkws, deshalb erklärte ich dem Fahrer, dass ich auf den nächsten Transport warten würde.

»Wie du willst«, meinte er.

Mittlerweile klebte eine ganze Traube von Menschen an dem Berg von Gütern wie Soße an einem Haufen gekochten Reises. Ein Gehilfe steckte eine Kurbel in einen Schlitz an der Vorderseite des Wagens. Wie ironisch, dachte ich lächelnd: Da war ich um die halbe Welt gereist, um eine Technik in Betrieb zu sehen, an die schon mein Vater sich nicht mehr erinnern konnte, weil er dafür zu jung war. Der Gehilfe drehte einmal, zweimal an der Kurbel. Schließlich sprang der Motor an, der Lkw fuhr holpernd los und verschwand hinter der Düne.

Djibril, der Fahrer eines der beiden Land Rover kam bei Sonnenuntergang. Er hatte es eilig und drängte uns einzusteigen. Die Sitze in der Fahrerkabine waren bereits besetzt, also zwängten Idrissa und ich uns zusammen mit Hühnern, Ziegen und Getreidesäcken - inklusive unserer eigenen natürlich - auf die geschlossene Ladefläche. Als wir die Kuppe der Düne erreichten, hatte sich Dunkelheit über dem Land ausgebreitet.

27

Ein Härtetest

Wir erreichten Wanzerbe erst mitten in der Nacht, weil wir unterwegs zweimal im Sand stecken geblieben waren. Beim ersten Mal konnten wir uns leicht befreien. Aber das zweite Mal erwies sich als schwieriger: Alle Passagiere brauchten mit vereinten Kräften mehr als eine Stunde, um die Reifen des Land Rovers aus dem weichen Wüstensand zu lösen.

Djibril setzte uns im Zentrum von Wanzerbe ab. Bis auf einen Mann, der vor einem Geschäft saß, war der Platz menschenleer. »Hassane, komm«, rief Idrissa ihm zu.

Hassanes rasierter Schädel glänzte im Mondlicht. Er trug einen der beiden Reissäcke zum Gehöft von Idrissas Familie in Karia, einem der beiden Viertel von Wanzerbe. Idrissa trug den anderen. Wir stapften durch den tiefen Sand zu dem großen ovalen Grundstück mit etwa dreißig Lehmziegelhäusern. Alles schien seit meinem letzten Besuch unverändert. Um diese Zeit regte sich keine Menschenseele. Idrissa klopfte an die Tür seines Vaters. »*Baba*, ich bin's, Idrissa.«

Koundiababa, Idrissas Vater, öffnete und sah uns blinzelnd an. »Idrissa?«

Idrissa bat seinen Vater um eine Unterkunft, und Koundiababa teilte uns das Haus neben seinem eigenen zu, dessen regulärer Bewohner Mamadou, Idrissas Bruder, in der Elfenbeinküste war, um dort zu arbeiten. Idrissa fand ein paar Decken, und wir machten uns ein Lager für die Nacht.

Am nächsten Morgen begrüßte uns Idrissas Familie in Wanzerbe. Einige brachten Hühner, andere schenkten uns Butteröl. Ein Junge kam mit einer Hammelhälfte auf einer Schubkarre. Sein Vater hatte zu Ehren unserer Ankunft ein Schaf geschlachtet. Idrissa und ich schleppten die beiden Fünfzig-Kilo-Säcke Reis heran und öffneten sie, um ihren Inhalt in gleichen Portionen an die Mitglieder der Familie zu verteilen. Im Laufe des Vormittags kamen die Frauen mit kleinen Säcken vorbei, die wir mit Reis füllten, der in Wanzerbe ein rares Gut war. Für gewöhnlich tranken die Leute Hirseschleim und aßen Hirsebrei entweder mit Sesam- oder mit Gumbo-Soße. Fleisch, Fisch oder Geflügel kamen in Wanzerbe nur selten auf den Tisch.

Während dieser morgendlichen Aktivitäten fragte ich Idrissa, ob ich Kassey besuchen könne. Idrissa berichtete, dass Kassey am Tag vor unserer Ankunft nach Markoy gefahren war, eine Stadt dreißig Kilometer westlich der Grenze zu Obervolta [seit 1984 Burkina Faso]. Bei meinem ersten Besuch war Kassey auch nach Markoy gereist!

»Nach Markoy?«, wiederholte ich.

»Dort gibt es einen Jungen. Er ist von Geistern besessen«, murmelte Idrissa.

»Wann kommt sie zurück?«, fragte ich.

»In drei Wochen, vielleicht vier.«

»Drei Wochen«, murmelte ich. »Idrissa, ich weiß nicht, ob wir drei Wochen hierbleiben können.«

»Du kannst Kasseys Freundin besuchen«, schlug er vor. »Sie heißt Dunguri.«

»Wer ist sie?«

»Sie ist eine *Zima*. Sie ist sehr stark, Monsieur Paul.«

Welche Wahl blieb mir? Nachdem ich den weiten Weg gekommen war, musste ich irgendjemanden treffen. Würde ich Kassey je zu sehen bekommen? War ihre Abreise kurz vor meiner Ankunft eine erneute Weigerung, mich zu treffen? »Wann kann ich diese Dunguri besuchen?«

»Nach dem Spätnachmittagsgebet, Monsieur Paul.«

Also gingen wir am späten Nachmittag eine sandige Böschung hinunter zu der Straße, die die beiden Viertel von Wanzerbe trennte. Hier reihten sich leere Marktstände aneinander, direkt dahinter erhob sich die Freitagsmoschee mit ihrem Minarett. Wir stapften auf sandigen Wegen zwischen den niedrigen Mauern der Gehöfte hindurch und begrüßten Frauen, die in ihren Mörsern Hirse zerstießen. In Sohanci, dem südlicheren der beiden Viertel, begegneten wir vielen von Idrissas Verwandten mütterlicherseits, die uns freundlich begrüßten und sich nach unserer Gesundheit erkundigten. Auf einer überdachten Fläche in der Mitte des Platzes neben der kleinen Viertelsmoschee im Zentrum von Sohanci saß ein Dutzend älterer Männer im Schatten. Wir begrüßten sie und baten sie sitzen zu bleiben, doch sie bestanden darauf, sich zu erheben, um uns die Hand zu schütteln. Zuletzt erreichten wir Dunguris Gehöft, das von keiner Mauer begrenzt war. Dunguris Haus war eingeklemmt zwischen zwei großen Getreidespeichern und einem aus Lehmziegeln gemauerten Pferch für Kälber.

Vor der Haustür klatschte Idrissa dreimal in die Hände. Dunguri kam heraus und umarmte ihn. Während sie Idrissa begrüßte, sah sie mich an. »Wer ist dieser Fremde?«, fragte sie ihn.

»Der Fremde«, schaltete ich mich auf Songhai ein, »ist Paul aus Amerika. Ich bin ein Freund von Idrissa.«

»Idrissa, komm in mein Haus. Wir sollten reden. Du kannst auch reinkommen, Fremder.«

Wir betraten Dunguris Haus. Bunte Baumwolldecken hingen an den weiß getünchten Wänden. Zahlreiche weitere Decken waren über die beiden Betten gebreitet, die an den sich gegenüberliegenden Wänden des rechteckigen Raumes standen. Dunguri wies uns Klappstühle aus Metall zu und setzte sich auf einen Holzstuhl mit Rückenlehne, die sie jedoch nicht nutzte, stattdessen beugte sie sich vor und stützte die Hände auf die Knie.

Idrissa und Dunguri sprachen über das Befinden verschiedener Bekannter. Irgendjemandes Sohn leistete in Niamey seinen Militärdienst. Irgendjemandes Tochter hatte geheiratet und lebte jetzt in einem Nachbardorf. Amadu hatte sich in letzter Zeit nicht wohl gefühlt. Er war nach Tera gefahren, um sich ärztlich behandeln zu lassen, doch der Guineawurm machte ihm weiter zu schaffen. Und ein älterer Mann war kürzlich an einem Leberleiden gestorben. Idrissa fragte Dunguri nach der Ernte.

»Sie war gut, Idrissa. Mein Mann hat hart gearbeitet und dreihundert Ballen Hirse eingebracht.«

»Unsere Ernte in Méhana war nicht gut«, berichtete Idrissa.

Dunguri nickte. »In manchen Jahren sind wir gesegnet, in anderen verflucht. Die Stadt Tegey ist nur zehn Kilometer von hier entfernt – trotzdem kann Tegey eine gute Ernte haben, während wir hier nur einen Ballen Hirse einbringen.«

Im Laufe des Gespräches sah Dunguri mich nicht ein einziges Mal an. Was bei jedem anderen lediglich unhöflich gewesen wäre, war bei einer Songhai äußerst ungewöhnlich, denn in der Regel sind die Songhai überaus gastfreundlich und interessiert an den Sitten von Fremden – nicht so diese Frau. Ungeduldig saß ich daneben, während Dunguri und Idrissa plauderten. Ich nutzte die Gelegenheit, Dunguris Gesicht zu betrachten. Ich hätte niemals vermutet, dass diese kleine plumpe Frau eine *Zima* war. Ihr aufgedunsenes

Gesicht wirkte nicht besonders intelligent, und ihr Blick strahlte keine große Kraft aus. Plötzlich vernahm ich das Wort »Fremder«. Dunguri fragte Idrissa nach mir. Diese Frau hatte den Schneid, Idrissa nach meiner Arbeit zu fragen, obwohl ich anwesend war. Aber ich blieb stumm, während Idrissa mit simplen Worten beschrieb, was ich in Méhana und in Tillabéri machte. Er erklärte Dunguri, dass ich ein Buch schreiben wollte.

»Er benutzt doch keine von diesen Maschinen, um Filme zu machen?«

Idrissa versicherte ihr, dass ich kein Interesse an Filmen habe.

Sie wandte sich mir zu. »Fremder, woher hast du diese Ringe? Sie sind sehr schön.«

Der *Sohanci* hatte mich gewarnt, niemandem die wahre Natur der Ringe zu offenbaren, die er mir zu meinem Schutz gegeben hatte. »Danke«, sagte ich zu Dunguri. »Ich habe sie in Ayoru gekauft. Die Tuareg-Ringe gefallen mir sehr.«

Dunguri wandte sich an Idrissa. »Zeig dem Fremden meine Kornkammern und Tiere. Ich habe heute keine Zeit mehr, mit ihm zu sprechen.« Sie stand auf und verließ das Haus.

Idrissa und ich sahen uns an. Noch nie war ich bei den Songhai so unhöflich behandelt worden. Idrissa runzelte die Stirn, murmelte etwas von einem kürzlichen Leiden Dunguris und schlug vor, dass wir die Kornkammern und Tiere besichtigten. Als wir auf den Hof traten, sahen wir niemanden. Die Kornkammer war mit Hirse gefüllt, und im Gegensatz zu den meisten Nachbarn besaß Dunguri eine kleine Herde aus Kühen und Kälbern, ein Zeichen von Wohlstand.

»Sie lebt besser als die anderen, oder nicht, Idrissa?«

»Ja«, stimmte er mir zu. »Sie ist eine *Zima* und eine mächtige Magierin. Sie wird gut bezahlt für ihre Dienste.«

An jenem Abend saßen Idrissa und ich im Haus des abwesenden Bruders und teilten uns ein Mahl aus Reis mit einer dünnen grünen Gumbo-Soße. Dazu brachte uns ein Kind einen Teller mit geröstetem Hammelfleisch. Die saure Soße dämpfte meinen Appetit. Wir aßen langsam vor einem nicht eingeladenen Publikum aus kleinen Jungen, die in der Hoffnung auf Reste in unser Haus gekommen waren. Die Sonne war untergegangen, die Temperaturen waren in den Keller gestürzt. Ich zog einen Wollpullover über. Idrissa hüllte sich in einen alten Regenmantel, den er irgendwo gebraucht auf einem Markt gefunden hatte.

Wir traten auf den Hof und setzten uns zu einigen von Idrissas Verwandten, die sich an in Rosten liegenden glühenden Kohlen wärmten. Wir sprachen über das Wetter, über Amerika, über zunehmend schlechtere Ernten, über all die jungen Männer, die Niger in der kalten Jahreszeit verließen, um ihr Glück in Togo oder in der Elfenbeinküste zu suchen. Ein junger Mann namens Sidi wollte in zwei Tagen nach Togo aufbrechen. Ein anderer, Karimoun, war vor zwei Tagen nach Togo gereist. Ohne die monatlichen Schecks von der Küste hätten es sich die meisten Menschen nicht leisten können, in Wanzerbe zu leben. Wie sollte man ohne gute Ernte überleben, wenn es nicht das Geld gäbe, das die jungen Männer aus Togo schickten? So waren die Bewohner Wanzerbes in der Lage, die Hirse, die sie nicht selber anbauen konnten, zu kaufen, um damit ihre Kornkammern zu füllen. So würde die fünfhundertjährige Geschichte des Dorfes vielleicht weitergehen.

Idrissa bat mich, ihn zurück zu unserem Haus zu begleiten. Er vertraute mir an, dass er noch einmal um Jitus Hand angehalten hatte, und bat mich um das Brautgeld.

Ich gab ihm die fünftausend Francs und wünschte ihm viel Glück.

»Nun ist alles gut, Monsieur Paul«, sagte er. »Ich gehe jetzt und treffe dich am Morgen wieder.«

Müde und frustriert machte ich mich zum Schlafen fertig. Mich quälten Fragen: Welchen Sinn hatte meine Reise nach Wanzerbe? Ich konnte nicht drei Wochen lang auf die unnahbare Kassey warten. Und warum war Dunguri so kurz angebunden gewesen? Ich sehnte mich danach, nach Tillabéri oder Niamey zurückzukehren. Ich hatte Heimweh. Aber eine Woche musste ich mindestens in Wanzerbe bleiben, weil bis Samstag, dem Tag vor dem Markttag, kein Lkw nach Ayoru fuhr. Meine Petroleumlampe erlosch flackernd. Einigermaßen versöhnt mit der Aussicht, eine Weile an diesem gottverlassenen Ort zu verbringen, legte ich mich ins Bett.

Ein wenig später wachte ich auf und hörte trappelnde Schritte auf dem Dach des Hauses. War das ein Esel? Ich blieb ganz still liegen, hörte jedoch nichts weiter. Dann hatte ich plötzlich das starke Gefühl, dass irgendetwas das Haus betreten hatte, ich spürte deutlich eine Präsenz. Ich hatte große Angst und wollte das Haus unverzüglich verlassen, doch als ich versuchte, mich von meiner Matte zu rollen, bewegte sich meine untere Körperhälfte nicht mit. Ich kniff in meine bleischweren Schenkel und fühlte nichts. Mein Herz raste. Fliehen konnte ich nicht, was also sollte ich machen, um mich zu retten? Wie ein *Sorko benya* begann ich das *Genji how* zu rezitieren. Adamu Jenitongo hatte mich gelehrt, wenn ich mich je in Gefahr wähnte, diese Beschwörungsformel aufzusagen, bis ich meine Angst besiegt hatte. Also deklamierte ich die Formel und deklamierte und deklamierte, bis ich ein leichtes Kribbeln in den Schenkeln spürte. Ermutigt sagte ich den Text weiter auf, und das Kribbeln breitete sich in meinen Beinen aus. Meine Stimme brach, doch ich rezitierte unbeirrt. Zuletzt erreichte das Kribbeln meine Füße. Ich kniff in meinen Oberschenkel – es tat weh – und überprüfte meine Reflexe das ganze Bein hinunter. Vorsichtig rollte ich mich von der Matte und stand auf. Das Etwas hatte den Raum verlassen.

Erschöpft sank ich zurück auf mein Lager und fiel in tiefen Schlaf. Am nächsten Morgen weckte Idrissa mich. Ich erhob mich langsam und erklärte ihm, dass ich Dunguri besuchen wolle.

»Ich komme mit dir.«

»Nein, Idrissa. Ich muss allein gehen.«

Ich kann nicht erklären, warum ich das Gefühl hatte, Dunguri zur Rede stellen zu müssen. Ich war mir sicher, dass sie die Lähmung in meinen Beinen verursacht hatte. In dieser Nacht hatte ich auf meine Krise reagiert wie ein Zauberer, und nachdem ich sie bewältigt hatte, musste ich mich auch weiter verhalten wie ein Songhai-Zauberer. Also verließ ich langsam unser Gehöft in Karia. Die Sonne stand noch tief am östlichen Himmel, die Luft war kühl und trocken. Aber ich war müde, und mein Herz pochte wild, während ich mich fragte, was geschehen würde, wenn ich Dunguri konfrontierte. Als ich an Kasseys Gehöft vorbeiging, sah ich niemanden. Ich erklomm die kleine Düne hinter Sohanci. Ein alter Mann in einem zerschlissenen weißen Gewand begrüßte mich auf Songhai, bemerkte dann meinen Blick und forderte mich auf weiterzugehen. Unterhalb der Düne sah ich Dunguris Gehöft vor mir liegen. Die Luft war still, und ich blieb wie angewurzelt stehen. Dann fiel mir ein, was Adamu Jenitongo mir einmal erklärt hatte: »Wenn ein Mann, der auf dem Weg ist, an eine Gabelung auf seinem Pfad kommt, muss er sich für eine Richtung entscheiden und voranschreiten.« Und das tat ich. Mit zitternden Armen und schlotternden Knien betrat ich Dunguris Gehöft und blieb in der Mitte des Hofes stehen. Nach einer, wie mir schien, sehr langen Zeit, trat Dunguri aus ihrem Haus. Sie starrte mich an. Ich versuchte, meine Nervosität zu verbergen, doch ich war wie gelähmt. Aber dann lächelte sie und kam mit schneller werdenden Schritten näher. Als sie auf mich zukam, sah ich, dass sie strahlte.

Knapp einen halben Meter vor mir blieb sie stehen: »Jetzt weiß ich, dass du ein Mann mit einem reinen Herzen bist.« Sie nahm meine linke Hand und legte sie in ihre. »Du bist bereit. Komm in mein Haus, und wir fangen an zu lernen.«

III

1981

28

Rituale des Hellsehens

Im Sommer 1981 kehrte ich zurück in die Republik Niger, um meine Lehre bei Adamu Jenitongo in Tillabéri fortzusetzen. Drei Stunden nachdem ich Niamey und die Regierungsbürokratie hinter mir gelassen hatte, führte ich eine winzige Prozession zu dem Gehöft des *Sohancis* an, das wie die Höfe der meisten großen Heiler der Songhai am Stadtrand lag, in diesem Fall gut zwei Kilometer vom Busbahnhof in Tillabéri entfernt. Der *Sohanci* war vor Kurzem noch weiter vom Ortskern weggezogen, um Platz für die neue Grundschule zu machen, die der wachsenden Bevölkerung der kleinen Stadt dienen sollte. Meine Begleiter waren zwei unternehmungslustige Jungen, die ich angeheuert hatte, um meine Habseligkeiten zu tragen. Als wir über die Dünen trotteten, wanderten meine Gedanken zurück zu meinem letzten Besuch in Niger 1979. Mein Aufenthalt in Wanzerbe hatte meine Welt auf den Kopf gestellt. Vor meiner Lähmung war ich überzeugt gewesen, dass es wissenschaftliche Erklärungen für die Songhai-Zauberei gab. Bei meiner Abreise aus Wanzerbe war mein unerschütterlicher Glaube an die

Wissenschaft verschwunden. Nichts, was ich zuvor gelernt hatte, hatte mich auf Dunguri vorbereitet. In Wanzerbe hatte ich die unsichtbare Schwelle zur Welt der Songhai-Zauberei überschritten. Ich kannte nun die Angst, sich mit der eigenen Sterblichkeit konfrontiert zu sehen. Ich konnte nicht länger ein leidenschaftsloser Beobachter der Songhai-Gesellschaft sein; ich hatte mich tiefer auf die Songhai und ihre Welt eingelassen, als ich es mir je hätte vorstellen können. Hatte Dunguri mich in die Dunkelheit katapultiert? Und was würde mir in diesem Jahr widerfahren? Warum war ich nach Tillabéri zurückgekehrt? Oh, ich kannte die Antwort nur zu gut. Ja, sagte ich mir, ich hatte Macht, und ich wusste sie anzuwenden. Ungeachtet der Gefahren und aller guten Ratschläge meiner Kollegen zu Hause musste ich meine Lehre fortsetzen. Die Macht, die Menschen und die Mysterien der Songhai-Zauberei zogen mich unwiderstehlich an. Ich wünschte mir so sehr, wie sie zu sein.

Als wir ankamen, schlief der *Sohanci* im Schatten.

Djemma weckte ihn, sobald sie mich sah. Grunzend richtete er sich auf, und ich trat näher, um ihn zu begrüßen.

»*Baba*, wie steht es um deine Gesundheit? Wie ist das Wohlbefinden deines Haushalts?«

»Gott sei gelobt. Und was ist mit deiner Gesundheit? Und der deiner Familie? Wie steht es um das Wohlbefinden aller Menschen in deinem Land?«

»Sie danken Gott.«

Der *Sohanci* rief Moru, der in Djemmas Hütte gewesen war. »Bring Pauls Sachen in das Geisterhaus.«

Ich folgte Moru zum Geisterhaus und kam mit den mitgebrachten Geschenken wieder heraus: ein Stock mit einem Schlangenkopf (ein Damballah) aus Haiti für den *Sohanci* und bunt bedruckte »Dutch Wax«-Stoffe, die ich für seine Ehefrauen in der Hauptstadt gekauft hatte. Die Nachbarn kamen, um mich zu begrüßen und nach meiner Gesundheit zu fragen.

Nach einer scheinbar endlosen Begrüßungsrunde nahm mich der *Sohanci* mit in das Geisterhaus. »Wir haben viel zu lernen. Wie viel Zeit hast du?«

»Ich bleibe drei Wochen hier in Tillabéri und fahre dann für eine Woche nach Méhana.«

»Gut. Ich werde dir Zauberei beibringen, aber zuerst brauchst du seherische Kraft und Schutz.«

Ich schwieg.

»Ja, ich werde dir heute Nachmittag seherische Kraft geben.«

Wir verließen das Geisterhaus wieder.

Es war bereits Anfang Juni, aber noch war kein Regen nach Tillabéri gekommen. In einem Dorf drei Kilometer südlich und einem anderen fünf Kilometer nördlich von Tillabéri hatte es bereits geregnet, und die Bauern hatten Hirse und Sorghum ausgesät, während die Felder um Tillabéri durch die neunmonatige Trockenzeit verdorrt waren. Auch am Tag meiner Ankunft herrschte glühende Hitze, und ich verbrachte den Nachmittag mit der Familie des *Sohancis* – Moru, Djemma, Moussa Nya und Adamu Jenitongo selbst – unter dem Vordach aus Stroh, wo ich Fliegen verscheuchte und einen Krug Wasser nach dem anderen trank. Als die Strahlen der Sonne keine Blasen mehr auf die ungeschützte Haut brannten, bat der *Sohanci* mich in das Geisterhaus.

»Es ist Zeit, dass du seherische Kraft erlangst.«

Wieder blieb ich stumm.

Er nahm einen kleinen Tonkrug, der an einer kurzen Schnur an einem der Dachsparren der Hütte hing, füllte ihn mit ein wenig Wasser und legte drei rote Kolanüsse hinein. »Siehst du das, mein Sohn?«, fragte er rhetorisch. »Das ist ein Opfer für Wambata.«

»Nya Beri?«

»Ja. Sie kontrolliert die seherische Kraft. Sie sieht in die Vergangenheit. Sie sieht in die Zukunft. Sie sieht das Gute und das Schlechte in den Menschen.«

Der *Sohanci* legte den Zeigefinger seiner linken Hand auf den Rand des Kruges und rezitierte eine Reihe mir unbekannter Beschwörungsformeln. Am Ende jeder Anrufung spuckte er dreimal in den Krug.

»So«, sagte er und wischte sich den Schweiß von der Stirn. »Die Arbeit ist beendet, und ich bin müde.«

»Was waren das für Worte, *Baba*?«

»Du wirst sie lernen, wenn deine Zeit kommt, mein Sohn.«

»Ich muss geduldig sein.«

Der *Sohanci* nickte und legte einen flachen Korbdeckel auf den Krug. »Wir müssen drei Tage warten.«

Während dieser drei Tage besuchte ein stetiger Strom von Klienten das Gehöft des *Sohancis*. Am nächsten Morgen konsultierten ihn zwei Oberschüler. Ihre Familien waren nicht aus Tillabéri, deshalb wohnten sie bei anderen Leuten im Ort. Am Ende jedes Schuljahres gab die Regierung diesen Schülern umgerechnet fünfundsiebzig Dollar, damit sie ihre Unterkunft bezahlen können. Aber einer der beiden Jungen hatte sein Geld verloren. Der *Sohanci* warf drei Kaurimuscheln, um zu sehen, was mit dem Geld geschehen war, und erklärte den jungen Männern, dass ein Mitschüler es gestohlen hatte. Er beschrieb den Dieb und riet ihnen, den Schuldigen zur Rede zu stellen.

Am Nachmittag schleppte sich eine Frau auf das Gehöft. Sie hatte eine geschwollene und eiternde Wunde an der Brust. Ich fragte die Frau, ob sie in der Klinik von Tillabéri gewesen sei. Sie verneinte. Der *Sohanci* fragte sie, wie sie sich verletzt hatte. Sie sagte, ihr Mann habe in einem Wutanfall einen Pfeil auf sie geschossen. Der Pfeil hatte lediglich ihre Haut aufgerissen, doch die Wunde hatte sich entzündet. Als die Entzündung schlimmer wurde, hatte sie ihr Dorf verlassen und war die zehn Kilometer nach Tillabéri gelaufen, um den *Sohanci* zu sehen.

Der *Sohanci* nahm einen großen Lederbeutel, aus dem er eine Handvoll kleinerer Stoffsäckchen zog. Er öffnete eins der Säckchen und bestreute die Kuppe des Zeigefingers der Frau mit einem hellgrünen Pulver. Dann nahm er ihre Hand und drückte den Finger samt des Pulvers in die Wunde. Die Frau schrie vor Schmerz.

»Das ist alles«, sagte der *Sohanci* zu ihr. »Bleibe noch eine Weile in Tillabéri. Komm morgen und übermorgen wieder.«

Die Frau zückte einen Stoffbeutel aus ihrem verblichenen indigoblauen Gewand und hielt dem *Sohanci* einen Fünfhundert-Francs-Schein hin.

Er schob ihre Hand sanft beiseite. »Erst wenn deine Wunde heilt, akzeptiere ich dein Geld.«

Sie verabschiedete sich und ging.

In der Dämmerung kamen die Schüler zurück zum Gehöft des *Sohancis* und berichteten, dass sie das vermisste Geld gefunden hatten. Sie hatten den von dem *Sohanci* beschriebenen Mitschüler zur Rede gestellt. Der Junge hatte gestanden und das gestohlene Geld zurückgegeben. Sie gaben dem *Sohanci* fünfhundert Francs.

»Gelobt sei Gott«, rief der *Sohanci.*

»Wir danken dir, *Baba*«, murmelten die Schüler.

Nachdem sie gegangen waren, wandte der *Sohanci* sich an mich. »Es ist jedes Jahr das Gleiche. Die Schüler kriegen ihr Geld und entweder verlieren sie es oder jemand bestiehlt sie. Diese Schüler sind schrecklich. Die Welt hat uns überholt.«

Am nächsten Morgen konsultierte eine große hagere Fulani-Frau den *Sohanci*. Sie trug eine verblichene indigofarbene Tunika aus rauer einheimischer Baumwolle und ein leuchtend rot-weiß kariertes Kopftuch.

»Wie ist deine Gesundheit, *Baba*?«

»Gut. Und wie geht es dir, mein Kind?«

Die Frau sprach von ihrem Sohn, der auf dem Feld gearbeitet hatte, als ihn plötzlich eine Krankheit ergriff. Ohne zu wissen, wer und wo er war, hatte er sich auf seinen

Esel geworfen, der zurück zum Gehöft der Frau getrottet war. »Als ich meinen Sohn gesehen habe, wusste ich, dass ich zu dir kommen muss, *Baba.*«

»Wo ist dein Sohn jetzt?«

»Auf dem Esel, direkt vor deinem Gehöft, *Baba.*« Der *Sohanci* bat Moru, der sich zu uns gesellt hatte, den nach wie vor bewusstlosen jungen Mann in das Geisterhaus zu bringen, wo der *Sohanci* ihn untersuchte. »Geh ins Dorf«, trug er der Fulani-Frau anschließend auf, »und bring mir ein Schaf und fünftausend Francs.«

Später am selben Tag kehrte die Frau mit einem schwarzen Schaf und einem Fünftausend-Francs-Schein zurück.

»Gut«, sagte der *Sohanci.* Er bat Moru und mich, das Schaf festzuhalten, schnitt ihm dann vorsichtig die Kehle durch und beobachtete den Fluss des Blutes. »Wenn das Blut vom Kopf des Schafes zu seinen Hinterbeinen fließt, ist das ein gutes Zeichen. Wenn das Blut in die andere Richtung fließt, ist es sehr schlecht.«

In diesem Fall floss das Blut zu den Hinterbeinen des Schafes; die Geister hatten das Opfer angenommen. Der *Sohanci* wandte sich an die Fulani-Frau. »Dein Sohn wird gesund werden.«

Dann lud der *Sohanci* die Fulani-Frau, Moru und mich in das Geisterhaus ein. Der Patient saß aufrecht und begrüßte verwirrt seine Mutter.

»Wie bin ich hierhergekommen, Mutter?«, fragte er.

»Ein Geist hat dich auf unserem Feld angegriffen«, erklärte sie. »*Baba* hat sich um dich gekümmert.«

»Gott ist groß«, verkündete der *Sohanci.* »Gott ist groß.«

»Das ist er«, pflichtete die Fulani-Frau ihm bei.

Am Morgen des dritten Tages kehrte die Frau mit der entzündeten Brustwunde zurück, die langsam verheilte.

»Wie steht es um deine Gesundheit, mein Kind?«, fragte der *Sohanci.*

»Ich danke Gott«, antwortete die Frau.

»Wie geht es deinem Körper?«

»Keine Beschwerden«, erwiderte sie. »Überhaupt keine Beschwerden.«

»Wundervoll. Wundervoll.«

Wieder bot die Frau dem *Sohanci* einen Fünfhundert-Francs-Schein an. »Hier, *Baba*, das ist für dich.«

»Möge Gott für seine Gnade gedankt werden!«

Der *Sohanci* und ich aßen ein Mittagessen aus Reis, der mit einer klebrigen Gumbo-Soße bedeckt war. Djemmas Kochkünste konnten sich nicht mit denen von Bankano messen, meiner Köchin in Méhana. Wir aßen eilig, tranken Wasser, rülpsten und standen auf, um uns in den Schatten des Vordachs zu begeben, wo wir uns auf Strohmatten legten. Der *Sohanci* schlief rasch ein, ein paar Minuten später war auch ich eingedöst.

Nach dem Mittagsschlaf bat der *Sohanci* mich ins Geisterhaus, wo er den Deckel von dem Tonkrug nahm.

»Es ist fertig, mein Sohn. Bald wirst du seherische Kraft haben.«

Er nahm die drei Kolanüsse aus dem Krug und wies mich an, zwei von ihnen über meine Augen zu halten. Das tat ich etwa fünf Minuten lang.

»Gib mir die Kolanüsse.«

Ich gehorchte.

»Was soll ich jetzt machen, *Baba*?«

»Halte auch die letzte Kolanuss für eine Weile über jedes deiner Augen.«

Ich tat, wie mir geheißen.

»Gib mir die letzte Kolanuss.«

Ich gab sie ihm.

»Schließ deine Augen.«

Sanft berührte er dreimal meine Lider. »Jetzt mach sie wieder auf.«

Ich öffnete die Augen.

»Nun hast du seherische Kraft.«

Ich gestand, dass ich keinen Unterschied spürte.

»Aber du *bist* anders, mein Sohn.«

»Heißt das, wenn ich jetzt die Kaurimuscheln werfe, kann ich die Vergangenheit und die Zukunft sehen?«

»Nein. Du hast die seherische Kraft eines Babys; sie muss wachsen. Mit der Zeit wirst du einen Weg finden, sie weiterzuentwickeln.«

29

Das Tagesgeschäft eines *Sohancis*

In jenem Juni wohnte ich mehr als zwei Wochen auf dem Gehöft des *Sohancis*. Jeden Tag kamen Klienten und klagten über ihre körperlichen Schmerzen, ihr fehlendes Glück, ihre seelischen Qualen oder ihre Angst vor den Geistern. Jeden Tag sprach der *Sohanci* zu seinen Klienten, linderte ihren Schmerz und vertrieb ihre Angst.

Zwischen Klienten, Mahlzeiten, Gesprächen und Nickerchen lehrte der *Sohanci* mich, Dinge zu »richten«. »Wenn du eine Situation nicht ›richtest‹«, erklärte er, »wirst du für immer ungeschützt sein, und dein Werk wird höchstwahrscheinlich scheitern. Bei fast allem, was du tust, musst du dich vor deinen Feinden und den Launen der Geister schützen.«

»Bei allem?«

»Ja, in dieser Welt darfst du nichts für selbstverständlich halten, mein Sohn. Nichts!«

Ich nickte.

»Hör mir gut zu. So richtest du ein Feld für die Saat.«

»Ich höre dir zu, *Baba*.«

»Als ich jung war, ging ich nach Aribinda. Dort habe ich Beschneidungen durchgeführt und die Macht über Hirse gesucht. Die Kurumba in Aribinda haben große Macht über Hirse, musst du wissen. Selbst in schlechten Jahren haben sie gute Ernten. Also bat mein Vater mich, etwas von dieser besonderen Hirse zu finden. Ich traf eine alte Kurumba-Frau, die im Besitz der besonderen Hirse war. Ich arbeitete viele Wochen für sie, ohne dass wir miteinander redeten. Nachdem ich eines Tages Wasser für sie geschleppt hatte, sprach sie mich an:

›Was willst du für all deine Arbeit?‹

›Ich möchte wissen, wie man Hirsefelder schützt.‹

Die alte Frau nahm einen langen rostigen Nagel und trug drei Beschwörungsformeln darüber vor.

›Nimm diesen Nagel‹, sagte sie, ›und grabe ein Loch in der Mitte deines Hirsefelds. Lege den Nagel auf den Grund des Lochs. Dann lege einen Stein auf den Nagel, schütte das Loch wieder zu und stelle dich darauf. Dann musst du, ohne dich zu bewegen, gen Osten, Westen, Norden und Süden eine rituelle Schutzformel vortragen.‹

Ich nahm den Nagel mit nach Hause und vergrub ihn in der Mitte meines Feldes. Weitere Nägel vergrub ich im Feld meines Vaters, im Feld des Bruders meines Vaters und im Feld des Bruders meiner Mutter. In jenem Jahr ernteten wir mehr Hirse als jemals zuvor.«

»Welchen Text hast du vorgetragen, *Baba*?«

»Das kann ich dir nicht sagen. Es ist nicht der passende Moment.«

»Richtest du immer noch Felder?«

»Erinnerst du dich an den Bella-Mann, der gestern hier war?«

»Ja.«

»Ich habe ihm drei Nägel gegeben, die er in seinen Hirsefeldern vergraben soll. Wenn der Regen kommt, wird er in diesem Jahr viel Hirse ernten.«

»Wenn der Regen kommt?«

»Die Nägel schützen Felder vor Ratten, Vögeln und Würmern. Aber wenn es nicht regnet, gibt es keine Hirsepflanzen.«

An einem Morgen etwas später in derselben Woche kam ein großer schlanker junger Mann in einem Khakihemd und passender Hose auf das Gehöft des *Sohancis*. Er verbeugte sich vor dem *Sohanci* und begrüßte mich auf Französisch.

»Mir geht es gut«, antwortete ich auf Songhai.

»Du sprichst Songhai?«, fragte er.

»Für einen so jungen Mann spricht mein Sohn sehr gut Songhai«, sprang der *Sohanci* mir zur Seite.

»Wenn du Songhai sprichst, bist du ein Songhai«, erklärte der Besucher.

»Nein, nein«, beharrte ich. »Ein schwimmender Baumstamm wird nie ein Krokodil.«

»Mein Gott. Du kennst auch Sprichwörter.«

»Ein paar, aber das macht mich nicht zum Songhai.«

»Deine Worte klingen echt.« Er wandte sich an den *Sohanci*. »*Baba*, ich muss mit dir reden.«

»Sehr gut, mein Sohn, komm in das Geisterhaus.«

Ich blieb auf der Matte im Schatten von Djemmas Hütte sitzen. Am Eingang des Geisterhauses drehte der *Sohanci* sich zu mir um. »Kommst du?«

Ich stand auf und ging zur Hütte. Ich war immer noch ein wenig verlegen, die zutiefst privaten Probleme von vollkommen Fremden mitzuhören, und fragte deshalb: »Hat er nichts dagegen, wenn ich dabei bin?«

»Komm und hör zu«, befahl der *Sohanci*.

Der Mann war zwei Jahre glücklich verheiratet gewesen. Seine Frau hatte ihm einen Sohn geboren. Aber in den letzten Monaten war die Frau streitsüchtig geworden.

»Kauf mir etwas Besseres«, »Das ist nicht gut genug für mich«, »Soundso trägt viel besseren Stoff als ich« waren Sätze, die sie wieder und wieder sagte. Schließlich hatte die Frau den gemeinsamen Sohn genommen und war mit einem reichen Mann durchgebrannt. »Nach ihrer Ankunft in Niamey hat sie mir eine Nachricht geschickt.«

»Ja. Wie lautete die Nachricht?«, fragte der *Sohanci.*

»Sie hat gesagt, sie würde nie mehr zu mir zurückkommen.«

»Lass dich von dieser Frau scheiden«, schlug der *Sohanci* vor.

»Ich möchte sie zurück, *Baba.* Ich möchte mich nicht von der Mutter meines Sohnes scheiden lassen.«

»Also gut. Komm nach dem Nachmittagsgebet wieder. Wir werden deine Ehe richten.«

»Möchtest du Geld, *Baba*?«

Der *Sohanci* lachte. »Wer auf dieser Welt möchte kein Geld, mein Sohn?«

»Wie viel?«

»Ich nehme dein Geld nur an, wenn meine Arbeit gut war. Bring mir Geld, wenn deine Frau zu dir zurückkehrt. Bei einer guten Arbeit geht es nicht um Geld, es geht um Respekt und Liebe.«

Am späten Nachmittag kam der junge Ehemann wieder und wartete unter dem Vordach aus Stroh auf uns. Zuvor hatte der *Sohanci* mich zu einer Straße geschickt, die zwei Hirsefelder voneinander trennte, um ein wenig Sand einzusammeln. Als ich im Geisterhaus ankam, waren die Vorbereitungen für das Ritual beinahe abgeschlossen.

Der *Sohanci* öffnete seinen Pulverbeutel und nahm drei kleine Säckchen heraus. »Mein Sohn«, sagte er und sah mich an, »gib mir die Tasse neben dem Mittelpfosten.«

Ich reichte sie ihm.

»Gut.« Er gab drei Prisen Pulver aus jedem der Säckchen in die Tasse.

»Was sind das für Pulver, *Baba*?«

Er lächelte mich an. »Das kann ich dir heute nicht sagen.«

Der *Sohanci* gab weitere Pulver in die Tasse, darunter drei Prisen *Feeji dano*, das Pulver einer klettenartigen Pflanze, und drei Prisen *Koma suba*, eine Substanz, die aus einer Sorte Wildgras hergestellt wird. »Wo ist der Sand, den du eingesammelt hast, mein Sohn?«

Ich gab ihn dem *Sohanci*.

Er nahm drei Prisen Sand und ließ sie in die Tasse rieseln. »Mein Sohn, wir sind bereit.« Er stand auf und rief seiner Frau Djemma zu: »Bring uns einen Rost mit heißen Kohlen.«

Als wir aus dem Geisterhaus traten, sahen wir den jungen Mann warten.

»Junger Mann«, sprach der *Sohanci* ihn an, »wir müssen aus dem Dorf hinausgehen. Komm.«

Djemma gab mir den Rost. Wir verließen das Gehöft und folgten einer Straße bis zu einer Gabelung. »Stell den Rost auf die Wegscheide«, befahl der *Sohanci*.

Dann rezitierte er das *Genji how* und eine zweite Beschwörungsformel, die ich nicht kannte. Er kippte die Zutaten aus der Tasse auf die heißen Kohlen. Weißer Rauch stieg auf. »Junger Mann, knie dich vor den Rost und atme den Rauch ein. Reibe dir damit deine Stirn, deine Arme, deine Achselhöhlen, deine Ellbogen, deinen Bauch, deine Knie und deine Knöchel ein. Bleibe hier, bis der Rauch verqualmt ist. Bring mir danach den Rost zurück und geh nach Hause.«

»Ja, *Baba*.«

»Hast du verstanden?«

»Ja, *Baba*.«

»Noch eins, junger Mann: Wenn du gehst, darfst du dich nicht zu der Weggabelung umblicken.«

»Warum nicht, *Baba*?«

»Tu, was ich dir sage!«

»Ja, *Baba*.«

Eine Woche später kam der junge Mann wieder zum Gehöft des *Sohancis*. Voller Freude berichtete er, dass seine Frau und sein Sohn zu ihm zurückgekehrt waren. Er gab dem *Sohanci* fünftausend Francs, vier Hühner, ein Schaf und eine Ziege.

»Gelobt sei Gott«, rief der *Sohanci*.

30

Reise unter den Fluss

Am Morgen meiner Abreise machte ich Kaffee für den *Sohanci*, Moru und mich. Während ich wartete, dass das Wasser kochte, fragte ich mich, wie ein simples Ritual wie das Verbrennen von verschiedenen Pulvern an einer Weggabelung ein unversöhnlich entfremdetes Paar wieder hatte zusammenbringen können. »Was für eine Macht«, dachte ich staunend, »was für eine Macht!«

Ich brach an jenem Tag auf, weil der *Sohanci* die Kaurimuscheln geworfen hatte, um meinen Weg in der Zukunft zu sehen. Er erklärte mir, dass ich Tillabéri unverzüglich verlassen sollte. »Geh nach Méhana. Am anderen Ufer des Flusses gibt es jemanden, der dir viel zu erzählen hat.«

Ich erreichte Méhana in der Abenddämmerung, nachdem ich die Strapazen des öffentlichen Verkehrs im Niger überstanden hatte: die überfüllten Buschtaxis, den dichten Staub auf den Straßen, den Übereifer der Polizisten an den Kontrollpunkten, das endlose Warten auf dem Markt von Bonfebba, bis ein Boot nach Méhana fuhr, und die gnadenlos brennende Sonne auf der zweistündigen Fahrt flussaufwärts. Nach dem stundenlangen Lärm und dem Gedränge von kleinen und großen Menschenmengen war es eine Wohltat, durch das seichte Wasser zu waten, die Uferböschung zu erklimmen und das freundlich sandige Antlitz von Méhana zu sehen. Kaum war ich auf ebenem Boden, wurde ich schon von Kindern umringt, die sangen:

»*Paul ka. Paul ka.*« (Paul ist gekommen. Paul ist gekommen.)

Einige Ältere gesellten sich zu ihnen und begrüßten mich. Ein Mann schickte ein Kind los, Idrissa zu suchen. »Sag ihm, sein älterer Bruder ist nach Méhana zurückgekehrt.«

Ich ging zu meinem Gehöft und ließ mich auf einen Faltstuhl sinken. Was für ein wunderbares Gefühl, begrüßt zu werden wie ein eingeborener Sohn der Stadt. Aber das war ich nicht. Ich misstraute den Motiven der Menschen, und vielleicht waren auch meine Motive – so unreflektiert, wie sie noch immer waren – nicht rein.

Dann hörte ich Idrissa rufen.

»Hier drinnen, Idrissa.«

Er betrat das Haus. In weniger als zwei Jahren war er sichtlich gealtert. Tiefe Furchen zeichneten seine Stirn, und die Tränensäcke unter seinen Augen waren aufgedunsen.

»Gott hat dich zurück nach Méhana geführt, Monsieur Paul. Du bist ein guter Mensch, und ich danke dir. Jitu dankt dir auch. Meine Tochter Harijitu dankt dir.«

»Und was macht dein Gehöft, Idrissa?«

»Wir danken für unsere Gesundheit und unseren Wohlstand.«

Mein Gehöft wirkte verwahrlost. Trotz Idrissas Bemühen, Bäume zu pflanzen, hatte offenbar nur die allgegenwärtige Akazie der Hitze, der Trockenheit und dem kargen Boden getrotzt. Die Nordmauer des Grundstücks war während eines besonders heftigen Gewitters fortgespült worden. Während eines weiteren Gewitters war das Dach des Hauses eingesackt. Und Idrissa hatte nicht genug Geld für die nötigen Reparaturen.

»Bleibst du lange in Méhana?«, fragte er nervös.

»Vielleicht eine Woche, Idrissa. Dieses Jahr ist meine Zeit nicht lang.«

»Und Wanzerbe?«

»Dieses Jahr nicht. Ich habe keine Zeit«, log ich. In Wahrheit hatte ich Angst, nach Wanzerbe zurückzukehren.

Idrissa wirkte nicht übermäßig enttäuscht. »Heute Abend wirst du gut essen. Bankano wird dir das Abendessen bringen, und Jitu bereitet dein Mittagessen.«

»Das ist gut.«

»Ich hole Wasser zum Waschen«, rief Idrissa und verließ das Haus.

»Oh, Idrissa?«

Er kam zurück und blieb auf der Schwelle stehen.

»Ist Djibo in der Gegend?«

»Ja«, grunzte er. »Du solltest ihn lieber nicht besuchen. Er ist nur hinter deinem Geld her. Man kann ihm nicht trauen. Er wird dich betrügen.«

»Danke, Idrissa.« Manche Dinge in Méhana würden sich nie ändern, stellte ich fest.

An jenem Abend ging ich nach einem köstlichen Essen aus Hirsepaste und Erdnusssoße zu der Getreidekammer, um Djibo zu sehen. Das helle Licht des Vollmonds beleuchtete den abendlichen Himmel. Händler saßen plaudernd vor ihren Geschäften. Junge Männer hockten an Tischen und nippten Milchkaffee. Die lokalen Taubstummen hatten sich an einem eigenen Tisch versammelt und gestikulierten lebhaft. Einer von ihnen stand auf und begrüßte mich. Er beleidigte meinen Vater und den Bruder meiner Mutter. Ich beleidigte seine Großmutter und seinen Großvater. Unser Lachen hallte in der Abendluft wider.

Ich betrat den Hof der Kornkammer. Djibo saß auf einem Metallklappstuhl in der Mitte des Gehöfts.

»Hallo, Djibo, hallo. Ich grüße dich. Ich grüße dich.«

Djibo blieb sitzen. »Und ich grüße dich, Paul. Wie ist deine Gesundheit? Und die Gesundheit deiner Eltern?«

»Sie danken Gott, Djibo. Und wie geht es deinem Haushalt?«

»Alles ist gut. Ich habe viele, viele Klienten. Die Leute wissen, dass ich ein großer *Sorko* geworden bin.«

Adamu Jenitongo hatte mich gelehrt, einem Zauberer, der prahlt, mit Vorsicht zu begegnen. Vielleicht misstrauten die Leute Djibos Großspurigkeit. »Das habe ich gehört«, murmelte ich. »Was für Neuigkeiten hast du, Djibo?«

Djibo machte mir ein Zeichen, auf einem weiteren Metallstuhl Platz zu nehmen. Die Luft war heiß, feucht und stickig. »Mein Cousin Moussa ist weggegangen.«

»Das habe ich gehört. Idrissa hat es mir in einem Brief berichtet.«

»Mein Cousin Karimoun ...«

»Ja?«

»Er ist gestorben.«

»Was!«, rief ich. »Wie und wann?«

»Bei einem Autounfall im vergangenen Jahr. Ein überladenes Buschtaxi ist über eine Felsklippe gefahren. Alle sind ums Leben gekommen.«

»Wie furchtbar!«

»Das ist unser Weg, Paul«, sagte Djibo traurig. »Wir enden alle an demselben Ort, oder nicht?«

»Das ist unser Weg«, wiederholte ich.

Wir sahen uns eine Weile an. »Ich habe eine neue Frau. Du wirst sie morgen kennenlernen.«

»Wundervoll. Welche anderen Neuigkeiten gibt es noch, Djibo?«

Djibo erzählte mir, dass er seit meinem letzten Besuch zu einem heiligen Ort gegangen und wie sein Vater Mounmouni Koda unter Wasser gelaufen sei, bis er das Dorf von Harakoy Dikko, der Flussgöttin, erreicht hatte.

»Deine Zeit ist gekommen?«

»Ja«, bestätigte Djibo, »sie ist gekommen.«

Djibo lud mich ins Haus ein und zündete eine Petroleumlampe an. Er rollte zwei Strohmatten aus, sodass wir uns gegenübersitzen konnten, und er begann zu erzählen.

»Vor sieben Monaten ist mir der König des Himmels in einem Traum erschienen. Er sagte, meine Zeit sei gekommen. Er sagte, ich müsse nun in den Fluss gehen und zu Harakoys Dorf laufen.

Ich verließ Méhana an einem Donnerstagabend und ging die ganze Nacht Richtung Norden am Flussufer entlang. Kurz vor Ayoru wird der Fluss breit und tief. Dort haben die Geister ihr Dorf unter dem Fluss. Ich suchte nach einem glatten schwarzen Felsen, denn dieser Fels markiert die Stelle, an der der *Sorko* den Fluss betritt. Kurz vor Sonnenaufgang entdeckte ich den Felsen und betrat den Fluss.

Ich ging in den Fluss, doch ich wurde nicht nass. Ich folgte einem Pfad aus glattem weißem Sand. Je weiter ich lief, desto weißer wurde der Sand. Ich ging weiter. Zu meiner Rechten sah ich den Fluss. Ich sah Krokodile und Fische, doch wir waren durch Strudel voneinander getrennt.

Als der weiße Sand dunkelgrau wurde, sah ich vor mir drei große Krüge stehen. Sadyara, die große schwarze Schlange mit einem Horn auf dem Kopf, lag zusammengerollt neben dem ersten Krug. Erschrocken trug ich Lobgedichte für die Tooru-Geister vor. Sadyara öffnete den Mund und zischelte mit ihrer geteilten Zunge. Auf der anderen Seite des ersten Kruges saß Harakoy Dikko und wiegte ihren Körper vor und zurück, vor und zurück, vor und zurück. Ihre Augen waren von langem weißem Haar verdeckt, das den Boden berührte. Sie strich es zur Seite und machte mir ein Zeichen, näher zu kommen.

Ich sang weitere Tooru-Loblieder und näherte mich den Krügen. Ich sah einen heiligen Baum und eine heilige

Rebe, die aus dem dunkelgrauen Boden wuchsen. Ich löste ein wenig Rinde von dem Baum und brach ein Stück von der Rebe ab. Mit diesen Pflanzen könnte ich Menschen retten, die vom Blitz getroffen worden waren. Hinter dem ersten Krug sah ich den heiligen *Kobe*-Baum. Wenn ich ein wenig von seiner Rinde sammelte, könnte ich den Fluss jederzeit betreten. Ich nahm mein Messer, doch als ich an dem ersten Krug vorbeigehen wollte, wurde ich von einer Kraft zu Boden geschleudert. Eine Stimme sagte: ›Du kannst noch keine Rinde von dem *Kobe*-Baum schneiden.‹

Der erste Krug war mit frischer Milch gefüllt, die ich trank. Sie war süß. Ich ging drei Meter bis zu dem zweiten Krug, der mit speziellen *Sorko*-Heilmitteln gefüllt war: *Sah nya, Dugu nya, Wali belinga*. Ich gab ein wenig von jedem dieser Pulver in Stoffsäckchen, die ich in meine Taschen steckte. Der dritte Krug war mit Blut gefüllt. Auf der Oberfläche schwamm eine besondere Rankepflanze. Ich trug eine Beschwörungsformel vor und nahm die Ranke.

Ich hockte auf dem Boden des Geisterdorfes und füllte ein wenig von der dunkelgrauen Erde in meine Taschen. Als ich gehen wollte, konnte ich den weißen Sandpfad nicht finden, der zurück in unsere Welt führt. Also trug ich ein weiteres Mal die Tooru-Lobgedichte vor. Die Tooru umringten mich, und ich schrie. Sie gaben mir ein Pulver, das ich noch nie gesehen hatte, und ließen den weißen Sandweg wieder sichtbar werden. Ein Windstoß packte mich von hinten und trieb mich aus dem Dorf der Geister hinaus. Wenig später trat ich vollkommen trocken aus dem Fluss. Eine Stimme erklärte mir, dass ich nächstes Jahr wiederkommen könne, aber nicht früher.«

Djibos Geschichte bot mir bereits so jede Menge Denkstoff, doch ich wollte noch mehr wissen. »Wie kann ein Mensch in einen Fluss gehen, ohne nass zu werden?«, fragte ich.

»Ich wusste, dass du das fragen würdest, Paul. Ich muss dir etwas zeigen.« Djibo öffnete ein Säckchen, das ein dunkelgraues Pulver enthielt. »Siehst du den kleinen Krug dort?« Er wies in die Richtung seines Bettes.

»Ja?«

»Gib ihn mir.«

Er nahm den Krug, füllte ihn mit Wasser und stellte ihn auf den sandigen Boden zwischen uns. Mit der rechten Hand häufte er eine kleine Menge des Pulvers auf einen flachen Stein; es sah aus wie ein erodierender Miniaturberg. Dann tauchte er den Stein mit dem Pulver ins Wasser. »Sieh es dir an, Paul. Sieh es dir an. Leuchte mit deiner Taschenlampe darauf.«

Das Pulver hatte unter Wasser seine Form bewahrt und einen metallischen Glanz angenommen, als hätte sich eine schützende Außenhülle gebildet. »Was passiert da?«, fragte ich.

»Warte! Warte!«, rief er aufgeregt. Behutsam hob er den Stein mit dem Pulver wieder aus dem Wasser. Er war vollkommen trocken. »Berühre es!«, rief Djibo.

Das Pulver war kein bisschen feucht. Etwas Vergleichbares hatte ich noch nie gesehen. »Was ist das für ein Pulver?«

»Weil ich dich mag, Paul, und weil du ein *Sorko* bist, werde ich es dir sagen. Aber du darfst den Namen niemals jemandem verraten.« Er nannte den Namen.

»Aber das ist kein Songhai-Wort, oder?«

»Das ist das Wort, das mein Vater mir auf dem Sterbebett offenbart hat.«

Ich war beunruhigt. »Aber das solltest du mir nicht sagen, Djibo. Wenn dein Vater dir das Geheimnis dieses Pulvers erst auf seinem Sterbebett offenbart hat, wie kannst du es mir, einem Fremden, verraten?«

Aber Djibo beachtete meine Proteste gar nicht. »Ich will, dass du dieses Pulver mit in die Vereinigten Staaten nimmst. Ich will, dass du es den Menschen zeigst, damit sie wissen, wie mächtig ein *Sorko* ist. Ich will, dass du es isst.«

»Ich soll es essen?«

»Ja. Wenn du dieses Pulver isst, kannst du den Fluss betreten, ohne nass zu werden. Mit diesem Pulver kann ein *Sorko* Tage, Wochen, sogar Jahre unter dem Fluss bleiben, wie mein Vater Mounmouni Koda.«

»Das kann ich nicht annehmen. Es ist zu kostbar.«

»Du musst es nehmen, Paul. Ich kann mehr besorgen.«

Blut schoss mir in den Kopf. »Ich möchte es nicht nehmen. Ich möchte es nicht essen.«

»Du musst, Paul. Du musst. Eines Tages wirst auch du zu dem Dorf der Geister unter dem Fluss wandern.«

Djibo schloss das Säckchen und drückte es mir in die Hand. Ich nahm es, stand auf und verließ ihn, ohne mich zu verabschieden.

31

Amadu *Zima*

Ich kehrte nicht zu dem Getreidespeicher zurück. Das Säckchen mit dem grauen Pulver versteckte ich zwischen meinen Sachen. Ich wollte Djibo nicht wiedersehen. Aber er wollte mich sehen. Nach seiner Enthüllung kam er mehrmals zu meinem Gehöft. Ich war jedes Mal nicht da, doch Idrissa richtete mir seine Nachricht aus.

»*Sorko* Djibo war hier, Paul. Er möchte dich sehen. Er wird wiederkommen.«

»Dann bin ich nicht da.«

»Gut. Er ist ein schlechter Mensch. Er wird dir schaden. Er wird dein Geld nehmen. Er wird dir Lügen erzählen.«

Aber das waren nicht die Gründe, warum ich Djibo nicht sehen wollte. Djibo hatte einem Fremden ein Geheimnis anvertraut, noch dazu einem jungen Fremden. Das verletzte ein heiliges Vertrauen unter Songhai-Zauberern. Zwar hatte ich vorübergehende Triumphgefühle empfunden, doch die Worte von Adamu Jenitongo verfolgten mich. »Du musst alt werden«, hatte er mir erklärt, »bevor du die großen Geheimnisse lernen kannst.« Wie flatterhaft ich geworden war. Grundsätzlich fand ich es unmoralisch, die großen Geheimnisse zu erfahren, weil ich kein *Sorko* war – doch dann erklärte Djibo mir, dass ich ein *Sorko* sei und ein

Pulver annehmen müsse, das sein Vater ihm gegeben hatte, als er im Sterben lag. In einer Minute war ich von Selbstvertrauen und vom Kitzel der Macht erfüllt, in der nächsten versank ich in Zaudern und schuldbewussten Schamgefühlen. Ich wollte Djibo nicht sehen, ich wollte ihm aus dem Weg gehen. Djibo war mein erster Lehrer, aber ich konnte sein Verhalten nie akzeptieren. Selbst als er mir einige Jahre zuvor die Beschwörungsformeln der *Sorkos* beigebracht hatte, hatte ich gespürt, dass die eigentliche Quelle der *Sorko*-Kraft in Méhana sein Vater Mounmouni Koda war. Djibo hatte mich viel gelehrt, doch ich hatte ihn nie respektiert. Ich war ihm gegenüber von Anfang an argwöhnisch gewesen und er mir gegenüber ebenso. Wir waren Altersgenossen, im Grunde Rivalen. Er besaß etwas, das ich haben wollte: Wissen aus erster Hand über die Welt der Zauberei. Ich besaß etwas, das er haben wollte: Wissen aus erster Hand über die westliche Welt mit ihrem Prestige und ihrem Geld. Ich manipulierte ihn, um an sein Wissen über *Sorkotarey* (*Sorko*-Arbeit) zu gelangen, und er manipulierte mich, um an mein westliches Wissen und natürlich an mein Geld zu gelangen. So hatte ich ihm zum Beispiel von einem wohlwollenden amerikanischen Arzt Pillen zur Empfängnisverhütung besorgt – für seine Freundin, nicht für seine Frau. Er schürfte in meinem Wissen über globale Angelegenheiten, um damit zu glänzen, wenn er mit anderen jungen Männern um ein Radio zusammensaß. Mein Geld versickerte dagegen lautlos, ich sah ihn nie damit prahlen.

Die Älteren im Dorf hielten ihn für einen Angeber. Er hatte versucht, sie mit Demonstrationen seines *Sorko*-Wissens zu beeindrucken, sich jedoch nur ihre unverhohlene Verachtung verdient. Er hatte versucht, mich zu beeindrucken, und mich damit nur argwöhnischer gemacht. Ich erkannte, dass ein gnadenloses Konkurrenzdenken die treibende Kraft in Djibos Persönlichkeit war. Er konkurrierte mit den Älteren. Er konkurrierte mit mir. Er konkurrierte mit Adamu Jenitongo, einem Mann, dessen Macht, Ansehen und Wissen mir Ehrfurcht einflößten. Adamu Jenitongo war der weise Vater; Djibo der Bruder und Rivale, der mich mit seinem ausgeprägten Bedürfnis nach Aufmerksamkeit mittlerweile nur noch nervte.

Am Ufer des Nigers erwischte er mich schließlich. Ich beobachtete die Frauen, die im Fluss ihre Töpfe und Pfannen spülten. Kinder bespritzten sich gegenseitig mit Wasser. Die Frauen beugten sich mit hoch gekrempelten Wickelröcken im seichten Wasser über ihr Kochgeschirr und schrubbten es mit Sand ab.

Djibo packte meinen Arm. »Du willst mich nicht sehen?«

»Das stimmt nicht, Djibo«, log ich.

»Du magst Djibo nicht, aber Djibo mag dich. Wie ist das?«

»Das ist nicht wahr, Djibo.«

»Was ist wichtiger als *Sorko*-Angelegenheiten?«

Ich schwieg.

»Paul, ich mag dich. Ich möchte dir so viele Dinge erzählen.«

»Das *weiß* ich, Djibo.«

»Gut. Dann kommst du heute Abend zu meinem Getreidespeicher.«

»Heute Abend?«

»Djibo hatte eine harte, heiße Jahreszeit. Seine Kinder sind hungrig, Paul. Er braucht einen neuen Hut. Seine Frau braucht neue Kleidung. Djibo geht es schlecht, Paul. Und es geht ihm noch schlechter, wenn du ihn nicht besuchen kommst.«

»Djibo, das sind Geldgeschäfte, über die du redest. Ich mag keine Geldgeschäfte, das weißt du! Adamu Jenitongo spricht mit mir nie über Geld. Das tun Männer, die auf dem Weg sind, nicht.«

Djibo ignorierte meine Entgegnung. »Es gibt so viel, das du lernen musst. Ich kann dir Macht geben, Paul. Macht!«

Ich kickte etwas Sand beiseite und ging vom Fluss zu den leeren Marktständen. Unter einem Strohdach saß eine Männergruppe, die mit Dünenpalmenkernen *Dillo* spielte, die Songhai-Version von Dame. Ich grüßte sie.

Ich ging weiter zum *L'Hotel de Méhana*, einem Restaurant in einer einfachen Lehmziegelhütte, wo man für fünfzig Francs ein Omelett bestellen konnte. Eine Schale Reis mit Soße kostete ebenfalls fünfzig Francs, ein Glas Kaffee

Méhana, Niger, 1976

fünfundzwanzig. Über dem Türrahmen des *L'Hotel* prangte ein von der Sonne verblichenes Zeitschriftenfoto der Holzskulptur eines Dogon-Reiters. Mounkaila, der in der Tür stand, war dort seit der Eröffnung im Jahr 1979 Koch. Er war groß und schlank, hatte ein breites Gesicht und fleckige Haut. Seine rechte Nasenhälfte war beinahe flach an seine Wange gedrückt, weil er als Kind von einem Pferd getreten worden war. »Wie wär's mit einer Tasse Kaffee, Monsieur Paul?«

Ich lehnte Mounkailas grässlichen Kaffee beharrlich ab. Wieso sollte ich etwas trinken, das aus Lipton-Tee (aus irgendeinem unerfindlichen Grund gab Mounkaila Teebeutel in das kochende Wasser), löslichem Nescafé und dicker süßer Kondensmilch bestand? Mounkaila nahm es mir nie übel. »Nein danke, Mounkaila, ich muss weiter.«

Ich war auf dem Weg zu Alfaggah Abdoulaye, einem freundlichen und weisen Imam, den ich schon häufiger aufgesucht hatte. Als die Leute mich 1976 bezüglich ihrer Sprachkenntnisse hinters Licht geführt hatten, hatte er mir geraten, dass ich nach Art der Songhai lernen sollte – indem ich zuhörte und an Gesprächsrunden von Männern und Frauen teilnahm. Verwirrt und beunruhigt über meinen Drang nach Macht hoffte ich nun, dass der Imam mir Orientierung geben würde.

Auf dem Weg zu Alfaggah Abdoulaye gab es nur ein Gehöft, das keine hohe Lehmziegelmauer hatte. Jedes Mal, wenn ich daran vorbeikam, grüßte ich Amadu, den alten Mann, der auf dem Gehöft wohnte und es niemals verließ. An Markttagen schickte er seine Frau zum Einkaufen.

Als junger Mann musste Amadu eine imposante Gestalt gewesen sein, denn selbst vom Alter gebückt war er immer noch groß und breitschultrig. Das Weiß seiner Augen war mit den Jahren und durch den ständigen Staub und Schmutz gelb geworden. Seine Garderobe beschränkte sich meines Wissens auf zwei Hosen und ein verblichenes blaues Gewand mit ausgefranstem Kragen.

Wenn er mich mit leiser Stimme begrüßte, berührte er jedes Mal sanft meine Hand. In den letzten fünf Jahren hatte ich bei meinen vielen Besuchen in Méhana den Mann immer gegrüßt, wenn ich an seinem öden Gehöft vorbeikam. »Wie geht es deiner Frau? Wie geht es den Verwandten deiner Frau? Wie geht es den Menschen auf deinem Gehöft? Wie steht es um deine Gesundheit?« Er erwiderte jedes Mal, dass alles gut sei, und erkundigte sich nach meiner Gesundheit. Bis zu jenem Tag 1981 wusste ich nichts weiter über Amadu.

»Es freut mich zu hören, dass du bei guter Gesundheit bist«, sagte er an jenem Morgen zu mir.

»Das bin ich, *Baba.*« Aus Respekt nannte ich alle Älteren der Songhai *Baba.*

»Seit fünf Jahren grüßt du mich jetzt schon.«

»Das stimmt.«

»Und du hast mich nie etwas gefragt.«

»Das stimmt auch.«

»Fünf Jahre lang habe ich dich beobachtet. Heute sollst du mich kennenlernen.« Er gab mir ein Zeichen. »Komm in mein Haus. Ich möchte dir die Geschichte meines Lebens erzählen.«

Ich fragte mich, was er mir berichten würde. In seiner Strohhütte war es dunkel. Auf einer Seite stand ein ritueller Altar: ordentliche Reihen von Parfümfläschchen, alte, mit Pulver gefüllte Kaffeedosen und größere Behälter, die vermutlich Heil- und Zauberpulver enthielten. Wir setzten uns auf ausgefransten und verschmutzten Strohmatten einander gegenüber.

»Ich bin ein *Zima.* Seit fünfzig Jahren.«

»Das wusste ich nicht, *Baba*«, erwiderte ich überrascht.

»Wir Songhai offenbaren uns nicht jedem. Wir müssen einen Menschen erst kennenlernen. Wir müssen einem Menschen vertrauen, so wie ich dir vertraue, mein Sohn. Ich habe die Wahrheit in deiner Stimme gehört. Ich möchte, dass du mich kennenlernst.« Er hielt inne. »Geh und hol deine Maschine. Du musst sie öffnen und meine Geschichte erfahren und behalten.«

Ich lief aus Amadu *Zimas* Hütte zu meinem Gehöft, fand meinen Kassettenrekorder und hängte ihn über meine Schulter. Eigentlich war ich auf dem Weg zu einem anderen weisen Mann gewesen, doch das war jetzt nicht mehr so dringlich. Bevor ich zu Amadus Haus zurückkehrte, zog ich ein weites Oberhemd an – einen kleinen *Boubou* –, um das Aufnahmegerät zu verbergen, weil ich nicht die Neugier der Nachbarn wecken wollte.

Amadu *Zima* wartete, bis ich es mir bequem gemacht hatte, bevor er begann.

»Ich öffne dir mein Herz, Paul. In meinem Herzen ist nur Wahrheit. Ich wurde als Waisenkind auf der Insel Sinder im Land der Wogo geboren [eine Songhai-Bezeichnung für die ethnische Gruppe, die auf den Inseln des Nigers lebt]. Mein Vater starb, bevor ich geboren wurde, meine Mutter starb bei meiner Geburt. Mein Vater hatte keine Brüder auf Sinder, und die Familie meiner Mutter lebte weit entfernt. Also kümmerten sich die adeligen Familien von Sinder um mich, so wie sich ein Songhai-Krieger um seine Gefangenen kümmert. Ich bekam Essen, Kleidung und ein Dach über dem Kopf, aber meine Herren zwangen mich zu arbeiten. Als Kind arbeitete ich im Dorf. Als ich älter wurde, lernte ich Hirse und Reis anzubauen.

Die Jahre vergingen, und ich wuchs zu einem großen und kräftigen Mann heran. Bei der Arbeit auf dem Feld war ich unermüdlich. Aber ich wollte reisen. Deshalb verließ ich eines Tages mein Dorf und ging nach Westen. In einem der nächsten Dörfer machte ich Station und arbeitete ein paar Monate lang als Erntehelfer auf den Feldern. Dann zog ich weiter in das nächste Dorf. Schließlich erreichte ich das Dorf Aribinda.

In Aribinda traf ich einen Mann, der ein großes Feld besaß. Doch er war zu alt, um es zu bestellen, und seine Söhne hatten ihn verlassen, deshalb brauchte er einen kräftigen jungen Mann wie mich, um sein Land zu bewirtschaften. In jener ersten Saatzeit arbeitete ich hart für ihn. Bei Gott, ich habe mehr Ballen Hirse geerntet, als der alte Mann je gesehen hatte. Er bat mich, bei ihm zu bleiben. ›Ich mag dich‹, erklärte er mir. ›Ich möchte, dass du bei mir bleibst und mir mit den Feldern hilfst.‹ Ich blieb bei diesem alten Mann. Nach zwei Jahren erfuhr ich von den anderen Dorfbewohnern, dass er ein großer Zauberer war.

Die Bewohner von Aribinda sind Kurumba, musst du wissen. Sie sind große Erntezauberer; sie haben ein spezielles Wissen, wie man reichlich Hirse erntet.«

»Ich habe von Aribinda und dem Hirsezauber gehört«, sagte ich.

»Mein Verstand war jung und scharf«, fuhr Amadu *Zima* fort, »deshalb lernte ich die Sprache der Kurumba schnell. Der Mann und ich wurden wie Vater und Sohn. Ich war glücklich, bei diesem großen weisen Mann zu leben, der mich wie einen Sohn behandelte.

Sieben Jahre vergingen. Der große Zauberer fragte mich, ob ich seine Tochter heiraten würde. Sie war sehr schön, doch ich wollte sie nicht heiraten.

›Was willst du dann, mein Sohn?‹, fragte er mich.

›Das Einzige, was ich möchte, *Baba*, ist Zauberei.‹

Der alte Zauberer sagte, ich solle mit einem Säbel in die Mitte seines Feldes gehen. ›Wenn du einen Termitenhügel siehst, schneide ihn aus der Erde.‹ Das tat ich. Unter dem Termitenhügel verbarg sich ein großes Loch. Ich hörte etwas unter der Erde hervorkommen. Großer Gott! Es war eine Python, eine sehr lange Python! Mit meinem Säbel tötete ich sie und schnitt sie in sieben Stücke. Die steckte ich in einen Sack und kehrte zum Haus des alten Mannes zurück. Er lächelte und wies mich an, eine Woche lang jeden Tag eines der Stücke zu kochen. Sieben Tage lang röstete ich also jeweils ein Pythonstück für mein Mittagsmahl. ›Mit der Python in deinem Bauch‹, erklärte mein Lehrer mir, ›kannst du deine eigene Magie lernen. Ohne die Python in deinem Bauch hätten die Worte, die ich dir beibringe, keine Macht.‹ Der alte Mann lehrte mich alles, was er wusste. Dann trug er mir auf, meinen Weg zu gehen.

Ich wanderte nach Süden nach Borgou [eine Region im Norden Togos und in Benin]. Zwischen den Bäumen und den Gräsern der Steppe fand ich einen neuen Meister. Ich bestellte die Felder für ihn. Er beherbergte und kleidete mich. Er fragte nicht nach meiner Vergangenheit und nicht nach meiner Zukunft. Er sagte, er würde mich mögen; er wollte, dass ich bei ihm blieb. Nach sieben Jahren in Borgou verkündete ich meinen Plan, nach Niger zurückzukehren. ›Was möchtest du von mir haben, mein Sohn?‹, fragte er mich. ›Nichts‹, antwortete ich. Er bestand darauf, mir ein Geschenk zu geben. ›Sag mir, was du willst.‹ – ›Zauberei ist, was ich will.‹ Der alte Mann aus Borgou brachte mir vieles über Pflanzen bei. Er lehrte mich, Menschen von Dorf- und Buschkrankheiten [letztere werden von Geistern verursacht] zu heilen. Durch ihn lernte ich die vielen Pflanzen unseres Landes kennen.

Ich kehrte nach Niger zurück, doch ich hatte kein Zuhause und keine Familie. Ich ging nach Sangara, wo ich ein Jahr bei einem großen *Sohanci* lebte, der auch ein *Zima* war. Er sagte, er würde mich sehr mögen. Er sagte, mein Herz sei bereit, machtvolles Wissen zu empfangen. Er lehrte mich über die Songhai-Geister. Er lehrte mich, die Geisterkrankheit zu erkennen. Er lehrte mich, die Geisterkrankheit zu heilen. Ich lernte die Lobgedichte für die Geister. Nach einem Jahr wollte er, dass ich in Sangara blieb und mit ihm zusammenarbeitete. Aber ich fühlte mich wie ein Fremder. Ich verließ Sangara und wanderte nach Méhana.

In Méhana wurde ich der *Zima* der Gemeinde. Jedes Jahr opferte ich auf der Düne hinter dem Dorf einen Bullen für die Geister. Jedes Jahr segnete ich die Felder. Jedes Jahr organisierte ich Regentänze und den Tanz für die schwarzen Geister. Die Getreidespeicher füllten sich mit Hirse. Ich hatte viele Anhänger. Die Menschen in Méhana hießen mich willkommen. Man gab mir ein Gehöft, und ich baute dieses Haus. Ich heiratete meine erste Frau, die mir mein einziges Kind gebar, eine Tochter. Endlich hatte ich eine Familie. Die Menschen achteten mich. Die Menschen vertrauten mir. Ich wünschte mir einen Sohn, doch mein Samen keimte nicht noch einmal im Bauch meiner Frau. Ich war sehr traurig.

So diente ich den Menschen von Méhana Jahr für Jahr. Dann starb meine erste Frau. Und ich wurde von einer Krankheit befallen – mein Rücken schmerzt seitdem fürchterlich. Muslimische Prediger kamen nach Méhana und erzählten den Menschen, dass die alten Traditionen der Geister böse seien. Ich verlor Anhänger. Meine Krankheit machte mich schwach. Und so blieb ich auf meinem Gehöft. Menschen kamen nach wie vor, um sich ihren brennenden Magen oder ihren pochenden Kopf behandeln zu lassen. Einige suchten mich auf, damit ich mit der Kraft der Geister ihren Erfolg garantiere. Wohlhabende Männer bezahlten mich für meine Arbeit. Nach einiger Zeit hatte ich genug Geld, um ein weiteres Mal zu heiraten, doch meine zweite Frau war unfruchtbar. Ich habe mich nicht von ihr scheiden lassen. Sie kümmert sich gut um mich.

Heute besuchen mich nur noch wenige Menschen. Wenn sie kommen, setzen sie sich nie hin, um zu reden. Sie wollen Zauberei, einen Segen, medizinische Kräuter. Ich bin ein einsamer alter Mann.«

Amadu *Zima* und ich redeten Stunde um Stunde, solange ich in Méhana blieb. »Eigentlich wollte ich niemandem mein Leben erzählen«, beteuerte er häufig, »aber dir, Paul, erzähle ich mein Leben und meine Geheimnisse, weil ich dich mag. Und du magst mich. Du stellst Fragen. Du möchtest etwas über meine Tradition erfahren. Du bist wie der Sohn, den ich nie hatte.«

Irgendwie schaffte ich es, meine Tränen zurückzuhalten, während ich gleichzeitig dachte, dass ich einer solch tief empfundenen Zuneigung nicht würdig war. Alle Gedanken über die moralischen Widersprüche meiner Zeit als Zauberlehrling rückten in den Hintergrund. Warum sollte ich an Djibo denken, wenn ein so wunderbarer Mann mich ins Vertrauen gezogen hatte?

Amadu *Zima* präsentierte mir seine Variante der Songhai-Zauberei. Er sprach ausführlich über die Geister und lehrte mich neue Lobgesänge und Beschwörungsformeln. Und dann erzählte er mir von der Macht der *Horsos* [Sklaven].

»Du weißt, wer die *Horsos* waren?«

»Sie waren Sklaven.«

»Richtig. Ich bin auch ein *Horso*. Männer wie ich sind die Herrscher der Welt, Besitzer von Macht. Aber unsere Macht und unsere Worte sind anders als die der *Sohancis* und *Sorkos*. Wir haben zwei Formen der Macht.«

»Ja?«

»Wir können ein Dorf verschwinden lassen, und wir können einen Menschen für seine Mitmenschen unwiderstehlich machen.«

Amadu *Zima* erklärte mir, dass die *Horsos* in vorkolonialer Zeit ihre Dörfer vor den marodierenden Tuareg geschützt hatten, indem sie Harze verbrannten und dazu die passenden Beschwörungsformeln vortrugen. »Wenn die Tuareg kamen, zogen sie an unseren Dörfern vorbei. Sie konnten sie nicht sehen.«

»Sie konnten sie nicht sehen?«

»Bei Gott, das ist wahr.« Früher hatten die *Horsos* auch Harze für junge Adelige vorbereitet, erklärte Amadu *Zima*.

»Wenn ein Adeliger den Rauch dieser Harze inhaliert hatte, konnte man ihm die Stellung eines Dorfvorstehers nicht verwehren.« Er kramte eine Weile in seinen Sachen und gab mir ein kleines Säckchen. »Öffne es«, sagte er.

Das Säckchen enthielt eine braune Masse.

»Verbrenne es auf heißen Kohlen und atme den Rauch ein, Paul.«

»Und dann?»

»Dann wirst du ohne Furcht deinen Weg gehen.«

»Jeden Tag?«

»Nein, nein, nein. Nur zu großen Anlässen, wenn du vor vielen Menschen sprechen musst oder kurz bevor du in ein weit entferntes Land reist. Ich gebe es dir, weil ich dich sehr mag, sehr.«

Ich starrte auf den sandigen Boden der Hütte und wusste nicht, was ich sagen sollte. Wie ein Trottel griff ich in meine Tasche.

»Steck dein Geld wieder ein«, sagte er leise. »Du bist mein Sohn, und das ist mehr wert als alles Geld.«

32

Eine Einladung von Kassey

In der Junihitze besuchten nicht so viele Menschen den Markt wie in den kühlen Februartagen. Trotzdem kamen meine Freunde aus Loga und brachten Reis. Bella aus Lugi, Seruum und Mamasey brachten Hirse und Brennholz. Die Hausa-sprechenden *Sorkowa* (Fischer), Inhaber von motorisierten Einbäumen, boten auf dem Markt fangfrischen Fisch an. Tuareg, die in langen Roben und indigofarbenen Turbanen majestätisch auf ihren Kamelen thronten, kamen, um kunstvolle Lederarbeiten zu verkaufen: handgemachte Messerscheiden, Kamelsattel, Beutel und Taschen, die sie gegen Tee und Stoff eintauschten.

Rauch stieg von den Feuern auf, über denen die Hausa-Metzger frisch geschlachtete Schafe und Ziegen rösteten. Am späten Vormittag wimmelte es von Menschen. Ich kaufte frittierte Mehl- und Bohnenbällchen – meinen Lieblingssnack – und nahm sie mit nach Hause. Als ich die Bällchen aß, klatschte Idrissa vor meiner Tür.

»Ja, Idrissa?«

»Monsieur Paul, ein Mann aus Wanzerbe ist hier.«

Songhai-Weber
auf einem ländlichen Markt, 1982

»Aus Wanzerbe? Den weiten Weg aus Wanzerbe? Wozu?«

»Um dich zu sehen«, sagte Idrissa.

Der Mann war klein und sehr dünn und hatte wie Idrissa eine Narbe vom linken Augenwinkel bis auf die linke Wange – das Zeichen der Songhai.

»Die Menschen aus Wanzerbe schicken dir Grüße, Monsieur Paul«, verkündete der Mann.

»Gelobt sei Gott«, rief ich.

»Er hat etwas für dich«, schaltete Idrissa sich ein.

»Ja«, bestätigte der Mann und zog ein kleines Stoffsäckchen aus der Tasche.

Ich blickte auf das Säckchen. »Öffne es«, sagte ich.

Der Mann öffnete das Säckchen, das ein grünes Pulver enthielt. »Kassey hat mich geschickt, um dir das zu geben. Sie hat gesagt, wenn ich dich hier nicht finde, muss ich ihr das Pulver zurückbringen.«

Ich war verblüfft, denn ich hatte Kassey meinen Terminplan für dieses Jahr nicht geschrieben. »Woher wusste sie, dass ich heute in Méhana sein würde?«, fragte ich mich laut.

»Kassey weiß viel«, antwortete Idrissa lächelnd.

»Ja, sie weiß viel«, stimmte ich zu.

»Monsieur Paul«, unterbrach uns der Mann, »Kassey kennt dich sehr gut. Ich glaube, sie hat dich getroffen. Und ich glaube, sie hat dich gesehen.«

Ich schwieg.

»Kassey sagt, du musst das Pulver essen. Du kannst es in deinen Hirsebrei, Kaffee oder Tee geben.«

»Ist das alles?« Ich fragte mich, was diese plötzliche Großzügigkeit zu bedeuten hatte.

»Nein. Kassey sagt, dass du es erst essen darfst, wenn du in dein Land zurückgekehrt bist. Kassey sagt, es ist ein sehr besonderes Pulver. Fremde bezahlen mehr als fünfundsiebzigtausend Francs dafür. Sie hat gesagt, sie schenkt dir dieses Pulver, weil du ein guter Mensch bist, der unsere Tradition achtet und unsere Sprache spricht. Kassey hat auch gesagt, dass dieses Pulver dich vor Waffen, Kugeln, Unfällen und bösen Menschen schützen wird. Gott sei gelobt.«

»Ich danke Gott für Kasseys Geschenk. Und möge Gott dich auf deinem Heimweg nach Wanzerbe beschützen.« Ich wandte mich an Idrissa. »Wie lange dauert es, von hier nach Wanzerbe zu laufen?«

»Zwei Tage. Man läuft nachts. Tagsüber ist es zu heiß.«

Am nächsten Tag verabschiedete ich mich von Idrissa, Jitu und Alfaggah Abdoulaye. Djibo kam nicht, um Lebewohl zu sagen, worüber ich erleichtert war – keine weiteren Fragen, keine weiteren Lügen, kein Streit und kein Elend mehr. Ich wusste nicht, was ich von Kasseys Geschenk halten sollte. Warum hatte diese Frau, der ich nie begegnet war, mir ein Säckchen mit einem grünen Pulver geschickt? Warum hatte sie diesem armen Mann die Last eines hundertzwanzig Kilometer langen Lieferwegs aufgebürdet – zu Fuß! Das Pulver könnte ein Gift sein, überlegte ich. Oder eine halluzinogene Droge. Ich wollte es nicht zu mir nehmen, bevor ich nicht Adamu Jenitongo um Rat gefragt hatte. Nach meiner kurzzeitigen Lähmung in Wanzerbe weigerte ich mich, irgendetwas zu mir zu nehmen, das mir unter mysteriösen Umständen geschickt worden war. Ich bestieg ein Boot; die Strömung des großen Nigers erfasste uns und trieb uns stromabwärts nach Tillabéri.

Ich erreichte das Gehöft des *Sohancis* gegen Mittag. Nachdem ich seine Frauen und Besucher begrüßt hatte, bat ich ihn um eine Konsultation im Geisterhaus.

»Was ist, mein Sohn?«, wollte er begierig wissen.

Ich zog das Säckchen aus Wanzerbe aus der Tasche und öffnete es. Der *Sohanci* betrachtete es, steckte einen Zeigefinger hinein und probierte den Inhalt.

»Woher hast du das?«

»Warum fragst du, *Baba*?«

»Das ist *unser* Pulver. Das ist *Sohanci*-Pulver. Nur sehr wenige Menschen wissen davon; es ist sehr schwer erhältlich.« Er kostete erneut und streute sich eine Prise in den Mund. »Es ist unser Pulver, unser Pulver. Woher hast du das?«

Ich erzählte es ihm.

»Das hat Kassey dir aus Wanzerbe geschickt?«

Songhai-Sänger traditioneller Loblieder (frz. Griot), 1982

»Ja, sie hat gesagt, ich solle es erst essen, wenn ich wieder zu Hause bin. Aber ich wollte, dass du es vorher siehst.«

Ohne zu fragen, nahm der *Sohanci* eine leere Dose und füllte eine Portion von meinem Pulver hinein. »Das ist für mich. Den Rest musst du essen, wenn du nach Amerika zurückkehrst. Es wird dich vor Waffen, Kugeln und Unfällen schützen.«

Ich fragte ihn nach dem Namen des Pulvers.

»Pa, pa, pa, pap. Das kann ich dir nicht sagen. Aber es wird dich stark machen. Es wird dich vorwärtstragen. Es wird deinen Leib und deinen Schatten schützen.«

Ich war immer noch perplex. »Aber warum hat Kassey mir einen so mächtigen Zauber geschickt?«

»Das weißt du nicht?«

»Nein. Ich weiß es nicht.«

»Du weißt nicht, warum sie dir das Pulver geschickt hat?«, wiederholte der *Sohanci* verständnislos.

»Nein.«

»Ta, ta, ta. Kassey möchte dich sehen, wenn du das nächste Mal Niger besuchst.«

»Das Pulver ist Kasseys Art zu sagen, dass wir uns im nächsten Jahr treffen werden?«

»Das, mein Sohn, ist die weiße Wahrheit.«

IV

1982–83

33

Ein Vater und sein Sohn

Die kalte Jahreszeit: Die Hirsebauern füllten ihre Getreidespeicher, die Reisbauern ernteten ihren Reis. Mit ihrem Überschuss an Getreide strömten die Menschen zu den Märkten. Die Händler freuten sich, weil die Bauern jetzt Geld in den Taschen hatten, um Stoffe, Kolanüsse und Tee zu kaufen. Wer eine besonders gute Ernte eingebracht hatte, erwarb vielleicht sogar ein paar Ziegen und Schafe. Die Leute verließen ihre oft einsam gelegenen Gehöfte und besuchten weit entfernt lebende Verwandte. Junge Männer zog es auf der Suche nach Geld und Abenteuern aus den Dörfern nach Niamey, Lagos, Lomé oder Abidjan.

Adamu Jenitongo hingegen mied solche saisonalen Aktivitäten. Für ihn brachte die kalte Jahreszeit vor allem mehr Schmerzen. Die kalten Morgen- und Nachtwinde krochen in seine gebrechlichen Glieder. Von morgens bis abends ächzten seine Gelenke. Von morgens bis abends zitterte er vor Kälte. Er fürchtete sich vor dem Staub des allgegenwärtigen Harmattans, der seine Lungen verstopfte und ihn husten ließ. Er hatte Angst vor einer Erkältung, die sich zu einer Lungenentzündung auswachsen könnte, an der er womöglich sterben würde. Jeden Morgen stand er von seinem Lager auf und schürte ein Feuer aus Zweigen und Abfall. Jeden Tag saß er an diesem Feuer und wartete, dass die Sonne am Himmel höher stieg und ihre Strahlen die Schmerzen seines geplagten Körpers linderten.

Als ich im Winter 1982/83 nach Niger zurückkehrte, erfuhr ich, dass die Hirseernte gut gewesen war. Die meisten Menschen würden in diesem Jahr genug Essen haben. Wie üblich hatte ich die für meinen kurzen Aufenthalt notwendigen Papiere beantragt und erhalten. Ohne Dokumente der Ministerien für Höhere Bildung und Inneres wurde jeder Feldforscher im Schnellverfahren aus Niger ausgewiesen. So ausgestattet, brach ich eine Woche nach meiner Ankunft in Niger nach Tillabéri auf. Als erfahrener Reisender suchte ich mir einen Taxifahrer, der mich ohne großes Gewese nach Tillabéri brachte, sodass wir den Ort knapp zwei Stunden nach unserer Abfahrt erreichten – in Rekordzeit. Kaum war ich aus dem Taxi gestiegen, hörte ich Kinder rufen:

»*Anasara zima ka. Anasara zima ka.* [Der europäische Priester ist gekommen.]«

Ich reagierte nicht auf diese Begrüßungen, lächelte jedoch in mich hinein. Was immer das wert sein mochte, mein Ruf im Westen Nigers war gewachsen. In diesem Jahr kannten sogar Fremde in Niamey meinen Namen. Studenten der Universität, die wussten, dass ich bereits zweimal in Wanzerbe gewesen war, baten mich, das Gerücht zu bestätigen, dass ich ein Zauberer sei. Ich erklärte, ich sei lediglich Ethnologe. Das würden sie verstehen, erwiderten die Studenten mit einem Lächeln. Aber was verstanden sie? Wussten sie, dass ein Mensch auf dem Weg seinen Status gegenüber Fremden leugnen musste? Mein inneres Lächeln wurde zu einem Stirnrunzeln. Wenn ich meine Identität als »kleiner« Zauberer bestritt, konnte ich den Triumph meines exklusiven Status als Zauberlehrling nicht auskosten. Aber wenn ich meine Identität als Ethnologe bestritten hätte, hätte ich meine Existenz geleugnet – und mich auf eine Unaufrichtigkeit eingelassen, die Sartre den »*mauvaise foi*« [schlechten Glauben] genannt hat. Jeder Schritt auf dem Boden von Tillabéri war ein Schritt durch ein Feld ungeklärter moralischer Widersprüche.

Saadu, der trunksüchtige Vorsteher des Busbahnhofs, begrüßte mich lallend auf Französisch. Neben ihm stand ein großer Soldat in grüner Tarnkleidung, in dessen glattem Gesicht zwei wachsame Augen leuchteten. Sein riesiger Kopf schien direkt auf seinen massigen Schultern zu ruhen, und sein dicker Bauch ragte noch weiter heraus als sein breiter Brustkorb. Das war Djingarey. In der Stadt war er als *Sodje* bekannt. Er war selbst ein *Sorko*, der häufig Besessenheitstänze leitete, die auf Adamu Jenitongos Gehöft durchgeführt wurden. Djingarey hieß mich in Tillabéri willkommen, ohne nach meinen Papieren zu fragen.

»Wohnst du bei dem *Albora*?«

»Ja«, antwortete ich. Auf Songhai redete man einen mächtigen Älteren nie mit seinem Namen an. Manchmal nannte man ihn »*Baba*«, wie ich es tat. In anderen Fällen sprach man ihn als »*Albora*« an, was übersetzt »alter Mann« heißt.

Djingarey lud meine Sachen in seinen ramponierten Citroën und fuhr mich zu Adamu Jenitongos Gehöft. Als ich nach wenigen Minuten aus dem Wagen stieg, wurde ich sofort laut begrüßt.

»Paul ist gekommen. Paul ist gekommen«, rief Djemma.

Moru stürzte aus seiner Strohhütte. Djemma lief auf mich zu, genau wie Moussa Nya. Der *Sohanci* war noch in einer der Hütten.

»Hast du nicht gehört?«, rief Djemma noch einmal. »Dein Sohn ist gekommen. Paul ist zurück nach Tillabéri gekommen.«

Paul Stoller zu Gast bei
Adamu Jenitongo, Tillabéri,
Niger, 1982
FOTO: DAOUDA GODJI

»Paul! Gott sei gelobt!« Der alte Mann kam mit ausgebreiteten Armen auf mich zu.

»Wie steht es um deine Gesundheit, mein Sohn? Wie geht es deinen Leuten in Amerika?«

»Gott sei gelobt, Baba. Sie danken Gott für ihre Gesundheit. Und wie geht es deinem Haushalt?«

»Wir danken Gott für seine Gnade. Wir sind mit Gesundheit und Frieden gesegnet. Die Ernte war sehr gut. Moru hat in diesem Jahr viel Hirse eingebracht. Unsere Herzen sind leicht.«

»Möge Gott deinem Haushalt weiterhin Gesundheit und Glück bringen, *Baba*.«

Moru nahm meine Sachen und brachte sie in das Geisterhaus.

»Djemma«, rief der *Sohanci* seine Frau. »Bereite das Mittagessen vor. Koch Reis mit schwarzer Soße.« Er gab ihr Geld für die Gewürze. »Und kauf ein wenig Fleisch für die Soße.«

»Mit Sand kann man kein Fleisch und keine Soße kaufen«, erwiderte sie sarkastisch.

Der *Sohanci* gab ihr noch mehr Geld.

Bald nach meinem Eintreffen auf dem Gehöft fiel mir ein junges Fulani-Mädchen, Djebo, auf. Sie war schwanger, und ich fragte mich, warum sie nicht zu Hause bei ihrer Mutter war.

»Das ist eine lange Geschichte«, sagte der *Sohanci* zu mir, als wir vor dem Geisterhaus standen.

»Eine abscheuliche«, fügte Moussa Nya vor ihrer Hütte stehend hinzu. Genau wie Djemma machte sie ihrem Widerwillen häufig durch Sarkasmus Luft.

»Was ist los?«

Djebo sei starrköpfig und streitsüchtig, erklärte der *Sohanci*. Als sie noch zu Hause gelebt hatte, hatten die Streitereien mit ihrer Mutter dazu geführt, dass jene sich geweigert hatte, ihr beizubringen, wie man einen Haushalt führt. Schließlich musste Djebo wegen des Streits ihr Zuhause verlassen und war bei Moru eingezogen, ein schamloses Verhalten für ein unverheiratetes Mädchen. Moru galt als zu jung für die Ehe – die meisten Songhai-Männer heiraten nicht vor dreißig –, außerdem war er Musiker mit unregelmäßigem Einkommen. Wenn er Geld hatte, zerrann es ihm zwischen den Fingern, weil er immer ein offenes Herz für »Freunde« hatte. Moru und Djebo hatten den Haushalt des *Sohancis* sehr beschämt. Obwohl man von Bräuten bei ihrer ersten Hochzeit nicht erwartete, dass sie Jungfrauen waren, sollten sie es doch vermeiden, Schande über ihre Familie zu bringen. Der *Sohanci* hätte Djebo auffordern können zu gehen, doch das tat er nicht. Wie ironisch, dachte ich, in der Welt der anderen war der *Sohanci* ein starker Mann, doch zu Hause fehlte ihm die Macht sich durchzusetzen.

»Es ist schlimm genug, dass Moru die Frau, mit der er zusammenlebt, nicht geheiratet hat«, klagte er. »Aber diese Frau ist auch noch eine Fremde, eine Fulani-Frau – eine sture Fulani-Frau zudem!«

Irgendwann war Djebo schwanger geworden. Mittlerweile konnten alle Nachbarn sehen, dass Moru und Djebo in Sünde gelebt hatten. Was sollte man tun? Eine Möglichkeit war eine Abtreibung, eine seit langer Zeit bestehende, unter den Songhai jedoch unbeliebte Praxis. Man könnte Djebo nach Hause schicken, damit sie ihr »vaterloses« Kind dort zur Welt brachte, die übliche Songhai-Lösung. Die letzte Option war natürlich eine Heirat.

Niemand wollte eine Abtreibung. Moru wollte seine große Liebe heiraten. Der *Sohanci*, Moussa Nya und Djemma jedoch wollten, dass das schwangere Mädchen zu seiner Mutter zurückkehrte.

»Mein Sohn, was würdest du mit ihr machen?«

»Du fragst mich?« Ich war in eine Songhai-Seifenoper geraten.

»Moru sollte eine Songhai-Frau heiraten«, erklärte der *Sohanci*. »Er sollte ein Mädchen aus unserer Heimat bei Simiri heiraten. Wenn er eine Frau aus unserem Volk heiratet, werden alle glücklich sein. Meinst du nicht auch?«

»Ja«, pflichtete ich ihm bei und verbarg meine Verlegenheit.

Moru musste unser Gespräch in seiner Hütte mitgehört haben, denn er kam herausgerannt, um uns zu widersprechen.

»Und was ist mit mir, *Baba*? Fragt niemand mich, Moru, nach meinen Gefühlen? Ich möchte Djebo heiraten. Ich möchte, dass sie mein Kind bekommt.«

Der *Sohanci* schnaubte wütend. »Heiraten! Erst bringst du diese Fulani-Frau auf mein Gehöft. Dann schwängerst du sie, und jetzt willst du die nutzlose Schlampe auch noch heiraten.« Der *Sohanci* wandte sich mir zu. »Paul, was ist aus der Welt geworden? Die jungen Leute haben keinen Respekt mehr.« Er wandte sich wieder an Moru. »Du lebst in meinem Haushalt, du isst mein Essen, du lernst durch mich unser kulturelles Erbe kennen, aber du hast kein Herz und keinen Verstand. Du bist noch ein Kind.«

»Nein, nein, *Baba*.« Moru sah mich an. »Paul, kannst du dem alten Starrkopf nicht ein bisschen Vernunft beibringen? Sag ihm, wie sich das Herz eines jungen Mannes nach einer Frau sehnt. Sag es ihm!«

»Was soll ich ihm sagen, Moru?«

»Sag ihm, dass ich recht habe, dass ich Djeba heiraten sollte.«

Ich kam mir vor wie der sprichwörtliche Rabbi, als ich Moru und dem *Sohanci* erklärte, dass sie beide recht hatten. Was sollte ich sonst machen? Ich konnte weder die Tradition leugnen noch die Realitäten des modernen Nigers ignorieren.

Moru stürmte wütend zurück in seine Hütte. Djemma kam mit dem Fleisch und den Gewürzen zurück. Moussa Nya, ihre Mit-Ehefrau, berichtete ihr von dem jüngsten Streit. Djemma sah mich an.

»Paul, findest du nicht, dass es verkehrt ist, dass eine Fulani-Frau hier ist? Schau sie an«, sagte sie laut und fuchtelte mit den Armen in Richtung des Mädchens, das auf der Schwelle von Morus Hütte saß. »Sie ist schwanger, und sie ist hier bei uns. Schwangere Frauen müssen bei ihren Müttern leben, damit sie gesunde Babys zur Welt bringen. Tut diese wertlose Fulani-Frau das? Nein! Sie sitzt da. Sie folgt Moru zu Besessenheitstänzen. Manchmal geht sie stundenlang zu Fuß – sie und das Baby in ihrem Bauch.«

»Ist das schlecht?«, fragte ich Djemma.

»Man sagt, eine Frau, die mit einem Baby im Bauch herumläuft, wird ein Monsterkind zur Welt bringen. Diese nutzlose Fulani-Frau gebiert ein Monster. Da bin ich sicher.«

»Sie sollte bei ihrer Mutter sein«, wiederholte Moussa Nya.

»Was denkst du?«, fragte Djemma und fokussierte mit kaltem Blick meine Augen.

»Ja«, stimmte ich zu. »Djebo sollte bei ihrer Mutter sein.«

Am nächsten Morgen, dem zweiten Tag auf dem Gehöft des *Sohancis*, erwachte ich im Morgengrauen. Die Morgenkälte war durch den dicken Wollpullover gekrochen, den ich im Bett getragen hatte, und ich lag zitternd auf meiner Strohmatte. Von meinem Lager aus sah ich, wie der *Sohanci* sich über seine Strohmatte auf der anderen Seite der Hütte beugte. In der rechten Hand hatte er einen dicken Holzknüppel. Als er bemerkte, dass ich wach war, legte er den Zeigefinger auf seine geschürzten Lippen. »Psst.«

»Was ist los?«

»Psst.« Langsam hob er ein Ende der Strohmatte an und enthüllte eine schlafende Schlange. Rasch zertrümmerte er mit dem Knüppel ihren Kopf. »Erledigt. Ich habe sie getötet«, sagte er stolz.

»Eine Schlange?«

»Ja, eine Schlange. Wir nennen sie ›Hirseschmerz‹ [eine Viper]. Ihr Biss kann ein Kind töten und Erwachsenen große Schmerzen bereiten. Manchmal kann er auch einen Mann töten.«

»Ach ja?«

»Aber ich habe eine Medizin dagegen. Die Medizin ist sehr wirkungsvoll.«

»Das ist gut.«

»Kein Grund zur Sorge.« Er setzte sich auf die Matte. »Die Schlange war die ganze Nacht unter meiner Decke, weißt du. Heute Morgen habe ich gespürt, wie sich unter mir etwas bewegt hat, und gedacht, es könnte eine Schlange sein«, sagte er glucksend, »und bei Gott es war eine.« Er hob die tote Schlange hoch. »Schau sie dir an. Nun schau sie dir an.«

»Das mache ich. Das mache ich.«

»*Pa, pa, pa, pa, pap*. Noch eine Schlange, Paul. Noch eine.«

»Wie oft kommen Schlangen hier herein, *Baba*?«

»Ständig. Vipern, Kobras. Aber die schlimmsten Schlangen wie die *Gezema* [Naja senegalensis] bleiben im Busch. Es gibt schlechte Menschen auf der Welt, Paul. Man muss immer vor bösen Menschen gefeit sein. Ich habe in diesem Jahr schon drei- oder viermal Schlangen unter meiner Matte gefunden. Das ist kein Zufall, mein Sohn.«

»Dann muss es Zauberei sein.«

»So ist es. Es gibt Menschen, die mir Böses wünschen und die die Bewegungen einiger Schlangen steuern können. Aber ich bin zu mächtig für sie.«

»Wer sind diese Menschen, *Baba*?«

»Einige geben vor, meine Freunde zu sein, doch ich kenne ihre Herzen. Sie werden dafür bezahlen.«

Inzwischen wusste ich eine Menge darüber, wie Menschen für ihre Taten zu bezahlen hatten. Die Bemerkung des *Sohancis* erinnerte mich an den Ernst und die potenzielle Gefahr meiner Lehre. In Ayoru hatte ich meine Angst überwunden, in Wanzerbe meine Lähmung, doch ich stand noch am Anfang meines Weges. Man musste seiner Feinde jederzeit gewahr sein. Könnte jemand eine Viper geschickt haben, um mich zu beißen? In diesem Moment verschmolzen all meine vagen Ideen zu einem akuten Bewusstsein für die Gefahr, in der ein Zauberer sich jederzeit befand. Er ist sowohl Jäger als auch Gejagter in einer Welt voller Menschen, die nach Macht streben und es genießen, ihre Rivalen zu vernichten, egal was ihre Triumphe kosten. Was für eine schreckliche Welt, von der ich ein Teil geworden war. Und ich stand erst am Anfang meiner Lehre.

Moru trug die tote Viper weg. Wir setzten uns auf eine Matte vor der Geisterhütte und wärmten uns in der Sonne. Der *Sohanci* verkündete, dass er am nächsten Tag *Kusu* für mich bereiten würde. Er wollte, dass ich meinen Weg mit Kraft weitergehen konnte.

»Aber ich habe schon *Kusu* gegessen, *Baba*.«

»Wann?«

Ich beschrieb das spezielle Mahl, das Djibo und sein Vater Mounmouni Koda 1977 für mich gekocht hatten.

»Das war bloß *Sorko-Kusu*«, sagte der *Sohanci*. »Um deinem Weg zu folgen, brauchst du *Sohanci-Kusu*, mein Sohn, Sonni Ali Bers Speise.«

Am nächsten Morgen saßen der *Sohanci* und ich im Geisterhaus.

»Sitze, schaue, höre zu«, befahl er.

Der *Sohanci* malte einen fünfzackigen Stern in den sandigen Boden der Hütte. Dann kramte er eine Weile zwischen seinen Ritualgegenständen herum, bis er ein schwarzes Tongefäß gefunden hatte, das er in die Mitte des fünfzackigen Sterns stellte. Er füllte eine Blechdose mit Wasser aus einem der Krüge hinter sich und goss ein wenig davon in das schwarze Gefäß.

»Wir werden jetzt mit unserer Arbeit beginnen.«

Aus seinem Beutel nahm er sieben Stoffsäckchen und öffnete sie. Mit Daumen und Zeigefinger streute er jeweils drei Prisen von jedem Pulver auf die Wasseroberfläche.

»*Pa, pa, pa, pa, pap.* Das wird gut, mein Sohn. Es wird dich sehr, sehr weit tragen.«

»Gott sei gelobt«, sagte ich.

Er legte den Zeigefinger der linken Hand auf den Rand des schwarzen Gefäßes und trug seine Beschwörungsformeln vor. Ich erkannte ein Lobgedicht für Nya Beri, eine Anrufung an Dongo, die Gottheit des Donners, und das mächtige *Genji how*, aber mehr nicht.

»Die Arbeit ist erledigt, mein Sohn. Warte hier, bis das *Kusu* zum Verzehr bereit ist.« Er nahm das Gefäß und brachte es in Djemmas Hütte, wo er die Paste der Macht kochte. Von meinem Platz am Eingang der Geisterhütte beobachtete ich, wie der *Sohanci* mein *Kusu* bereitete. Während ich hoffte, dass der Verzehr meine persönliche Macht vergrößern würde, vermied ich alle Gedanken daran, was das Ganze zu meinem Forschungsvorhaben beitragen könnte. Selbst wenn ich alle Zutaten kennen würde, was nicht der Fall war, würde mein Gewissen mir gebieten, das Rezept geheim zu halten. Adamu Jenitongo hatte für mich, eine in meiner eigenen Gesellschaft relativ unbedeutende Person, ein Festmahl der Macht bereitet, und ich war noch nicht willensstark genug, seine verlockenden Angebote, mich mächtig zu machen, zurückzuweisen. Außerdem dachte ich über das mysteriöse *Kusu* nach. Würde ich etwas spüren, wenn ich es aß? Würde es mich in eine andere Dimension, eine andere Welt katapultieren? War dieses *Kusu* womöglich eine weitere Prüfung? Konnte ein Mensch an seinem Verzehr sterben?

Der *Sohanci* kehrte mit der schwarzen Schüssel und einem Holzlöffel zur Hütte zurück. »Iss alles auf und möge Gott gelobt sein.«

In der Schüssel war ein Klumpen grüner Paste, den ich nur mühsam schlucken konnte. Nach drei Löffeln war ich pappsatt. Mein Magen blähte sich. Der *Sohanci* beobachtete mich lächelnd.

»Weiter. Iss, mein Sohn, iss«, drängte er.

Ich aß und aß, ohne zu wissen, wie ich das *Kusu* herunterbekommen sollte. Ich hustete und beugte mich vor, um mich zu übergeben.

»Du darfst dich nicht übergeben. Lass das *Kusu* in deinen Bauch sinken. Dort wird es bald schlafen.«

Als ich das *Kusu* aufgegessen hatte, konnte ich mich nicht mehr rühren. Ich konnte meinen Bauch nicht einziehen. »Ich fühle mich schrecklich«, klagte ich dem *Sohanci*. »Ich möchte mich übergeben.«

»Du darfst dich nicht übergeben, mein Sohn. Lehne den Kopf an den Pfosten der Hütte und ruhe dich aus. Ich komme später wieder.«

Der *Sohanci* ging, und ich lehnte den Kopf an den Mittelpfosten des Geisterhauses. Djemma kam, um nach mir zu sehen.

»Schau dir meinen Bauch an. Schau ihn dir an. Es ist schrecklich.«

»Nein«, widersprach Djemma, »es ist gut. Das *Kusu* lässt den Bauch immer anschwellen. Wenn der Bauch nicht anschwillt, taugt das *Kusu* nichts. Sei geduldig, Paul. Wenn das *Kusu* einschläft, wird dein Bauch wieder flach.«

Djemma ließ mich mit meinem Elend allein. Zum Mittagessen brachte der *Sohanci* einen großen Topf Reis mit Gumbo-Soße, den er vor mich stellte.

»Hast du Hunger, mein Sohn?«

»Hunger! Bei Gott, machst du Scherze?«

»*Pa, pa, pa, pa, pap*. Ein junger Mann muss essen.«

»Guck dir meinen Bauch an. Er ist vor lauter Blähungen angeschwollen.«

Der *Sohanci* betrachtete meinen Bauch. »So ist es, mein Sohn. So ist es. Das ist gut, sehr gut.«

Er hatte gut reden, dachte ich. »Nimm das weg, *Baba*. Ich kann nichts mehr essen.«

Er nahm den Topf Reis wieder mit.

Ich schlief ein und wachte mit Bauchschmerzen auf.

Dem Licht nach zu urteilen, war es später Nachmittag. In meinem Bauch rumorte es weiter. »Oh nein«, dachte ich, »erst Übelkeit und Blähungen und jetzt Durchfall.« Ich stand auf, stürzte aus dem Geisterhaus und rannte auf der Suche nach einem Baum, der groß genug war, um mir etwas Privatsphäre zu bieten, in den Busch. Als meine gastrische Explosion in den Sand spritzte, hörte ich Lachen. Waren meine Beschwerden so komisch?

Offensichtlich, denn als ich auf das Gehöft zurückkam, begrüßten der *Sohanci*, Djemma, Moussa Nya und Moru mich mit Gelächter. »Hattest du einen netten Spaziergang bis hinters Dorf, Paul? Wie lange hat es gedauert, bis du die richtige Stelle gefunden hast?«

»Was soll das alles?«, fragte ich.

»Weißt du das nicht, Paul?«, erwiderte Moru.

»Was soll ich wissen?«

»Weißt du nicht, dass jeder, der unser *Kusu* isst, in den Busch rennt? Jeder!«, betonte Moru.

An jenem Abend rannte ich siebenmal in den Busch, am nächsten Tag achtmal. Am dritten Tag fühlte ich mich allmählich besser. Am vierten Tag kehrte mein Appetit zurück. Mit herzhaftem Hunger aß ich zwei Mahlzeiten mit Reis und Soße. Aber danach kehrte mein Durchfall mit voller Wucht zurück und dauerte den fünften und den sechsten Tag an. Sieben Tage nach dem Verzehr des *Kusu* normalisierte sich meine Verdauung wieder.

»Wunderbar, mein Sohn«, verkündete der *Sohanci*. »Das *Kusu* hat angesetzt. Es schläft jetzt in deinem Bauch, wo es für den Rest deines Lebens bleiben wird. Von nun an bis zu deinem Tod wirst du immer ein harter Mann sein.«

34

Fatouma

Nach einer Woche in Tillabéri reiste ich nach Méhana. Meine Ankunft löste zunächst einen spärlichen Fluss von Besuchern aus, der aber schnell zu einem Strom anschwoll. Ein junges Mädchen mit einem von Kinderlähmung verkrüppelten Bein führte ihre blinde Mutter zu meinem Gehöft. Ich gab ihnen ein Geschenk. Ein Mann, dessen linker Fuß von einer Entzündung so angeschwollen war, dass er aussah wie ein Amboss, humpelte an einer Krücke auf meinen Hof. Ich gab ihm ein Geschenk und ermahnte ihn, das Geld zu benutzen, um nach Niamey zu fahren, damit seine Elefantiasis behandelt wurde. Eine Mutter brachte ihr skelettartiges Dreijähriges zu mir. Sie hatte versucht, das Kind zu nähren, doch es weigerte sich zu essen. Ich gab ihr ein wenig Geld und schlug vor, dass sie die Schwester in der örtlichen Krankenstation konsultierte. Meine fiktiven Verwandten kamen, um mich zu begrüßen. Einige meiner »Mütter« brachten Töpfe mit dampfendem Essen, damit ihr müder »Sohn« sich von den Strapazen der Reise erholen konnte. Ich schenkte ihnen Stoff und Seife. Meine fiktiven »Väter« kamen und begrüßten mich mit Lobgedichten. Ich schenkte ihnen billige Digitaluhren und Geld. Die Prozession schien endlos. In seinem eigenen Interesse verscheuchte Idrissa irgendwann die verbliebenen Menschen und schloss das Tor zu meinem Gehöft. Wir aßen mit großem Appetit.

»Idrissa, in diesem Jahr fahren wir nach Wanzerbe.«

»Gott sei gelobt.«

»Am Samstag fahren wir nach Ayoru, gehen am Sonntag auf den Markt und nehmen am Nachmittag einen Lkw nach Wanzerbe.«

»Ich danke im Namen Gottes, Monsieur Paul. Mein Kind ist bei seiner Großmutter in Wanzerbe. Ich habe die Kleine seit acht Monaten nicht gesehen.«

Am nächsten Tag beobachtete ich interessiert den Aufbau des Marktes in Méhana. Am frühen Morgen schlachtete Mamadu, einer der Imame, etliche Tiere: Kühe, Schafe und Ziegen. Die Metzger häuteten die Tiere und schnitten die Kühe in große Stücke. Sie heuerten junge Männer an, damit sie die Stücke zu ihren Ständen brachten. Gehäutete Ziegen und Schafe trugen die Jungen als Ganzes auf dem Rücken.

Als der Markt sich mit Staub, Rauch, Lärm und Menschen füllte, machte ich einen kleinen Spaziergang, kaufte Bohnenbällchen und besuchte die Ladenbesitzer. Frauen zeigten mir ihre Matten aus geflochtenen Palmwedeln. Männer forderten mich auf, Zucker und Süßigkeiten zu kaufen. Ich lehnte höflich ab und ging nach Süden zu der Ecke mit den Gewürzen, wo ich Fatouma hinter ihrer Warenauswahl aus getrockneten Okras und Gemüse antraf. Ihre großen Augen leuchteten auf, als sie mich sah.

»Hallo, Fatouma. Wie steht es um deine Gesundheit? Und wie ist die Gesundheit deiner Familie?«

»Wir danken alle Gott. Und du, Paul?«

»Gott ist groß. Er sorgt für die Menschen in Amerika.«

Ich hatte Fatouma 1976 in meinem ersten Jahr in Méhana kennengelernt. Sie lebte zusammen mit anderen Frauen auf einem Gehöft im Zerma-Viertel von Méhana. Wenn ich Fatouma besuchte, hatte sie häufig von den Schrecken ihrer vier Ehen berichtet. Ihre Ehemänner waren grausam gewesen. Der erste hatte sie regelmäßig geschlagen; der zweite hatte sie mit Zigaretten verbrannt, während sie schlief; der dritte hatte sie in der Öffentlichkeit gedemütigt; und der vierte hatte ihr kein Essen gegeben. Warum Fatouma mir von diesem Grauen erzählte, wusste ich nicht. Sie redete, und ich hörte zu.

»Was kostet ein Kürbis?«, fragte ich.

»Fünfundzwanzig Francs pro Stück.«

Ich gab ihr eine Fünfzig-Francs-Münze.

Sie suchte zwischen den Münzen auf ihrer Strohmatte nach Wechselgeld.

»Behalte es, Fatouma. Kauf dir heute auf dem Markt ein paar zusätzliche Gewürze.«

Fatouma machte mir ein Zeichen, näher zu kommen. »Seit ich dich kenne, hast du dich um mich gekümmert. Wenn ich geredet habe, hast du zugehört. Wenn du Geld hattest, hast du mir welches gegeben.« Sie zögerte. »Kannst du heute noch eine Sache für mich tun?«

»Was immer du sagst.«

»Kauf ein Fläschchen Duftöl und bring es am späten Nachmittag zu meinem Gehöft.«

»Wozu?«, fragte ich.

»Frag nicht wozu, bring einfach das Duftöl mit.«

An jenem Nachmittag kaufte ich ein Fläschchen *Bint al Hadasch* und brachte es zu Fatouma. Sie saß auf einer ausgefransten Matte im Schatten ihrer Strohhütte. Wir begrüßten uns.

»Hast du das Duftöl mitgebracht?«, fragte sie.

Ich gab ihr das Fläschchen.

»Du hast das falsche Duftöl mitgebracht!«

»Was?«

»Du hast das falsche Duftöl mitgebracht. Du hättest *Bint al Sudan* besorgen sollen, nicht *Bint al Hadasch*.«

»Was weiß ich von Duftölen?«

»Nicht viel«, räumte sie ein. »Ich bin nicht sicher, ob er mit diesem Duftöl zufrieden sein wird.«

»Er?«

»Ich weiß nicht, ob ich dieses Duftöl in mein *Baata* füllen sollte.«

»Du hast ein *Baata*?!«

»Ja. Ich bringe ständig Opfer dar.«

»Ich wusste nicht, dass du eine Zauberin bist. Ich kenne dich seit sieben Jahren, und du hast mir nichts von deinem *Baata* erzählt.«

Sie lachte. »Wir Songhai erzählen anderen nicht gern etwas über uns selbst. Wir haben viel geredet, du und ich, aber ich habe wenig gesagt. Du warst freundlich, und du hast mich um nichts gebeten. Heute ist der richtige Moment, um mich dir zu offenbaren. Ich bin, wie du sagst, eine Zauberin, und ich lese die Kaurimuscheln. Mein Vater hat mir die Gabe gegeben, die Muscheln zu deuten.«

»Im Namen Gottes!«

Fatouma stand auf und ging zur Tür der Hütte. »Folge mir, Paul. Komm in meine Hütte.« Ich folgte ihr nach drinnen. Auf einem primitiven Holztisch türmten sich bemalte Metallpfannen. Dem Tisch gegenüber stand Fatoumas antikes Bett. Darunter zog sie eine lange rechteckige Dose hervor - ihr *Baata*. Ein süßes Aroma erfüllte den Raum, als sie den Deckel der Dose öffnete. Sie stellte das Fläschchen, das ich mitgebracht hatte, zu den anderen in der Dose - es war das Einzige seiner Art -, schloss den Deckel und stellte die Dose neben dem zentralen Pfosten der Hütte in den Sand. Dann setzten wir uns wieder vor der Hütte hin.

Fatouma runzelte die Stirn. »Dieses *Bint al Hadasch* gefällt mir nicht in seiner Dose.«

»Wessen Dose?«

Fatouma zeigte zum Himmel.

»Meinst du Dongo?«

»Ja, es ist seine Dose.« Fatouma blickte sich immer wieder zu ihrer Hütte um. »Es gefällt mir nicht.«

Wir gingen zurück in die Hütte und knieten uns auf den Boden. Langsam öffnete Fatouma das *Baata.*

»Oh! Oh!«

Sie zeigte mir die Dose. Das Fläschchen, das ich mitgebracht hatte, war in kleine Scherben zerbrochen. Und ich roch seltsamerweise nichts.

»Habe ich es dir nicht gesagt, Paul. Er hat dein Opfer nicht angenommen. Geh und besorg *Bint al Sudan.*«

Ich eilte zum Markt, kaufte in Larabus Laden ein Fläschchen *Bint al Sudan* und lief zurück zu Fatouma. Das Licht des späten Nachmittags tauchte die Lehmziegelmauer um das Gehöft in ein dunkles Orange. Ich fand mich in einer Staubwolke wieder, die von Vieh auf dem Rückweg vom Markt aufgewirbelt worden war. Fatouma saß im Schatten auf ihrer Strohmatte. »Zeig es mir«, befahl sie.

Ich präsentierte ihr das Fläschchen.

»Das ist gut.« In ihrer Hütte wiederholte sie die Prozedur mit dem Fläschchen und dem *Baata* und setzte sich dann auf die Strohmatte vor dem Eingang. Sie nahm ihre Kaurimuscheln, schüttelte sie in ihren Händen und murmelte leise eine Beschwörungsformel. Sie atmete tief ein. »Riechst du das?«

»Was soll ich riechen?«

»Atme tief ein.«

Das tat ich und wurde von dem schweren süßen Aroma des *Bint al Sudan* überwältigt, das unvermittelt in der Luft hing.

»Er hat dein Opfer angenommen«, sagte Fatouma lächelnd. Sie warf die sieben Kaurimuscheln in ihrer Hand. »Siehst du«, sagte sie und zeigte auf die Konstellation, »er hat dich angenommen und mich angewiesen, dir beizubringen, wie man die Muscheln liest.«

Als der *Sohanci* mir vor eineinhalb Jahren seherische Kraft gegeben hatte, hatte er gesagt: »Du wirst einen Weg finden, die Muscheln zu lesen.« Nun staunte ich, dass Fatouma sich mir, einem Weißen, offenbart hatte. Ich konnte mein Glück kaum fassen und nur mühsam an mich halten.

»Das ist wundervoll, Fatouma«, sagte ich.

»Nein, ist es nicht«, widersprach sie. »Die Muscheln zu lesen ist ernst und gefährlich. Es ist eine Bürde, einem Menschen zu sagen, dass er sterben wird.«

Ich stimmte ihr zu.

»Wir werden nicht jetzt beginnen, Paul.«

»Warum nicht?«

»Weil die Zeit nicht richtig ist.«

»Wann werden wir dann anfangen?«

»Ein paar Sachen zeige ich dir morgen, aber richtig zu lernen beginnen wir, wenn du im nächsten Jahr nach Méhana zurückkommen wirst.«

»Im nächsten Jahr?«

»Ja. Ich habe in den Muscheln gesehen, dass du im nächsten Jahr zurückkommst. Dann fangen wir an, die Muscheln zu studieren.«

35

Kassey

Idrissa weckte mich am frühen Morgen. In der Nacht zuvor waren wir nach zweitägiger Reise in Wanzerbe angekommen und hatten uns in Idrissas Haus ein Lager bereitet. Siidi, Idrissas Halbbruder, war auch zwei Jahre später immer noch in der Elfenbeinküste, wo er in den Straßen von Abidjan Uhren verkaufte.

»Ist Kassey in der Stadt?«, fragte ich Idrissa.

»Ja, ist sie, Monsieur Paul. Sie möchte dich treffen.«

»Endlich«, sagte ich seufzend.

Idrissas Nachbarn kamen, um uns zu begrüßen, darunter auch ein Kind, der Sohn von Mossi Sirfi, dem lokalen *Guunu* (Beschneider). Der Junge richtete uns aus, dass sein Vater, Idrissas Onkel, ein wenig Kaffee wünschte.

»Sag ihm«, erwiderte ich, »dass ich ihm gleich welchen schicken lasse.«

Ich setzte auf meinem Camping-Kocher einen Topf Wasser auf und gab Nescafé hinzu. Derweil kamen weitere Leute vorbei und begrüßten uns. Als der Kaffee fertig war, gab ich Mossi Sirfis Sohn einen Becher voll.

Ein anderes Kind brachte ein Tablett mit frittierten Hirsebratlingen, die wir mit großem Appetit aßen. »Wann werden wir Kassey besuchen?«, fragte ich Idrissa.

»Gehen wir.«

Ich hängte meinen Kassettenrekorder über die Schulter.

»Lass das hier. Keine Maschine.«

Ich packte den Kassettenrekorder wieder weg, und wir verließen das Gehöft und folgten den engen Wegen, die die von Mauern umgebenen Grundstücke des Viertels Karia voneinander trennten.

Wir stapften den sandigen Abhang zum Marktbereich hinunter und kamen an der Freitagsmoschee im Schatten eines fünfundzwanzig Meter hohen Gao-Baums vorbei. Wir erreichten die Kreuzung zweier Straßen, die von Lkw-Reifenspuren gezeichnet waren. Die Spuren nach Westen führten nach Markoye in Obervolta, wie Burkina Faso damals hieß. Die Spuren nach Südwesten führten nach Dolbel an der Grenze zwischen Niger und Obervolta. Dunguris Gehöft lag ein Stück die Düne hinauf, aber auf Idrissas Warnung hin hatte ich beschlossen, sie in diesem Jahr nicht zu besuchen. Kasseys Gehöft lag an der Ecke der Kreuzung. Ich wandte mich ihrem Haus zu, doch Idrissa hielt mich zurück.

»Sie ist nicht auf ihrem Gehöft«, sagte er.

»Wo ist sie denn?«

Idrissa zeigte auf eine kleine plumpe Frau, die Dung zum Trocknen ausbreitete.

»Das ist die berühmte Kassey?«, fragte ich.

»Das ist meine Mutter.«

Wir näherten uns der alten Frau, die nicht größer als ein Meter fünfzig sein konnte. Idrissa blieb abrupt stehen und begrüßte sie aus der Distanz. Sie richtete sich auf und starrte mich an, als ich auf sie zukam. Idrissa pries ihre Größe. Nachdem Kassey ihre rechte Hand an ihrem verblichenen Rock aus bunt bedrucktem Stoff abgewischt hatte, ergriff ich sie und verbeugte mich, um ihr meinen Respekt zu erweisen.

»Meine Mutter, ich grüße dich und frage nach deiner Gesundheit.«

»Mein Sohn, ich grüße dich und bete für deine Gesundheit und deinen Wohlstand.«

»Meine Mutter, seit sieben Jahren versuche ich, dich zu treffen«, fuhr ich fort.

»Ich weiß, mein Sohn, und du warst geduldig. Wer im Leben geduldig ist, wird belohnt, oder nicht?«

»So ist es«, bestätigte ich.

»Gut.« Sie warf einen Blick auf den Dung, den sie ausgebreitet hatte. »Ich habe noch in meinem Garten zu arbeiten. Komm heute Abend zu meinem Haus. Dann reden wir.«

Wir überließen sie ihrer Arbeit. Kassey war eine mächtige und selbstbewusste Frau in einer von Männern dominierten Gesellschaft. In der Zauberei war sie unerreicht, denn wie die Songhai sagen: Wenn eine Frau Erfolg in der Zauberei hat, ist ihr Weg sehr viel machtvoller als der eines Mannes. Für Talismane und Amulette konnte Kassey umgerechnet hundert Dollar verlangen, eine Summe, die das Jahreseinkommen der meisten Menschen überstieg. Natürlich stellte niemand ihren Preis infrage und aus Angst vor den Folgen weigerte sich auch nie jemand zu bezahlen. Aber Zauberei war nicht alles in Kasseys Welt. Sie war eine eifrige Gärtnerin, die ihre Produkte auf lokalen Märkten verkaufte. Wie viele andere Frauen in Wanzerbe pflanzte sie Möhren, Rettich, Salat, Maniok, Gurken und Kartoffeln an. Ihr Gartengrundstück war mit Abstand das größte. Von November bis März ging sie frühmorgens aus dem Haus, um den ganzen Tag in ihrem Garten zu arbeiten. Sie bestellte den großen Garten nicht allein. Ihre Söhne arbeiteten für sie. Außerdem gab es immer ein oder zwei Fremde, die als Gegenleistung für ein paar ihrer Geheimnisse – eine Beschwörungsformel oder Wissen über Pflanzen – mit anpackten. Fischen war eine weitere von Kasseys Leidenschaften. Sie hatte ein Kanu mit einem Metallrumpf, das auf dem sandigen, ausgetrockneten Bett des Flusses Garoul lag, der nur während der Regenzeit Wasser führte. Wenn die Umstände es erlaubten, reiste sie in ihrem Boot zu anderen Dörfern entlang des Flusses. Ihre Söhne und Arbeiter benutzten das Boot zum Fischen. Durch ihre Gärtnerei, das Fischen und die Zauberei war Kassey eine wohlhabende Frau in einer Gesellschaft geworden, in der für gewöhnlich Männer die Ehe und den Marktplatz beherrschten.

Wir gingen zurück nach Karia, um Mossi Sirfi zu besuchen. Er erklärte uns, dass er jetzt fünfundsechzig sei, und so sah er auch aus. Große Tränensäcke hingen wie leere Hirsesäcke unter seinen Augen. Tiefe Falten zeichneten seine Stirn und sein Gesicht. Wir saßen auf der von einem Strohdach geschützten Veranda seines Zwei-Zimmer-Lehmziegelhauses.

»Weißt du, was das ist, Monsieur Paul?« Mossi Sirfi zeigte auf eine Kalebasse, die mit einem rotbraunen Pulver gefüllt war.

Ich wusste es, doch ich wollte ihn nicht unterbrechen.

»Es ist *Kosorey*. Ich verwende es bei meiner Arbeit.«

»Wozu?«, fragte ich.

»Wenn ich die Vorhaut eines Jungen beschneide, verwende ich *Kosorey* zur Heilung der Wunde.«

Er blickte sich kurz um. »Sofi«, rief er seiner Frau zu, die sich im hinteren Zimmer des Hauses aufhielt, »bring mir meine kleine Flasche.«

Sie brachte ihm das Fläschchen. Es war Merbromin. »Die Krankenschwester hat gesagt, ich solle das zur Wundheilung benutzen.«

»Ich kenne diese Medizin«, sagte ich. »Ich habe sie schon selbst benutzt.«

»Ich werde bald aufbrechen«, verkündete Mossi Sirfi.

»Aufbrechen?«

»Ja, wenn ich einen Lkw finde, fahre ich nach Abidjan. In der kalten Jahreszeit fahre ich immer nach Abidjan, um dort Beschneidungen durchzuführen.«

»Gibt es denn in Abidjan keine Leute, die das können?«

»Doch, aber wenn sie den Mann aus Wanzerbe sehen, lassen sie mich die Beschneidungen machen. Man kennt mich«, sagte er stolz. »Wanzerbe ist in ganz Westafrika bekannt und gefürchtet. Aber das weißt du aus deinen Büchern, oder nicht?«

Ich gab zu, dass ich von Wanzerbe gelesen hatte. »Möge Gott dir Gesundheit und Wohlstand auf deiner Reise gewähren«, sagte ich.

An jenem Abend nahm ich meinen Kassettenrekorder mit, als wir zu Kasseys Haus gingen. Um ihre Gäste zu empfangen, hatte Kassey einen frischen Wickelrock und einen Turban aus dem gleichen bunten »Dutch Wax«-Stoff angezogen und saß auf einer Matte im vorderen Zimmer ihres Hauses. Sie forderte uns auf, Platz zu nehmen.

»Ich habe heute sehr starke Rückenschmerzen«, sagte sie. »Ich werde alt. Wenn ich mich den ganzen Tag lang im Garten bücke, tut mein Rücken weh.«

»Wenn ich nächstes Jahr zurückkomme, bringe ich dir eine Salbe mit, die deinem Rücken helfen wird«, versprach ich.

»Gut«, erwiderte sie. »Ich werde Gott für diesen Tag danken.«

Kassey fragte uns, ob wir gegessen hatten. Das hatten wir leider schon, denn, wenn sie die passenden Zutaten zur Verfügung hatte, war Kasseys Tochter Mumay eine Köchin, wie es im Songhai-Land keine zweite gab – sogar noch besser als Bankano.

»Was sollen wir dann machen?«, fragte sie.

Ich hatte auf diese Gelegenheit gewartet und setzte zu meiner Rede an. »Meine Mutter, seit Jahren höre ich von dir. Du weißt sehr viel über die Songhai, über Talismane, über das Universum. Ich habe den weiten Weg von Amerika nach Wanzerbe gemacht, um von dir zu lernen. Seit sieben Jahren versuche ich, dich zu treffen. Jetzt sitzen wir uns endlich von Angesicht zu Angesicht gegenüber.«

»Mein Sohn«, erwiderte sie, »ich weiß, dass du seit sieben Jahren versuchst, mich zu treffen. Vor sieben Jahren wusste ich schon, dass du kommst, um mich zu sehen, aber da kannte ich dich noch nicht. Ich spreche *nie* mit Fremden. Vor drei Jahren bist du nach Wanzerbe gekommen, um mich zu sehen. Ich wusste von deinen Plänen, aber du hattest dich mir gegenüber noch nicht bewiesen. Also habe ich dafür gesorgt, dass ich Wanzerbe vor deiner Ankunft verlasse. Im vergangenen Jahr habe ich einen Mann zu dir nach Méhana geschickt. Er hat dir unser besonderes *Sohanci*-Pulver gegeben. Du hast es angenommen und gegessen. Das war meine Art, dir zu sagen, dass du kommen und mich besuchen sollst. Und jetzt bist du hier.«

»Ja, ich bin hier.«

»Du bist hier, weil du ein geduldiger Mann mit reinem Herzen bist. Das haben wir in Wanzerbe gesehen. Du hast meine Söhne und Töchter getroffen und sie mit Respekt und Freundlichkeit behandelt. Du und mein Sohn Idrissa seid Brüder. Anstatt dein Pferd vor sieben Jahren zu verkaufen, hast du es Idrissa geschenkt. Idrissa hat es verkauft und sich ein Haus gebaut. Vor drei Jahren hast du Idrissa Geld gegeben, damit er unsere Tochter Jitu heiraten konnte. Jetzt ist Idrissa verheiratet und hat Kinder.«

»Das ist alles wahr«, schaltete Idrissa sich ein. »Monsieur Paul ist ein reiner Mensch.«

»Paul«, fuhr Kassey fort, »du bist seit vielen Jahren unter unserem Volk. Ich kann dir mein Herz öffnen. Mein Herz hat seit mehr als dreißig Jahren geschwiegen. Vor langer Zeit wollte ein *Anasara* mit mir reden, aber ich habe mich geweigert, weil ich ihn nicht kannte. Andere sind gekommen und wollten mein Wissen erfahren. Auch sie habe ich zurückgewiesen, weil sie ungeduldig waren. Die Leute von Niamey wollen, dass ich dorthin komme und rede. Ich habe mich geweigert, weil ich die Leute aus Niamey nicht kenne; auch sie sind ungeduldig. Dir öffne ich mein Herz, Paul, weil du geduldig bist und dein Herz rein ist.«

Ich war sprachlos, doch Kassey wartete nicht ab, dass ich Fragen stellte, sondern forderte mich auf, meine Maschine zu öffnen. An jenem Abend sprach sie mehr als drei Stunden lang. Sie erzählte Mythen über die Songhai-Könige, die lange vor Sonni Ali Ber geherrscht hatten. Sie erzählte von der Gründung Wanzerbes, dem Ursprung des magischen Sees Youmboum. Sie sprach von der Tradition, die sie pflegte, dem weiblichen Weg der Zauberei und dem männlichen Weg der Zauberei.

Ich war beeindruckt von ihrem Gedächtnis, ihrer Intelligenz, der Komplexität ihrer Ausführungen und ihrem Stolz auf die Vergangenheit. Während sie sprach, dachte ich über sie und all die anderen Leute bei den Songhai nach, die so entgegenkommend gewesen waren. Ethnologinnen und Ethnologen reisen Tausende von Kilometern, um Menschen wie Kassey zu treffen. Die meisten von uns wollen Informationen von anderen. Aber wie viele von uns haben einer Kassey oder einem Adamu Jenitongo je ihr eigenes Herz geöffnet? Ich beschloss, Kassey mein Herz zu öffnen.

»Meine Mutter«, sagte ich, nachdem drei Stunden Band voll waren, »Menschen wie ich kommen, um Menschen wie dich zu besuchen. Wir wollen Informationen. Wir fragen nach eurer Familie und euren Traditionen.«

»Das ist wahr, mein Sohn.«

»Aber Menschen wie ich öffnen Menschen wie dir nie ihr Herz.«

»Das ist ebenfalls wahr«, bestätigte sie.

»Du hast mir dein Herz geöffnet. Jetzt werde ich dir meins öffnen.«

»Das ist lieb von dir, sehr lieb«, sagte Kassey.

Ich erzählte Kassey, dass meine Leute russische Juden waren. Meine frühesten Vorfahren waren Schafhirten aus Miṣr (in und um Ägypten), unser großer Urahn war

Ibrahim. Genau wie Gao, die Hauptstadt des Songhai-Reiches, »zusammengebrochen« war, war Jerusalem gefallen, und unsere Vorfahren waren in alle Ecken der Welt geflohen. Ich schilderte die Verfolgung der Juden und das Grauen der Pogrome in Russland. Ich erzählte, dass mein Urgroßvater sein Dorf verlassen musste, um sich vor den Kosaken, die so blutrünstige Krieger wie die Tuareg vergangener Generationen waren, in Sicherheit zu bringen.

Ein Medium tanzt zu Musik des Hauka-Kults,
Tillabéri, Niger, 1982

Der größte Teil der Familie meiner Mutter war in Europa geblieben, erklärte ich. Als der Zweite Weltkrieg kam, ermordete Hitler, den ich als den ultimativen bösen Anführer beschrieb, sechs Millionen Juden, darunter die meisten meiner Verwandten mütterlicherseits.

»Du hast gelitten, Paul, aber diese bitteren Erinnerungen machen dich zu einem härteren Menschen«, sagte Kassey, als ich fertig war.

Sie gähnte. Es war ein langer, emotional anstrengender Abend gewesen. »Komm morgen Abend wieder«, drängte sie mich. »Dann reden wir weiter.«

V

1984

36

Macht auf dem Gehöft

Die Sonne des späten Vormittags verbrannte die Landschaft und saugte die letzten Tropfen Feuchtigkeit aus den sterbenden Hirsepflanzen. Zwischen Niamey und Sansane-Hausa stand die Hirse kaum dreißig Zentimeter hoch über der sandigen Erde. Nördlich von Sansane-Hausa saßen die Bauern am Straßenrand und starrten auf ihre ausgetrockneten Felder.

1984 arbeitete ich zusammen mit meiner Frau Cheryl Olkes, einer Soziologin und erfahrenen Feldforscherin. Auf Forschungsentwicklung und -methodik spezialisiert, sollte Cheryl Fragebögen zur therapeutischen Verwendung von Heilpflanzen entwickeln – das Forschungsvorhaben, das uns in jenem Sommer nach Niger führte. Nachdem wir die Informationen gesammelt hatten, wollte Cheryl die Daten kategorisieren und analysieren. Aber es gab noch zwei weitere Gründe für Cheryls Anwesenheit in diesem Jahr.

Als Kollegin würde sie meinen zugegeben subjektiven Ansatz um ein gewisses Maß an Objektivität erweitern; sie konnte mich beobachten, während ich mit den Zauberern interagierte. Und als meine Ehefrau machte Cheryls Gegenwart mich in den Augen der Songhai zu einem normalen Menschen. Cheryl hatte 1976 bis 1977 in Niamey geforscht und dabei auch mehrmals Freunde in Tillabéri und Méhana besucht. Bei meinen späteren Reisen fragten die Leute immer »Wo ist Cheryl?« und »Wann bringst du sie nach Tillabéri?« oder sie sagten »Es ist nicht normal, dass ein Mann so viele Monate von seiner Frau getrennt ist« und Ähnliches. Ich erzählte meinen Freunden, dass Cheryl in Amerika sei, jedoch eines Tages nach Niger zurückkehren würde. Als Kassey mich von Cheryl sprechen hörte, bestimmte sie: »Komme nicht ohne sie zurück!«

Also reisten wir 1984 gemeinsam nach Niger, und ich fragte mich, ob ihre Anwesenheit meinen Forschungen eine neue Dimension verleihen würde. Würde es etwas verändern? Unsere Fahrt von Niamey hatte lange gedauert, weil die Polizei unser Taxi viermal angehalten hatte. Unmittelbar südlich von Tillabéri kamen wir an eine weitere Polizeisperre.

Ein Unteroffizier befahl allen Passagieren auszusteigen. »Ich möchte euer gesamtes Gepäck sehen.«

Der Gehilfe des Fahrers kletterte auf das Dach des Taxis, band das Gepäck los und reichte es Stück für Stück nach unten. Der Unteroffizier interessierte sich besonders für Cheryls und meine Sachen. Er winkte mich heran.

»Aufmachen, Monsieur.«

»Jawohl, Sir«, sagte ich respektvoll. Im Laufe der Jahre hatte ich die Regeln für eine erfolgreiche Kommunikation mit kleingeistigen Beamten gelernt. Man sprach immer Französisch mit ihnen, verwendete die förmliche Anrede »vous« und redete in der Konditionalform, im Französischen ein Zeichen der Hochachtung.

»Los. Aufmachen!«

Ich schaffte es, unsere beiden Gepäckstücke zu öffnen. Der Unteroffizier betrachtete unsere Kleidung und Ausrüstung.

»Alles auspacken.«

Ich versuchte, meine Frustration zu verbergen. Cheryl fluchte auf Englisch. »Möchten Sie meine Papiere sehen?«, fragte ich den Mann.

»Geben Sie her.«

Ich gab ihm unsere Forschungserlaubnis. Er las sie durch und gab sie mir rasch zurück.

»Alles in Ordnung?«, fragte Cheryl spöttisch auf Französisch.

»Die anderen Sachen auch auspacken«, befahl er.

Eine Menschentraube hatte sich um uns versammelt. Niemand mochte Polizisten, vor allem wenn sie persönliche Habseligkeiten durchwühlten.

Ich packte alles aus, darunter auch einige getrocknete Pflanzen, Reben und Rinden, die ich in Niamey für den *Sohanci* gekauft hatte.

»Was ist das? Drogen?«

Es war Zeit, ins Songhai zu wechseln. Ich erklärte dem Unteroffizier, dass ich die Pflanzen dem *Sohanci* mitbringen wollte. »Es sind Heilmittel, keine Drogen«, beharrte ich.

»Du verwendest die Medizin des schwarzen Mannes?«, fragte er lachend. Offenbar wollte er sich vor der Menge lustig über mich machen.

»Manchmal. Aber mein *Baba* ist zu alt, um in den Busch zu gehen und die Pflanzen zu holen, die er braucht.«

Er zeigte auf ein Bündel getrockneter Ranken. »Was ist das?«

»Das ist *Dosari*«, erklärte ich.

»Wofür wird es benutzt?«

»Um Darmwürmer zu töten«, log ich, weil *Dosari* bei der Zauberei verwendet wird.

»Und das?« Er zeigte auf ein Stück Baumrinde.

»Das ist *Kobe*, das als Heilmittel für Kinder und Erwachsene benutzt wird«, präsentierte ich ihm eine weitere Lüge.

»Und das?«

»Das ist *Ferrey*.«

»Das ist eine sehr gute Medizin. Darf ich etwas davon nehmen?«

»Natürlich«, antwortete ich lächelnd und verbarg meinen Ärger.

Er nahm ein kleines Stück Rinde und warf mir ein nervöses Grinsen zu. »Wie ist dein Name?«

»Mein Name ist Paul. Der Name meines Vaters ist Stoller.« Cheryls Identität interessierte ihn natürlich nicht.

»Wir nennen ihn *Anasara Zima*«, sagte jemand aus der Menge.

»*Anasara Zima*«, wiederholte der Unteroffizier.

Wir gaben uns die Hand. Wie die anderen verärgerten Passagiere stopften Cheryl und ich unsere Kleidung zurück in unsere Koffer und reichten dem Taxigehilfen das Gepäck. Schließlich erreichten wir den Busbahnhof von Tillabéri.

Salou, der Disponent, saß auf einer Holzbank und stellte Quittungen aus. Um unseren Wagen hatte sich eine Gruppe von Kindern versammelt.

»*Anasara Zima* ist zurückgekommen«, sagte eins von ihnen.

Cheryl und ich stiegen aus.

»Wie weit ist es bis zum Gehöft des *Sohancis*?«, fragte sie.

»Etwa zwei Kilometer. Wir brauchen Träger.« Zwei junge Männer boten sich an.

Unter der sengenden Sonne machten wir uns auf den Marsch über die Sanddünen. Mir strömte der Schweiß übers Gesicht, Cheryls Haar klebte an ihrer Stirn. Als wir uns dem Gehöft des *Sohancis* näherten, kam Moru uns entgegen und bot seine Hilfe an. Er nahm Cheryls Wasserflasche und meinen Kassettenrekorder, während ein Schwall von Begrüßungen aus seinem Mund sprudelte. Djemma und Moussa Nya hießen uns ebenfalls willkommen, fragten nach unserer Gesundheit und der der Menschen in Amerika. Als wir endlich das Gehöft betraten, begrüßte uns auch der *Sohanci.*

Danach hieß uns Morus älterer Bruder Moussa willkommen, der während meiner vorherigen Besuche nicht in Tillabéri gewesen war. 1981 war er als Arbeiter bei einem Bewässerungsprojekt angestellt gewesen. 1982 bis 1983 saß er im Gefängnis, nachdem er wegen Drogenbesitzes verhaftet worden war. Auch wenn Moussa behauptete, dass man ihm die Tat untergeschoben hatte, war er achtzehn Monate in Haft gewesen. Jetzt verdiente er sich seinen Lebensunterhalt als Schneider und hatte genug Geld gespart, um sich selbst ein kleines Lehmziegelhaus mit zwei Zimmern zu bauen.

»Paul, wir sind so glücklich, dich und Cheryl zu sehen. Wohnt in meinem Haus, solange ihr hier seid.«

Wir bedankten uns für Moussas Großzügigkeit.

Ein Kleinkind von höchstens anderthalb Jahren watschelte auf uns zu, von Kopf bis Fuß mit Staub bedeckt. Auf seiner Oberlippe klebte verkrustete Rotze.

»Das ist meine Tochter Jamilla«, verkündete Moru.

Jamilla brach in Tränen aus, als Cheryl auf sie zuging.

»Sie ist Weiße nicht gewohnt«, meinte Djemma.

»Sie ist ein Monsterkind«, erklärte Moussa Nya.

Der Begriff Monsterkind erinnerte mich an meinen letzten Besuch und die Streitereien über Frauen, die während der Schwangerschaft herumliefen. Hatte die Vorhersage sich erfüllt?

»Kein Wunder«, sagte Djemma ätzend, »bei einer Mutter, die mit einem Kind im Bauch in der Landschaft herumspaziert ist.«

Moru erzählte mir, dass er und Djebo kurz nach meiner Abreise im vergangenen Jahr geheiratet hatten.

Adamu Jenitongos Enkelsohn,
Niger, 1982

»Und du hast nicht geschrieben?«, fragte ich scherzhaft.

Moru zuckte mit den Schultern. Djebo saß neben dem zweiten Lehmziegelhaus, das Moru für seine Familie errichtet hatte, und zerstieß Hirse in einem Mörser. »Djebo«, rief Moru seiner Frau zu, »bereite ein feines Essen für Paul und Cheryl. Sie sind müde von der Reise, und wir müssen sie ehren.«

Der *Sohanci* gab Djebo Geld und trug ihr auf, auf dem Markt ein ordentliches Stück Fleisch und gute Gewürze zu kaufen. Djebo nahm das Geld stirnrunzelnd entgegen. Als sie gegangen war, beklagten Moussa, Djemma und der *Sohanci* sich über sie. Sie sei faul. Sie sei streitlustig. Ihr sei nicht zu trauen. Sie konnte nicht kochen – eine ironische Ausnahme von der legendären Fulani-Küche. Wenn sie Fleisch zubereitete, wurde es so hart, dass Moru es nicht kauen konnte. Die Soßen waren geschmacklos, obwohl der *Sohanci* ihr Geld für die besten Gewürze gab. Aber niemand unternahm etwas, um die häusliche Situation zu verändern.

»Warum bringt ihr Djebo nicht das Kochen bei?«, fragte Cheryl.

»Ha!«, schnaubte Djemma. »Sie will nicht lernen.«

»Warum zeigt ihr ihr nicht, welche Gewürze sie kaufen soll?«

»Es ist ihr gleichgültig, Cheryl. Es ist ihr gleichgültig«, antwortete Djemma.

Cheryl und ich entschuldigten uns, um unsere Sachen auszupacken.

»Ist es nicht seltsam«, bemerkte Cheryl, »dass sie nicht bereit sind, etwas zu unternehmen, um eine Situation zu verändern, die für alle ein Problem ist? Warum tun sie nichts?«

»Ein Grund könnte sein, dass Djebo die jüngste Frau auf dem Gehöft ist, und die jüngste Frau kocht, putzt und holt Wasser, während Djemma und Moussa Nya im Schatten ihrer Hütten sitzen.«

»Sie würden lieber sitzen bleiben und leiden, anstatt die Dinge auf dem Gehöft zu ändern?«

»Exakt. Ihre soziale Stellung auf dem Gehöft ist wichtiger als die Frage, ob sie gutes Essen bekommen.«

Cheryl war verwirrt. »Also rächt Djebo sich, indem sie das Geld einsteckt, das der *Sohanci* ihr gibt.«

»Das würde ich auch sagen, Cheryl.«

»Ist das nicht ironisch? Djebo ist eine junge Mutter ohne soziale oder übernatürliche Macht.«

»Ja?«

»Und sie hat die Stirn, sich dem *Sohanci* zu widersetzen. Er ist ein so mächtiger Mann, aber auf seinem eigenen Gehöft ist er machtlos.«

37

Ein Vortrag über Medizin

Während unseres Aufenthaltes in Tillabéri sprachen wir mehrmals mit dem *Sohanci* über Heilpflanzen. Am Nachmittag vor unserer Abreise, einem Donnerstag, bat der *Sohanci* mich, neben seinem Bett vor Djemmas Hütte Platz zu nehmen. Den Luxus, drinnen zu schlafen, erlaubten die heißen Nächte nicht.

»Sag mir«, begann er, »in deinem Land gibt es viele Menschen, die Kranke behandeln, Leute, die wir hier *Lokotoro* [Doktor] nennen.«

»Ja, *Baba*. In meinem Land gibt es viele Ärzte.«

»Machen sie alle das Gleiche?«

»Nein, sie machen unterschiedliche Dinge. Manche Ärzte schneiden den Körper auf und entfernen die darin befindliche Krankheit. Andere versorgen nur Frauen. Wieder andere machen Bilder vom Inneren des Körpers. Manche Ärzte kümmern sich um Erwachsene, andere behandeln Kinder.«

»Ist das alles?«

»Nein. Es gibt auch Ärzte, die den Verstand behandeln. Sie arbeiten mit Menschen, die Selbstgespräche führen oder vor Angst zittern. Leute, die verloren sind, weißt du.«

»Dann sind diese *Lokotoro* wie ich«, sagte der *Sohanci*. »Ich helfe Menschen, die verloren sind und vor Angst zittern. Viele Leidende kommen zu mir. Wenn sie kommen, können sie kaum ihre Vorderseite von ihrer Rückseite unterscheiden. Es sind die Geister, die die Leute so erschrecken.«

»Aber, *Baba*«, wandte ich ein, »du behandelst Leute auch bei Hautproblemen oder wenn sie Würmer haben. Du hilfst Kindern, die an Dorf- und Buschkrankheiten leiden.«

»Deine Worte sind voller Wahrheit, mein Sohn.«

»Du bist wie viele verschiedene Doktoren.«

Die Vorstellung, ein Spezialist in unterschiedlichen medizinischen Feldern zu sein, gefiel dem *Sohanci*. »Ja. Ja.« Er sah mich eindringlich an. »Unser Gespräch über Pflanzen hat mich sehr erfreut. Von nun an musst du Pflanzen studieren, Paul. Das ist dein Weg, mein Sohn.«

Der *Sohanci* spürte, dass ich an einem Wendepunkt in meiner Lehre angekommen war. Wir wussten beide, dass ich die andauernden Kämpfe nicht verkraften konnte, die die Zauberer in der kriegerischen Songhai-Welt ständig ausfochten. Wir wussten beide, dass mein Hunger nach Macht nicht groß genug war, um ein Leben zu führen, in dem man sich permanent vor den todbringenden Flüchen anderer schützen musste. Der Vorschlag des *Sohancis* würde die inneren Konflikte lösen, mit denen ich rang.

»Ja, *Baba*. Ich möchte möglichst viel über Pflanzen lernen.«

Der *Sohanci* griff in eine der tiefen Seitentaschen seiner weißen Tunika und zog drei Stoffsäckchen heraus. Er öffnete das erste. »Das ist *Follo kadji*«, sagte er. »Wenn man eine kleine Prise schnupft, macht es eine verstopfte Nase frei. Nach einer Weile entspannt es den Körper.« Er öffnete das zweite Säckchen.

»Das ist *Godji deli*«, sagte ich unaufgefordert. »Man legt die Blätter auf ein Rost mit heißen Kohlen und atmet den Rauch ein. Es entspannt einen.«

»*Pa, pa, pa, pa, pap*. Woher wusstest du das? Du bist voller Überraschungen.« Er öffnete das dritte Säckchen. »Dieses Pulver ist sehr selten. Es ist eine sehr, sehr starke Medizin, mein Sohn. Nimm es mit nach Amerika und iss es mit Reis oder Hirseschleim.«

»Was ist das, *Baba*?«

»Es ist eine Mischung aus *Hanza kasi* [einem seltenen Moos, das man an der Spitze von *Hanza*-Bäumen findet], *Zeban bundu* [Gräser aus dem Nest eines Geiers] und den Krallen eines Geiers.«

Inzwischen hatte ich mich daran gewöhnt, dass ein *Kusu* von Natur aus unappetitlich war.

»Es wird dafür sorgen, dass dein Weg ein langer sein wird. Wenn du es im Bauch hast, wirst du ohne Furcht vorwärtsgehen.«

»Danke, *Baba*.«

»Da ist noch mehr, Paul.« Aus seiner anderen Tasche zog er einen großen Messingring, der dem an seinem Daumen ähnelte. »Der ist für dich, mein Sohn. Ich habe aus meinem Herzen in diesen Ring gesprochen. Lege ihn niemals ab. Solange du ihn trägst, wird *Baba* bei dir sein, selbst wenn du weit weg in Amerika bist. Ich werde wissen, wo du bist. Ich werde wissen, was du tust. Mithilfe des Rings werde ich auf dich aufpassen, heute, morgen und selbst, wenn ich nicht mehr auf dieser Erde bin.« Er hielt kurz inne. »Ja, ja. Trage den Ring, und du wirst mich spüren. Trage ihn. Lege ihn niemals ab.«

Bei Anbruch der Dämmerung schleppte Cheryl sich auf das Gehöft zurück. Der *Sohanci* und ich saßen immer noch auf seinem Stockbett.

»Du siehst müde aus, meine Tochter.«

»Ich habe den Nachmittag auf dem Markt verbracht«, antwortete sie keuchend.

Ich zeigte Cheryl das Geschenk des *Sohancis*.

Sie wandte sich an ihn. »Was du Paul geschenkt hast, ist das, was ein Vater seinem Sohn gibt, *Baba*.«

»Wahre Worte, meine Tochter. Wahre Worte.«

Dann zog der *Sohanci* den Lederbeutel hervor, in dem er seine Kaurimuscheln aufbewahrte. Er griff hinein und zog zwei kleine, vollkommen runde Steine heraus, einen weißen und einen braunen. »Diese Steine hat mir mein Vater vor sechzig Jahren gegeben. Nimm du den weißen Stein, Paul, und du den braunen, Cheryl. Sie werden gut für euch sein. Behaltet sie immer.«

Wir dankten *Baba* aus tiefstem Herzen und gingen in Moussas Haus, um unsere Reise nach Méhana vorzubereiten.

38

Rückkehr nach Méhana

Wir verließen das Gehöft des *Sohancis* am frühen Morgen. Moru, Moussa und zwei ihrer Freunde halfen uns, unsere Sachen die zwei Kilometer bis zum Busbahnhof zu tragen, wo wir problemlos eine Mitfahrgelegenheit nach Bonfebba fanden. Cheryl gab dem Fahrer ein Trinkgeld, damit sie vorne in der Fahrerkabine sitzen durfte. Ich zwängte mich auf der Ladefläche des Pick-ups zwischen eine fette Frau und einen skelettartigen Mann, dessen schwerer Husten nach Tuberkulose klang. So überladen tuckerten wir in Tillabéri los, nur um zwei Kilometer außerhalb der Stadt von der Polizei angehalten zu werden.

Ein großer Polizist mit sieben Narben auf beiden Seiten seines Gesichts schlenderte näher, stolzierte um unser Taxi und verlangte, die Ausweispapiere zu sehen. Dann entdeckte er mich.

»Aussteigen, *Anasara*!«

Das tat ich, und auch Cheryl kletterte vom Wagen.

»Eure Papiere«, befahl er.

Wir gaben ihm unsere Forschungserlaubnis, die er nicht lesen konnte.

»Gepäck!«

Ich zeigte auf das Dach des Taxis.

»Wir müssen dein Gepäck sehen. Du bist nichts Besonderes, *Anasara*.«

Er durchwühlte unsere Koffer, öffnete meinen Kulturbeutel und entdeckte einen Ziplock-Beutel mit einem der Pulver, die der *Sohanci* uns gegeben hatte.

»Was ist das?«, fragte er donnernd.

»Es ist Medizin«, verteidigte ich mich.

»Keine Medizin. Drogen. Wartet hier.«

Er ging in das Polizeibüro, einen etwa drei mal drei Meter großen Lehmziegelbau. Cheryl und ich fluchten auf Englisch. Minuten vergingen. Schließlich kam der Polizist mit seinem Vorgesetzten zurück, demselben Unteroffizier, der uns schon bei unserer Ankunft belästigt hatte. Der Unteroffizier begrüßte mich respektvoll, was mich nicht überraschte, während der große Polizist mit offenem Mund danebenstand. Obwohl wir in diesem Jahr wegen der Pflanzenkunde nach Tillabéri gekommen waren, hatten wir aus Höflichkeit an einem Besessenheitstanz teilgenommen, der am zweiten Tag unseres Aufenthaltes veranstaltet wurde. Und wer war in einem leuchtend hellgrünen Mufti ebenfalls erschienen? Der Unteroffizier höchstpersönlich. Er hatte mich begrüßt und sagte jetzt freundlich: »Kein Problem, Monsieur Paul. Ich wünsche eine sichere Fahrt nach Méhana.«

Vielleicht hatte mir der *Sohanci* mit seinem Vorschlag, Pflanzen zu studieren, auch auf seine Art mitteilen wollen, dass er mir nichts mehr über Zauberei beibringen würde. Aber ich musste noch das Reservoir der Zauberei in Wanzerbe anzapfen. Ich spürte den Messingring, den ich an einer Schnur um den Hals trug. Ich *würde* in Wanzerbe mehr Macht suchen. Ich *würde* Kasseys Lehrling werden.

Regentanz-Zeremonie (Yenaandi),
Tillabéri, Niger, 1982

Eine Stunde später trafen wir in Bonfebba ein, wo wir feststellten, dass der Markt sich seit meinem letzten Besuch stark verkleinert hatte. Ein paar Stände waren von Händlern besetzt, die einige wenige Waren feilboten – aber die Leute hatten kein Geld zum Ausgeben. Die Trockenheit hatte die Nomaden ihren profitablen Viehbestand gekostet, und die Bauern befanden sich mitten in einer Dürreperiode und mussten den Gürtel enger schnallen. Aber die Menschen kamen auch ohne Geld auf den Markt, weil er eine volksfestartige Ablenkung bot. Unsere Freunde aus Méhana nahmen uns das Gepäck ab und organisierten eine Überfahrt über den Fluss. Wie immer in Niger mussten wir stundenlang warten, bis wir in Bonfebba aufbrechen konnten. Wir suchten uns ein schattiges Fleckchen unter einer Gruppe von Kameldornbäumen und setzten uns auf die Stoßstange eines Toyota Land Cruisers, das Fahrzeug, das uns über den Fluss bringen sollte. Der Wagen war nicht für Wasserdurchfahrten ausgerüstet – der Fluss war schlicht ausgetrocknet. Als der Muezzin die Gläubigen zum Gebet rief, beobachteten wir Männer, die von Faba, der Bonfebba gegenüberliegenden Insel, im besten Freitagsstaat zu Fuß über das trockene Flussbett gingen.

Mahamane, unser Fahrer, forderte uns wenig später auf einzusteigen. Wir überquerten die gewaltige Ebene aus rissigem Lehm, auf der sich sonst Reisfelder erstreckten, fuhren staubige Uferböschungen hinauf, an denen sonst Einbäume lagen, und holperten über Felsen, über denen sich sonst gefährliche Stromschnellen brachen. Entsetzt starrten wir durch die schmutzige Windschutzscheibe auf das Bild der Verzweiflung, das sich uns bot, und sahen uns an, unsicher, was uns in Méhana erwartete, wo dem Vernehmen nach viele Menschen der Cholera und Meningitis zum Opfer gefallen waren. Der mächtige Niger vor Méhana war zu einem stehenden Tümpel geschrumpft, in dem Kinder, Tiere und Frauen badeten.

Der Toyota kroch die sandige Böschung hinauf und ließ das ausgetrocknete Flussbett hinter sich. Ein Weg führte uns zwischen den verdorrten Gärten in die Stadt, wo wir vor dem grünen Tor meines Gehöfts hielten. Meine ehemalige Köchin Bankano lehnte an der Mauer ihres Hauses und lächelte uns matt an. Idrissas Tochter Harijitu kam angelaufen und ergriff meine Hand.

»Willkommen, *Baba*. Willkommen.«

Idrissas Frau Jitu begrüßte uns kühl. Eine Delegation aus dem Viertel folgte uns auf das Gehöft. Nach der Begrüßung fragten wir nach ihrer Gesundheit. In Méhana hatte es weniger Todesfälle gegeben als befürchtet, weil die Regierung einige kleinere Brunnen hatte bohren lassen. Die Leute, die gestorben waren, hatten den Geschmack des Nigerwassers dem der neuen Brunnen vorgezogen. Idrissa traf ein und pries Gott für unsere sichere Rückkehr.

»Wir sind glücklich, euch beide zu sehen«, sagte er.

Wir betraten das größere Haus. Cheryl bemerkte, dass Idrissa unsere Bilder und Briefe an die Wand gehängt hatte. Erschöpft von der Reise ließen wir uns in Stühle aus Stöcken und Rohleder fallen.

»Wie lange dieses Jahr, Paul?«, fragte Idrissa.

»Eine Woche«, erklärte Cheryl ihm. »Dann würden wir gerne nach Wanzerbe fahren.«

Idrissa strahlte. »Wanzerbe! Wundervoll! Ich habe meine Verwandten sehr lange nicht gesehen.«

»Hör zu, Idrissa«, wies ich ihn an. »Du musst zusehen, dass wir eine Überlandfahrt nach Wanzerbe bekommen. Ich will nicht erst nach Ayoru fahren und dann den ganzen Tag auf ein Taxi nach Wanzerbe warten. Wir sollten versuchen, am Samstag in einer Woche eine Mitfahrgelegenheit zu bekommen – wenn in Wanzerbe Markt ist.«

»Wir finden einen Wagen«, erwiderte Idrissa aufgeregt. »Am Samstag fahren viele Taxis dorthin.«

Idrissa verließ uns, um die Transportsituation von Méhana nach Wanzerbe zu ermitteln. Erleichtert wuschen Cheryl und ich uns den Schmutz der stundenlangen Fahrt bei knapp fünfzig Grad Hitze ab.

39

Der Weg der Kauri-muscheln

Den nächsten Vormittag und Nachmittag verbrachten wir im Haus, um uns vor der Sonne zu schützen. Normalerweise sollte die Hitzewelle Mitte Juli schon abgeebbt sein. Aber solange es nicht regnete, ging die heiße Jahreszeit gnadenlos weiter. Erst nach dem zweiten Nachmittagsgebet gegen halb fünf verließen wir das Gehöft, um Fatouma, die Wahrsagerin, zu besuchen. Wir gingen über den leeren Markt, begrüßten hier und da Bekannte und stapften einen Pfad hinauf, der unter unseren Schritten nachgab und kurz vor Fatoumas Gehöft ganz in weichen Dünensand überging. Wie das Gehöft von Amadu *Zima* war auch das von Fatouma nicht von einer Außenmauer, sondern nur von einem Zaun aus Dornenbüschen umfriedet. Fatouma war auf dem Hof und fütterte eine große schwarze Ziege mit einer Glocke um den Hals. Während meiner vorherigen Besuche hatte diese Ziege auf Djibos Gehöft gelebt. Sie sei Dongos Vertraute, hatte er mir erklärt, ein heiliges Tier, dem besondere Pflege zuteilwerden müsse. Warum lebte diese Ziege jetzt auf Fatoumas Gehöft? Die Neugier juckte mich, aber ich würde die Antwort nicht erfahren, weil Fatouma nicht freiwillig damit herausrücken würde und es taktlos gewesen wäre, direkt danach zu fragen.

Wir sahen uns gleichzeitig.

Sie klatschte entzückt in die Hände. »Meine Verwandten sind gekommen! Meine Verwandten sind gekommen! Meine Verwandten sind gekommen!«

Ihre Freude war ansteckend. »Deine Verwandten sind in der Tat zurückgekommen«, sagte ich. »Gott sei gelobt.«

»Ich danke Gott für deine Rückkehr. Ich danke Gott für Cheryls sichere Ankunft.« Sie winkte uns auf den Hof. »Kommt rein. Kommt in mein Haus«, sagte sie und wies auf den kleinen Lehmziegelbau, der ihre Strohhütte ersetzt hatte.

»Wann hast du das Haus gebaut, Fatouma?«, fragte Cheryl.

»Vor vier Monaten.«

»Sehr schön«, sagte ich, »sehr schön.«

Wir zogen unsere Sandalen aus und traten auf den kühlen sauberen Sand in der Hütte. Sie rollte zwei neue Matten aus geflochtenen Palmwedeln aus, und wir setzten uns in die Mitte des Raums. »Nun, Paul, sind wir bereit zu beginnen?« Sie lächelte mich an.

»Deine Muscheln oder meine, Fatouma?«

»Der Anführer im Himmel hat mir gesagt, ich soll die Muscheln ruhen lassen; sie waren zu heiß. Ich habe in diesem Jahr nur selten die Muscheln geworfen. So viel Tod zu sehen, macht mich traurig, und wenn ich die Muscheln zu oft werfe, bekomme ich Kopfschmerzen.«

»Warum willst du die Muscheln dann mit mir werfen?«, fragte ich.

»Weil der Anführer im Himmel es mir aufgetragen hat.« Sie zeigte auf ein weißes Stoffsäckchen, das ich aus meiner Hemdtasche gezogen hatte. »Zeig mir deine Muscheln.«

Ich schüttete meine einundzwanzig Kaurimuscheln in den Sand.

»Können sie sehen?«, fragte Fatouma.

»Ja«, antwortete ich. 1981 hatte der *Sohanci* mir vierzehn von seinen Muscheln geschenkt. Und in der letzten Woche hatte er mir sieben zusätzliche Muscheln gegeben, die von der Kraft von Nya Beri durchdrungen waren, dem Geist, der die Gabe der Prophezeiung verleiht. In Tillabéri hatte Cheryl beobachtet, wie der *Sohanci* die Wahrsagerei praktizierte. Er warf eine beliebige Zahl von Muscheln in den Sand und sah seinen Klienten eine Weile an. Dann sprach er von dessen Vergangenheit, Gegenwart und Zukunft. Anschließend bewegte der *Sohanci* seine Muscheln, wie um seine Vision zu illustrieren. Cheryl vermutete, dass er ein Seher war, der die Muscheln als legitimierende Requisiten benutzte. Fatouma hingegen warf immer sieben Muscheln gleichzeitig und deutete ihre Konstellation.

Genau wie während meines Aufenthalts 1982 bis 1983 nahm Fatouma sieben Muscheln und schüttelte sie in ihren Händen, murmelte eine Beschwörungsformel und warf dann die Muscheln.

»Oooh! Das Glück ist auf eurer Seite. Wenn du und Cheryl zurück in die Vereinigten Staaten reist, ist euer Weg frei.«

Die Vorhersage ähnelte sehr den Deutungen zahlloser anderer Kaurimuschel-Konstellationen, die der *Sohanci* gelesen hatte. Dabei berührte er die Muscheln immer mit den Fingern und sagte Dinge wie »Du wirst sehr viel Geld verdienen«, »In Niamey wirst du einen Brief mit guten Nachrichten erhalten«, »In Amerika gibt es einen Mann, der neidisch auf deine Arbeit ist. Er will dein Fortkommen verhindern«, »Auf deinem Weg warten Gesundheit und Glück« oder Ähnliches. Zwar hatte er auch einige von Cheryls Ärgernissen direkt benannt, doch sie meinte, jeder aufmerksame Bekannte hätte die gleichen Schlüsse ziehen können. Ich vermutete, dass die telepathische Methode des *Sohancis* gut bei Menschen funktionierte, die eine kulturelle Nähe zu den Songhai hatten, aber weniger gut bei Menschen wie Cheryl und mir.

Fatouma warf die Muscheln und sah Cheryl an. »In Amerika gibt es zwei Frauen, die neidisch auf dich sind. Seit vielen Jahren versperren sie deinen Weg. Sie sind deine Feinde.« Zur gleichen Deutung war auch der *Sohanci* gekommen.

Beim dritten Wurf offenbarten die Muscheln Aspekte meiner Vergangenheit. Im vergangenen Jahr waren die beiden Feinde, die meinen Weg versperrt hatten, zurückgeschlagen worden. Wieder Feinde! In Fatoumas Sicht auf mein Leben gab es genau wie in der des *Sohancis* keinen Zufall. Alle Hindernisse, auf die ich stieß, »sahen« sie als verursacht von Menschen, die gegen mich arbeiteten. Und auch in Cheryls Leben gab es vergleichbare Bösewichte, die ihr Fortkommen blockierten. Ich hatte die Gefahr unterschätzt, die nach Überzeugung meiner Songhai-Lehrer auf dem Weg eines jeden lauerte – nicht nur für diejenigen, die sich auf dem Weg der Zauberei befanden. In der kriegerischen Songhai-Welt mussten sich auch Nicht-Initiierte »schützen« wie Krieger.

Fatouma studierte noch immer die Konstellation ihres dritten Wurfs. Sie sagte, nun sei mein Weg voller Gesundheit und Glück. Sie sah einen Altar in meinem Haus. »Bevor du in diesem Jahr nach Niger aufgebrochen bist, hast du ein Opfer dargebracht, um dein Haus zu schützen. Außerdem hast du einen Geist, der dich wie dein Schatten begleitet.« Was den Altar und das Opfer betraf, hatte Fatouma recht. Die Existenz eines wohlwollenden Geistes ließ sich nicht so leicht bestätigen.

Sie warf die Muscheln noch einmal. »Paul, du musst den Kindern Süßigkeiten und den Armen ein wenig Geld geben. Außerdem sollst du einem blinden Mann ein weißes

Huhn oder ein weißes Schaf schenken. Wenn du das tust, werden die Geister auf dich achtgeben.«

Wir verabschiedeten uns, versicherten aber, am kommenden Tag wiederzukommen. Cheryl ging zu den täglichen Festlichkeiten auf dem Markt, während ich mich auf meine Begegnung mit Djibo vorbereitete.

40

Showdown mit Djibo

Djibo und sein Bruder Zakaribaba wohnten noch immer auf demselben Gehöft in Méhana. Im Laufe der Jahre hatten sie vier kleine Lehmziegelhäuser für ihre Verwandten errichtet. Die beiden Brüder selbst zogen es jedoch vor, in Strohhütten zu wohnen, die in der heißen Jahreszeit kühler waren. Während meines letzten Besuchs 1982 bis 1983 hatte ich Djibo nicht gesehen. Er hatte sich eine zweite Frau genommen und mit ihr viel Zeit in Namarigungu verbracht, einer Stadt am Ostufer des Nigers, gut zwanzig Kilometer südlich von Méhana. Damals war ich sehr erleichtert gewesen, dass Djibo nicht in der Stadt war. Aber 1984 achtete Djibo darauf, dass er und ich zur selben Zeit in Méhana sein würden.

Als ich das Gehöft betrat, landeten Kinder auf mir wie hungrige Fliegen. Maymuna, Djibos erste Frau, trat mit einem Säugling im Arm aus ihrer Hütte. Andere Frauen, die ich nicht kannte, gesellten sich zu ihr.

»Noch eins?«, fragte ich.

»Hm-hm«, antwortete sie.

»Es ist hässlich. Es hat keine Ohren«, sagte ich.

»Die Ohren werden mit der Zeit schon wachsen, oder nicht?«, entgegnete Maymuna.

»Paul, du sprichst besser Songhai als wir«, erklärte eine der anderen Frauen mir. »Du bist ein echter Songhai.«

»Der schwimmende Baumstamm«, erwiderte ich, »wird nie ein Krokodil sein.«

»Großer Gott!«, rief die Frau. »Großer Gott!«

Djibo war nicht zu Hause. »Ist Zakaribaba da?«, fragte ich Maymuna.

»Er liegt mit üblen Kopfschmerzen in seiner Hütte.«

Ich kannte Zakaribaba seit mehr als acht Jahren, hatte jedoch nicht bei ihm gelernt. Als Djibos jüngerer Bruder war er nicht in die tiefen Geheimnisse seines Vaters eingeweiht, dachte ich; deshalb konnte er mir nicht viel beibringen. Ich klatschte in die Hände und betrat seine Hütte, die dunkel, kühl und geräumig war. Zakaribabas Haus war insofern außergewöhnlich, als es mit Bedacht und Planung gebaut worden war. Von außen sah es aus wie eine traditionelle Strohhütte, nur größer, aber von innen wurde der Unterschied zu anderen Hütten offensichtlich. Der Boden und die untere Hälfte der Wände waren aus gebranntem Lehm. Sauber und kühl, wie Zakaribaba mir stolz erklärte. Er nutze die Vorteile eines Lehmziegelbaus, ohne die frische Luft einer Strohkonstruktion einzubüßen.

Zakaribaba saß auf einer Strohmatte. Er sah nicht gut aus. Er begrüßte mich matt und bot mir einen niedrigen Hocker an.

»Wie lange bist du in Méhana?«, fragte er.

»Eine Woche. Dann geht es weiter nach Wanzerbe.«

»Suchst du Djibo?«

»Ja. Ich möchte morgen mit ihm lernen.«

»Er wird hier sein«, sagte sein Bruder.

»Richte ihm aus, dass ich am frühen Morgen komme.« Ich war erleichtert, noch etwas Aufschub für mein Treffen mit Djibo zu haben.

»Was willst du lernen?«, fragte Zakaribaba. »*Sorko*-Gesänge?«

»Nein. Pflanzen.«

Zakaribabas Miene hellte sich auf. »Das ist das, was ich weiß, Paul. Ich kenne mich mit Pflanzen aus. Darf ich auch kommen?«

»Natürlich«, antwortete ich, ohne zu zögern. Ich hatte nicht vermutet, dass Zakaribaba ein Fachmann für Pflanzen war – trotz achtjähriger Bekanntschaft wusste ich fast nichts über ihn, denn unsere Begegnungen waren stets flüchtig gewesen. So konnte ich nur positiv überrascht werden. Außerdem würde Djibo sich in Anwesenheit seines Bruders und Cheryls zurückhalten müssen. Ich sah der anstehenden Konfrontation gleich viel entspannter entgegen.

Zakaribaba kramte in einem Pappkarton und zeigte mir eine getrocknete braune Wurzel. »Diese Wurzel«, erklärte er, »öffnet ein geschlossenes Herz.«

»Asthma?«

»Ja. Geschlossenes Herz«, wiederholte er. »Man gibt das Pulver dieser Wurzel, *Boowre*, in kochendes Wasser und zählt bis hundert. Dann muss man es trinken.«

»Und dann?«

»Dann kann man wieder atmen.«

Fantastisch! »Wir reden morgen darüber«, schlug ich vor. Wie viel Wissen in dem bescheidenen Architekten eines solchen Hauses schlummerte!

Zakaribaba legte eine Hand auf seine Stirn.

»Deine Kopfschmerzen?«, fragte ich.

»Ja. Ich habe heute meinen Tee nicht getrunken. Deswegen die Kopfschmerzen.«

Ich gab ihm fünfhundert Francs für Tee und verließ die Hütte. Als ich gerade gehen wollte, stolzierte Djibo auf das Gehöft. Er winkte mich zu seiner Hütte. Oh Mist, dachte ich, jetzt geht das wieder los. Sein Altar stand an Ort und Stelle: ein kleiner Tisch, auf dem in einem Halbkreis

Fläschchen mit Duftölen angeordnet waren. Fünf Beile, an deren Schneide kleine Glocken befestigt waren (Dongos Beile), steckten an der Verbindungsstelle der Stützbalken des Daches im Holz. Ich setzte mich auf Djibos Bett.

»Ich habe gehört, dass du gestern angekommen bist«, sagte er leise. »Warum hast du mir nicht erzählt, dass du kommst?«

»Ich habe dir geschrieben, Djibo«, log ich. »Hast du meine Briefe nicht erhalten?«

»Nicht einen einzigen«, bellte er. »Ich habe dir wegen Geld geschrieben, doch ich habe nichts bekommen.«

»Die Briefe müssen verloren gegangen sein«, log ich.

»Als ich gehört habe, dass *Sorko* Paul nach Méhana kommt, habe ich meine Reisfelder verlassen, um dich zu sehen. Ich kann nur bis morgen bleiben.«

Ich war erleichtert. Was, wenn er sich entschieden hätte, eine ganze Woche zu bleiben? »Können wir uns morgen früh treffen?«, fragte ich.

»Wie wär's mit heute Abend?«

»Heute Abend kann ich nicht, Djibo.«

»Ich habe viele Geheimnisse zu offenbaren. Große Geheimnisse. Komm heute Abend. Du musst diese Dinge lernen, um ein großer *Sorko* zu werden.«

Ich wusste, dass er auf Geld aus war. Er nannte mich *Sorko*, obwohl er ganz genau wusste, dass ich ein Fremder war. Djibo wollte ständig von unserer Beziehung profitieren und war zu überheblich, um zu begreifen, dass seine Aufdringlichkeit unsere Freundschaft untergraben hatte. »Ich werde nie ein großer *Sorko* sein, Djibo. Und ich kann heute Abend nicht kommen.«

Djibo zuckte die Schultern. »Also gut. Komm morgen.« Er zögerte, als würde er seine Strategie überdenken. »Djibo hat viel geopfert, um herzukommen und Paul zu sehen. Meine Arbeiter sind hungrig. Und die Geheimnisse sind sehr kostbar.«

Mein Gesicht lief rot an. »Djibo, weißt du nicht, dass ich dieses Gerede über Geld hasse? Ist das alles, was du willst? Bist du wegen meines Geldes gekommen?«

»Nein. Nein. Was ich sage, ist kein Geldgerede. Es ist *Sorko*-Rede, Paul. Du kannst ein großer *Sorko* werden.«

»Sicher doch, Djibo, sicher doch«, murmelte ich angewidert. Was sollte ich machen? Könnte ich mich von Djibo freikaufen? Ich würde ihm so viel Geld geben und so wenig von ihm verlangen, dass er platt wäre und mich in Ruhe lassen würde. Ja, ich würde ihn in seinem eigenen Spiel schlagen. Ich zückte einen Zehntausend-Francs-Schein. »Hier, Djibo, nimm dieses Geld. Es sollte dich für deine verlorene Zeit entschädigen.«

Er faltete den Schein und steckte ihn in die Tasche. »Komm heute Abend, Paul. Komm heute Abend.«

»Nein, ich komme morgen wieder. Cheryl und Zakaribaba werden auch dabei sein.«

»Alle beide?«

»Ja, Djibo. Wir werden über Pflanzen sprechen.«

Am nächsten Morgen trugen Cheryl und ich unseren Kassettenrekorder über die Düne zu Djibos Gehöft. Als wir seine Hütte betraten, saß er auf dem Bett. Er forderte eines seiner Kinder auf, Zakaribaba zu suchen.

»Wie geht es deinem Haushalt, Djibo?«, fragte Cheryl.

»Wir danken Gott für Gesundheit und Glück«, antwortete Djibo. »Und dein Haus?«

»In meinem Haus gibt es keine Probleme«, erklärte Cheryl.

Kurz darauf kam Zakaribaba herein. Im Licht der Morgensonne fiel mir auf, wie sehr er seinem Vater Moumouni Koda ähnelte.

Wir waren bereit zu beginnen. Schon mit seinem ersten Satz brachte Djibo Spannung in die Hütte. »Paul«, sagte er, »du bist ein *Sorko*. Hast du einen Altar in deinem Haus?«

»Das habe ich, Djibo«, antwortete ich, während ich meine Wut nur mit Mühe zügeln konnte. »Aber ich bin kein *Sorko*.«

Djibo ignorierte meinen Einwand. Er nahm eins seiner *Baata*, eine Blechdose, die mit schwarzer Schnur zugebunden war. »Hast du eins von diesen, Paul?«, fragte Djibo.

»Ja.«

Djibo zeigte mir ein Lederamulett, das man um den Bizeps tragen musste. »Und das, hast du das?«

»Nein, habe ich nicht.«

»Du solltest es haben«, erwiderte Djibo. »Das ist ein starkes Heilmittel.«

Ich kochte vor Zorn, blieb jedoch äußerlich ruhig. »Ich habe genug starke Heilmittel, Djibo. Ich brauche es nicht. Behalte es.«

Meine Antwort schreckte ihn nicht ab. Er durchsuchte seine Sachen weiter und präsentierte mir eine rotbraune Substanz. »Hast du das?«, fragte er.

»Das ist *Kobe*, Djibo. Natürlich habe ich eine Menge davon.«

»Und was ist hiermit?«

Ich betrachtete das hellgrüne Pulver. »Oh, ich habe auch reichlich *Gaya gaya*.«

Zakaribaba rutschte nervös hin und her, als Djibo nach einer weiteren Substanz griff. Doch bevor Djibo erneut ansetzen konnte, wurden wir unterbrochen. »Guten Morgen.« Es war Fatouma. Sie steckte den Kopf durch den Eingang und betrachtete die Situation. »Ich bin zufällig vorbeigekommen und dachte, ich sage kurz Hallo. Entschuldigt die Störung. Wir sehen uns später.« Damit war sie wieder verschwunden.

Djibo setzte seine Provokation fort und hielt eine schwarze Wurzel hoch. »Kennst du die?«

Ich gab zu, dass ich sie nicht kannte.

»Natürlich nicht«, meinte Djibo selbstgefällig. »Gestern Abend bin ich für dich in den Busch gegangen. Es ist gefährlich, sie auszugraben, weil man in ihrer Nähe Kobras findet.«

»Wie heißt die Pflanze?«, unterbrach Cheryl und beobachtete Djibos Gesicht.

»Sie heißt *Komni tunda*.«

Ich hatte die Wurzel in Niamey gesehen, jedoch nicht gewusst, wofür sie benutzt wird.

»Damit lässt man Menschen verschwinden«, erklärte Djibo.

»Außerdem verwendet man sie gegen Würmer«, fügte Zakaribaba hinzu. »Es wirkt schnell. Man legt die Wurzel morgens ins Wasser und lässt sie bis zum Mittag ziehen. Dann muss man das Wasser trinken.«

Djibo runzelte die Stirn und kramte weiter in seinen rituellen Objekten.

Ich erklärte Djibo, dass der *Sohanci* mir viele Dinge geschenkt hatte. Ich zeigte ihm meinen Messingring.

»Das ist nur ein *Sohanci*-Talisman«, höhnte Djibo. »Ich gebe dir *Sorko*-Sachen.«

Ich musste Djibos Vorstellung ein Ende bereiten. »Dieses Jahr geht es in unserer Arbeit nicht um Zauberei«, sagte ich, »sondern um Pflanzen. Ich nenne euch eine Reihe von Pflanzennamen, und ich möchte, dass ihr beide mir sagt, wie man ihre Blätter, Stängel, Rinde oder Wurzeln verwendet.«

»Das ist alles, was du willst, Paul?«, fragte Djibo ungläubig.

»Das ist unser Weg in diesem Jahr«, bestätigte ihm Cheryl.

Ich begann, meine Liste vorzutragen, und bald wurde deutlich, dass Zakaribaba viel mehr über Pflanzen wusste als sein Bruder, dessen Erklärungen er häufig widersprach. Mehrmals konnte er detaillierte Informationen zu Pflanzen liefern, die Djibo unbekannt waren. Djibo war in den Hintergrund gedrängt worden, und ich hatte einen Weggefährten auf dem Pfad der Pflanzen gefunden.

Soumana Yacouba, Heilpflanzenspezialist,
Niamey, Niger, 1990

Nachdem ich meine Liste durchgearbeitet hatte, schaltete Cheryl den Kassettenrekorder aus. Die Befragung war beendet. Djibo warf seinem Bruder wütende Blicke zu. Vielleicht erkannte er, dass eine Arbeitsbeziehung beendet war und eine neue begann. Wir traten hinaus in die Sonne des späten Vormittags. Zakaribaba ging zurück in seine Hütte. In dem hellen Licht wirkte Djibo kleiner, geschrumpft. »Ist das alles?«, fragte er mich heiser. Ich ließ ihn nicht weiter zu Wort kommen und erklärte, dass wir an diesem Tag noch weitere Menschen besuchen müssten. Ich wünschte ihm eine sichere Rückkehr zu seinem Reisfeld, das im vergangenen Jahr genug Nahrung für seine gesamte Familie abgeworfen hatte.

Cheryl, die mitbekommen hatte, wie meine Anspannung vor der eben zu Ende gegangenen Begegnung immer größer geworden war, gratulierte mir zu meinem Sieg. »Du hast die ganze Zeit über die Kontrolle behalten«, sagte sie. »Djibo war außer sich. Ich habe ihn während der Befragung beobachtet. Nach jeder Frage hat er eine Gelegenheit gesucht, die Initiative zu ergreifen. Beim Boxen würde man sagen, er hat einen Jab nach dem anderen versucht, doch du hast ihn keinen Treffer landen lassen.«

Ja, ich hatte gehandelt wie ein harter Mann, und ich begann zu begreifen, was das wirklich bedeutete.

41

Letzte Schlacht in Wanzerbe

Sobald wir in Wanzerbe angekommen waren, wollte ich auf dem Absatz kehrtmachen und nach Méhana zurückkehren. Es spielte keine Rolle, dass wir gerade vier Stunden in der stickigen Kabine eines Toyota Land Cruisers gelitten hatten. Es spielte keine Rolle, dass Wanzerbe das seit Langem angestrebte Ziel unseres diesjährigen Forschungsprojekts war, wo ich die Belohnung für meine Jahre währende Geduld ernten wollte. Es spielte auch keine Rolle, dass ich meine Macht in Wanzerbe unvorstellbar vergrößern konnte. All das war mir egal, als ich schlaff am offenen Fenster des Toyotas saß.

Um den Wagen versammelten sich Menschen, doch ich erwiderte ihre Grüße nicht, sondern blickte mich zu der Straße um, die uns an jenem Tag nach Wanzerbe geführt hatte: endlose Mondlandschaften aus Laterit, Felsen und Kadavern, wo nichts wuchs und keine Tiere grasten; Bauern, die am Rand ihrer kahlen Felder hockten und in den wolkenlosen Himmel im Osten starrten; Hirten, die knochiges Vieh über die Dünen trieben, auf denen das Gras früher hoch und üppig gewachsen war. Die Dürre hatte dem Songhai-Land alle Lebenskraft ausgesaugt.

Cheryl packte meinen Arm und rüttelte mich. Ich spürte den Druck ihres Rings aus geflochtenem Kupferdraht; Fatouma hatte ihr aufgetragen, diesen zu ihrem »Schutz« zu tragen. »Die Soldaten wollen uns sehen, Paul.« Sie zeigte nach rechts.

Der Fahrer hatte gegenüber einem schattigen Bereich gehalten, der als kleiner Außenposten des Militärs diente – zehn Pritschen unter Bäumen und ein Feldbüro in einer Lehmziegelhütte. Ich schluckte meine Vorbehalte herunter und stieg aus. Cheryl folgte mir. Wir begrüßten die Soldaten auf Französisch und gaben ihnen unsere Papiere. Während wir warteten, dass der Unteroffizier unsere Erlaubnisschreiben weitergab, hieß uns Hassane, einer von Kasseys Söhnen, in Wanzerbe willkommen.

»Ist deine Mutter in der Stadt?«, fragte ich.

»Oh ja. Sie wird später auf dem Markt sein«, antwortete er.

Hassane zog mich ein Stück weg, bis wir außer Hörweite der anderen standen. »Meine Mutter ist alt und stur. Nicht einmal ihrem Lieblingssohn Larabu verrät sie ihre Geheimnisse.«

»Larabu?«

Hassane erklärte, dass Larabu in Tera zur Schule gegangen war. Aber im letzten Schuljahr war er erwischt worden, als er seine Lehrer bestohlen hatte, sodass er ein Jahr im Gefängnis verbringen musste. Jetzt war er Unteroffizier in der Armee des Nigers.

Als Hassane von ihm sprach, erinnerte ich mich plötzlich wieder: Ich war einer von Larabus Lehrern gewesen. Er hatte mich und mehrere Kollegen bestohlen. Ich war einer derjenigen gewesen, die ihn angezeigt hatten. Mit anderen Worten, ich war verantwortlich dafür, dass er eingesperrt wurde. Ich überspielte mein Unbehagen. »Vielleicht ist die Zeit nicht richtig«, sagte ich.

»Mag sein«, räumte Hassane ein. »Vielleicht werden wir nach der Ernte etwas lernen.«

Ich sah ihm nach und fragte mich, ob es in Wanzerbe dieses Jahr überhaupt eine Ernte geben würde. Es war Ende Juli und noch immer wuchs keine Hirse auf den Feldern. Außerdem war es heiß. Die bloße Luft verbrannte meine Haut.

Cheryl winkte mir zu. Unsere Papiere waren in Ordnung. »Wo und wie lange wollen Sie bleiben?«, fragte der Unteroffizier.

Ich erklärte ihm, dass wir vorhatten, eine Woche zu bleiben, möglicherweise aber auch früher abreisen würden. Danach fuhr Mahamane uns zu Idrissas Gehöft in Karia, wo wir im aufgeregten Kreis von Idrissas Verwandtschaft unsere Ausrüstung und die Lebensmittel ausluden, die wir für seine kleine Familie mitgebracht hatten. Wir trugen die Sachen in Idrissas Haus.

Mittags gingen Cheryl und ich auf den kläglichsten Markt, den wir in all unseren Jahren in Niger je gesehen hatten. Tuareg aus der Gegend boten uns ausgebleichte und rissige Ledertaschen an. Frauen verkauften verschrumpelte Zwiebeln und kleine Mengen Sesammehl. Songhai-Händler saßen hinter getrockneten Datteln, die Wolken von Fliegen anlockten. Lebendiges Vieh hatte offenbar niemand im Angebot, aber Händler aus Méhana und Tera waren hergekommen, um den Menschen in der Hungerzone Reis zu verkaufen. Die hiesigen Hirsevorräte waren längst erschöpft, und die Menschen zahlten das Doppelte dessen, was eine Woche zuvor auf dem Markt in Bonfebba der übliche Preis gewesen war.

Wir umrundeten den Markt. Eine einzelne Reihe von Verkaufspunkten, die man nicht einmal als richtige »Stände« bezeichnen konnte, wand sich über die Hälfte des vorgesehenen Platzes. Mehrere Leute, die wir trafen, gestanden, dass sie einen Brei aus den zerstoßenen Stummeln der Hirsestängel vom vergangenen Jahr gegessen hätten – eine Speise, deren Verzehr selbst eine hungrige Kuh verweigerte.

Kassey trafen wir auf dem Markt nicht, dafür begegnete ich Dunguri, die einen teuren importierten Stoff trug. Sie begrüßte mich überschwänglich und bedachte Cheryl mit einem stechenden Blick. Ihre Euphorie und ihre blitzenden Augen verstärkten meinen latenten Argwohn. 1982 hatte ich ihr zwei Meter eines kostbaren Stoffs gegeben. Er hatte ihr gefallen, doch sie hatte zusätzlich noch Geld verlangt. Als ich ihr das abgeschlagen hatte, war sie außer sich gewesen. Nun fragte ich mich, was ihr Glotzen für mich oder für Cheryl noch bedeuten würde.

Die Nachmittagssonne pulsierte am wolkenlosen Himmel. Ich schmeckte das Salz, das sich in meinem Schnurrbart gesammelt hatte, und spürte ein langsames, aber beharrliches Pochen an meiner linken Schläfe – beginnende Kopfschmerzen. Ich schlug Cheryl vor, nach Karia zurückzukehren und das Mittagsmahl zu essen, das Idrissas Cousinen bestimmt für uns zubereiteten. Auf dem Rückweg zum Gehöft begegneten wir einem Pick-up-Wagen aus Tera, dem nächsten Verwaltungszentrum. Der Fahrer saß auf der Ladefläche und redete mit seinen Kumpeln.

»Willst du nach Tera fahren?«, fragte er mich auf Songhai.

»Wozu?«

»Du willst doch nicht hierbleiben, oder?«

»Doch«, sagte ich halbherzig.

»Verrückt. Verrückt.«

»Warum?«

»Niemand will in Wanzerbe sein«, antwortete er kurz ins Französische wechselnd, »kein Essen und gefährliche Leute.«

»Das weiß ich alles«, erwiderte ich. »Wir bleiben vier Tage. Vielleicht eine Woche.«

Der Fahrer schüttelte den Kopf. »Ich fahre um vier Uhr ab. Ich habe noch Platz für dich, wenn du willst.«

»Danke«, sagte ich. »Wann kommst du zurück?«

»Erst zum nächsten Markt. Bis dahin wirst du hier keine Transporter sehen.«

Aus Wanzerbe fliehen! Wie sehr ich in diesen Pick-up steigen und nach Tera fahren wollte. Aber ich wusste, dass ich das nicht machen konnte. Also verließen wir den Markt und die Lkws und aßen in Idrissas Haus zu Mittag. Von Weitem hörte ich das Brummen der abfahrenden Trucks, die uns einsam in Wanzerbe zurückließen.

An jenem Abend besuchten wir Kassey. Im vorherigen Jahr hatte sie mich freundlich in ihrem Haus willkommen geheißen. 1984 wirkte sie distanziert und förmlich. Auch die sechs Meter der lavendelfarbenen Lochstickerei, die wir aus Amerika mitgebracht hatten, hoben ihre Laune nicht. Zwar scherzte sie, Cheryl und ich wollten sie wieder zur jungen Frau machen, doch ich erkannte, dass sich irgendetwas verändert hatte. Sie wirkte verbittert. War es wegen der anhaltenden Dürre? Das, erklärte sie, liege allein in den Händen Gottes und der Geister. Hatte sie das Gefühl, dass die Regierung die Region Wanzerbe vernachlässigte? Schon möglich, denn sie hatte kein gutes Wort für die leeren Versprechungen der lokalen Verwaltungsbeamten übrig. Andererseits meinte ich zu spüren, dass ihre Verbitterung erst durch meine Anwesenheit ausgelöst worden war.

Es war eine schwarze Nacht, doch am Himmel funkelten unzählige Sterne. Wir hatten auf Feldstühlen in Kasseys Hof Platz genommen, sie saß neben ihrer Tochter Mumay auf dem Rand eines breiten Stockbetts. Wir plauderten über Gärtnerei, Besessenheitstänze und den Hunger der Kinder.

Vor Kasseys Tor hörte man ein Klatschen.

»Tritt ein«, befahl Kassey.

Durch das Tor kam ein Mann mit einem weißen Turban und einer Robe. Kassey stand auf und ging ihm entgegen.

»Ah«, sagte sie, »komm mit mir. Wir werden reden.«

Mittlerweile hatte sich Kasseys Sohn Hassane zu uns gesellt, der uns erklärte, dass der Mann ein Klient von Kassey war. Vor sechs Monaten hatte er sie gebeten, ein Ritual abzuhalten, das seine Eheprobleme lösen sollte, berichtete Hassane. Das hatte sie perfekt durchgeführt, denn innerhalb des nächsten Monats war die Frau nach einjähriger Abwesenheit zu dem Mann zurückgekehrt. Vor vier Monaten hatte der Mann Kassey von seinem Glück erzählt. Zufrieden mit ihrer Arbeit hatte Kassey fünfundzwanzigtausend Francs von dem Mann verlangt – eine Summe, die dieser nicht bezahlen konnte. Er hatte erklärt, er sei pleite, und hatte Kassey gebeten, ihr Honorar zu senken. Kassey hatte sich geweigert und vorgeschlagen, dass der Mann sich Geld leihen sollte, um sie zu vergüten. Zwei Monate vergingen, bevor der Mann eine erste Rate zahlte: zehntausend Francs. Das war vor zwei Monaten gewesen und seither hatte der Mann kein weiteres Geld bezahlt. Nun war er gekommen, um Kassey seine finanzielle Klemme zu erläutern.

Der Mann sprach leise, Kassey hingegen laut und deutlich, sodass jeder verstehen konnte, was sie sagte.

»Jetzt hör mir zu«, erklärte sie dem Mann. »Du bist zu mir gekommen, weil du einen mächtigen Talisman haben wolltest. Wenn er nicht funktioniert hätte, wäre es gewesen, als hätten wir uns nie gesehen. Aber der Talisman hat funktioniert, oder nicht?«

»Das ist wahr.«

»Und wenn ein Talisman funktioniert, bezahlt man dafür, oder nicht?«

»Ja.«

»Und deine Frau lebt in deinem Haus, oder nicht?«

»Ja.«

»Was gibt es dann zu besprechen?«

»Seit zwei Monaten versuche ich, mir das Geld zu leihen«, stammelte der Mann. »*Hadschi* X hat mich abgewiesen, weil ich ihm sein erstes Darlehen noch nicht zurückgezahlt habe. Ich habe mit *Hadschi* Y gesprochen. Er wird mir das Geld geben, wenn sein Geschäft wieder besser läuft.«

»Verstehe«, sagte Kassey knapp, »aber wir leiden alle unter den Folgen dieser schwierigen Zeiten.«

Sie stand abrupt auf und schob den Mann zum Tor.

»Bitte«, flehte er, »würdest du bitte das Honorar senken?«

»Nein.«

»Dann gib mir bitte, bitte mehr Zeit, dich zu bezahlen«, bettelte er.

»Mehr Zeit?«, fragte sie drohend.

»Bitte, nur noch ein paar Wochen.«

Kassey gab nach. »Das ist für mich kein Problem.«

Wir hörten den Mann seufzen.

»Bitte richte deiner Mutter meine Grüße aus. Und auch deiner Frau und ihrer Mutter, die mütterlicherseits mit mir verwandt sind.«

»Das werde ich tun«, sagte der Mann und verschwand in die Nacht.

Kichernd nahm Kassey wieder bei uns Platz. »Er wird mich bald bezahlen, weil er Angst vor den Folgen hat.«

Das Wort »Folgen« öffnete die Schleusen für meine privaten Ängste. Kassey war der Inbegriff von Härte. Im Zweifelsfall *würde* sie diesem Mann wehtun, obwohl er mit einer ihrer Verwandten mütterlicherseits verheiratet war. Sie ergötzte sich an seiner Angst. Nachdem ich diese Begegnung miterlebt hatte, war ich mir absolut sicher, dass sie alles tun würde, um ihren Ruf als mächtige Zauberin zu vergrößern. Ihr kaltblütiges Verhalten ließ mich zittern, als ich über meine Beziehung zu ihrem Lieblingssohn Larabu nachdachte. Ich war 1969 bis 1970 sein Englischlehrer gewesen. Als faulster Schüler von allen hatte Larabu meinen

Kurs nicht bestanden. Er war nicht der einzige Schüler, der durchgefallen war, doch hinter seinem Mangel an Fleiß hatte eine für mich damals neue Haltung gestanden. Er hatte behauptet, dass er nicht lernen müsse, weil seine Mutter eine große Zauberin sei, die ihm Talismane geben würde, um seinen schulischen Erfolg zu garantieren. Diesbezüglich erwartete ich keinen Ärger, denn ich wusste, dass Kassey sein miserables Abschneiden in der Schule für seine eigene Schuld hielt. Aber im Frühjahr 1970 war Larabu in einen sehr viel ernsteren Zwischenfall verwickelt gewesen. Er hatte seine Lehrer – mich und einige französische Kollegen – in der Schule bestohlen und sich aus unserer gemeinsamen Haushaltskasse bedient. Wir erstatteten Anzeige, und Larabu musste für ein Jahr ins Gefängnis. Trotz seiner unbestreitbaren Schuld schwor er Rache. Wir hätten die Anzeige zurückziehen können, doch das hatten wir nicht getan. Deshalb war ich zumindest mitverantwortlich dafür, dass Kasseys jüngster Sohn im Gefängnis gelandet war. Kassey hatte meine wahre Identität bestimmt herausbekommen – so wie ich die von Larabu. Würde sie Rache suchen? Ich glaubte nicht, dass all der »Schutz«, den ich am Körper trug, einen wütenden Angriff abwehren konnte, und ich wusste, dass Cheryl verwundbar war.

Kassey lud uns ein, früh am nächsten Morgen zurückzukommen, damit wir gemeinsam arbeiten konnten. Wir verabschiedeten uns. Cheryl war voller Erwartung – ich voller Angst.

Nach einer ruhelosen Nacht nahmen wir hastig ein Frühstück aus Kaffee und gebratenem Hirsekuchen zu uns und eilten zu Kasseys Gehöft. Sie begrüßte uns kühl und sagte, wir sollten auf Stühlen unter dem Strohdach vor ihrer Hütte Platz nehmen. »Ich habe noch einige Hauspflichten«, erklärte sie uns. »Setzt euch. Ich bin gleich bei euch.«

Cheryl sah mich an. »Warum will sie Hausarbeiten erledigen, wenn sie dafür Arbeiter hat und Gäste auf sie warten?«

Kein Songhai, den ich kannte, hatte mich je derart unhöflich behandelt. Cheryl und ich hatten uns beeilt, um Kasseys Bitte entsprechend früh zu kommen, und jetzt musste sie Hirse stoßen und das Haus putzen. Kasseys Verhalten erinnerte uns an eine unwillige Gastgeberin, die behauptet, mit den Essensvorbereitungen beschäftigt zu sein, damit sie eine Unterhaltung mit den Gästen vermeiden kann. Zwei Stunden vergingen. Drei Stunden. Die Sonne stieg höher und heizte die Luft so auf, dass sie die Haut verbrannte. Schließlich tauchte Kassey auf.

»Lasst mich kurz baden, dann setzen wir uns zusammen und reden.«

Eine Stunde später betraten wir ihr Haus. Idrissa kam hinzu, nachdem er am Vormittag Verwandte mütterlicherseits besucht hatte.

»Macht es euch bequem«, erklärte Kassey uns. »Ich bin gleich zurück.«

»Sie behandelt uns wirklich wie den letzten Dreck, Paul«, stellte Cheryl fest.

»Was du nicht sagst«, erwiderte ich und wandte mich an Idrissa. »Was ist los? Wir kommen am frühen Morgen, um zu arbeiten, und sie lässt uns bis zum Mittag warten. Wir sind den weiten Weg aus Amerika gekommen, um sie zu treffen.«

Idrissa wirkte nervös. »Sie wird reden. Sie wird reden.«

»Gut«, sagte ich. »Was ist in der Stadt los?«

Idrissa ignorierte meine Frage. »Ich habe gehört, dass am Mittwoch ein Truck von hier abfahren wird.«

»Wirklich!«, rief Cheryl.

Ich sah sie an. »Können wir unsere Arbeit hier in vier Tagen abschließen?«

»Die Pflanzensachen und Architekturfotos bestimmt. Den Rest nicht. Aber wir sind doch nicht den weiten Weg gekommen, um unseren Besuch jetzt abzukürzen, oder?«

»Ich denke, es ist das Beste, wenn wir so bald wie möglich abreisen.«

Idrissa widersprach mir nicht. »Ich höre mich nach einer Mitfahrgelegenheit um. Vielleicht finden wir auch noch früher etwas.«

Kassey trug unser Mittagessen auf. Sie hatte uns zu Ehren drei Hühnchen geschlachtet, und Mumay hatte eine Sesamsoße gekocht – mein Lieblingsessen. »Esst, später reden wir«, befahl sie und war auch schon wieder verschwunden.

Ich starrte auf die dampfenden Töpfe, die Kassey uns hingestellt hatte. Konnten wir es wagen, dieses Mahl anzunehmen? Bei ihrem Wissen über Pflanzen und ihrem jähzornigen Temperament könnte sie uns ohne Mühe vergiften, und die einzigen Hühnchenstücke schwammen in der Soße.

»Idrissa«, sagte ich, »komm und iss.«

Idrissa schüttelte den Kopf. »Du zuerst.«

Cheryl und ich nahmen unsere Löffel und aßen Reis, Soße und Hühnchen.

»Es ist köstlich«, erklärte Cheryl.

»Unbedingt«, stimmte ich zu. »Wenn sie die richtigen Gewürze zur Verfügung hat, ist Mumay die beste Köchin in dieser Gegend.«

Rasch hatten wir unseren Hunger gestillt und gaben die Töpfe an Idrissa weiter, der mit Hingabe aß. Als er fertig war, trug er die Töpfe ab und rief Kassey. Würdevoll betrat sie das Haus, rollte eine neue Matte aus geflochtenen Palmwedeln aus und nahm links von uns Platz.

»Was ist euer Vorhaben?«, fragte sie mich.

»Meine Mutter«, begann ich in dem Versuch, meine Rede vom Vorjahr zu kopieren, »Cheryl und ich sind aus Amerika gekommen, um dich zu besuchen und mit dir zu sprechen. In diesem Jahr haben wir zwei Projekte. Erstens würden wir gern mit dir über Pflanzen sprechen, die die Leute bei der Heilung verwenden. Zweitens würden wir gern *dein* Buch herausbringen.«

»Mein Buch?«, wiederholte Kassey.

»Ja. Du erzählst uns dein Leben. Wir nehmen es in der Maschine auf. Dann nehmen wir die Worte aus der Maschine und übertragen sie auf Papier. So werden die Menschen von Niger bis nach Amerika deine Worte und deine Weisheit kennen.«

»Gut. Sehr gut.« Idrissa nickte.

Kassey streckte den Rücken und grunzte. »Das ist gut«, sagte sie schroff. »Beginnen wir mit den Pflanzen.«

Ich erklärte ihr, wie wir vorgehen wollten. Ich würde den Namen einer Pflanze nennen und sie würde Hinweise auf ihre Verwendung in der Heilkunde oder in der Zauberei geben. Als wir die Liste durchgingen, merkte ich, dass Kassey Dinge zurückhielt. So sprachen wir beispielsweise über *Kobe*. Der *Sohanci* hatte mich die zahlreichen Anwendungen von *Kobe* in Talismanen gelehrt. Aber Kassey identifizierte es nur als ein Pulver, das ihre Vorfahren benutzt hatten, ohne näher auf die verschiedenen Verwendungsmöglichkeiten einzugehen. Und so ging es weiter. Sie lieferte detaillierte Schilderungen des heilkundlichen Gebrauchs von Pflanzen, hielt sich jedoch zurück, wenn es um magische Zwecke ging. Bei diversen Pulvern, die ausschließlich fürs Übernatürliche benutzt wurden, sagte sie knapp: »Wir arbeiten damit.« Ich war sehr enttäuscht und beunruhigt. Ich war dieses Jahr mit der Hoffnung hierher zurückgekehrt, dass diese schwierige Frau mich als ihren Lehrling akzeptiert hatte. Aber das hatte sie keineswegs. Sie behandelte mich mit der Zurückhaltung und dem Argwohn, mit dem die Songhai Distanz zwischen sich und Fremden schaffen. Eingesponnen in ein Netz falscher Erwartungen waren wir nach Wanzerbe zurückgekehrt und nun in einem Netz realer Angst gefangen. Als wir fertig waren, waren alle erschöpft – niedergedrückt von der Hitze und dem Gewicht der vielen unausgesprochenen Verdächtigungen. Wir dankten Kassey überschwänglich für ihre

Zeit und fragten, wann wir vielleicht am Abend zurückkehren könnten, um an *ihrem* Buch zu arbeiten.

Sie begleitete uns bis zum Tor und wünschte uns einen friedlichen und ruhigen Nachmittag, bevor sie etwas zu Idrissa sagte. Wir waren schon fast wieder zurück in Karia, als Idrissa uns informierte, dass Kassey uns an jenem Abend nicht sehen wollte.

»Warum zum Teufel nicht?«, fragte ich.

»Andere Geschäfte«, antwortete Idrissa.

In der Sprache der Zauberei bedeutete das, dass sie am Abend ein geheimes Ritual zelebrieren würde. Für wen? An wem?

Am Nachmittag mischte sich die Sommerhitze mit der Feuchtigkeit des heranziehenden Regens. Wir saßen stundenlang schwitzend in Idrissas Haus – einige der längsten Stunden meines Lebens. Idrissa ging aus und ein und setzte seine Verwandtschaftsbesuche fort. Danach steckte er jedes Mal den Kopf durch den Eingang und versicherte uns, dass er bis Mittwoch oder Donnerstag eine Mitfahrgelegenheit nach Tera finden würde. »Vielleicht früher. Vielleicht früher.«

»Er will ebenso dringend hier weg wie du, Paul«, bemerkte Cheryl.

»Ja«, gab ich seufzend zurück. »Ich frage mich, ob er etwas weiß, was wir nicht wissen.«

Es war zu stickig zum Reden. Ich trat aus der Hütte und sah in der Ferne Blitze zucken. Die älteste Frau auf dem Gehöft zeigte nach Osten.

»In Tegey regnet es.«

»Möge Gott Regen nach Wanzerbe bringen«, sagte ich.

»Amen.«

Gemeinsam beobachteten wir einen rotbraunen Staubstreifen, der auf uns zukroch. Wir rochen den Regen in der Luft. In Erwartung eines Gewitters banden die Leute die Tiere an und schlossen die Fenster. Der heulende Wind hüllte die Sonne in eine Decke aus Staub. Die Temperatur fiel dramatisch. Und dann ein, zwei Tropfen Wasser, gefolgt von wahren Sturzbächen. Das Gehöft verwandelte sich schnell in einen flachen See. Dann ließ der strömende Regen nach, in der Ferne hörten wir Schreie. Die Regengottheiten hatten Besitz von ihren Medien ergriffen und stolzierten, krochen oder rollten zum Gehöft des lokalen *Zimas*. Wir traten aus Idrissas Haus. Die Luft war sauber und kühl. Die Menschen lächelten. Idrissas Vater Kundiababa dankte mir, dass ich den Regen nach Wanzerbe gebracht hatte. Ich sagte, meine Gebete um Regen seien nicht mächtiger als seine.

Er tat mein Dementi mit einem Achselzucken ab. »Morgen«, sagte er, »gehen wir und besäen unsere Felder.«

»Möge Gott euch eine reiche Ernte schenken«, erwiderte ich. Wir wussten beide, dass es zu spät war, um Hirse zu säen.

Der Abend war feucht und kühl. Wir aßen ein geschmackloses Mahl aus Reis mit Gumbo-Soße und saßen dann in dem kleinen Hof vor Idrissas Haus. Menschen kamen uns besuchen, doch mir war nicht nach Reden zumute. Vielmehr war mir übel, vage, aber zunehmend stärker. Fieber. Schmerzen an der Seite beim Atmen. Allgemeines Unbehagen. Wodurch war dieses Unwohlsein ausgelöst worden? Unser Wasser stammte aus einem artesischen Brunnen. Das Essen? Sicher, andere hatten es - unbeobachtet - zubereitet. Aber Cheryl schien keine Beschwerden zu haben. Vielleicht war es ein lautloser Killer: Zauberei. Wir hatten Kasseys und Idrissas Leuten Lebensmittel und Geld geschenkt - Dunguri und Halidu, der der örtliche *Zima* und selbst ein *Sohanci* von großem Ansehen war, jedoch nichts mitgebracht. Ich wusste, dass Wanzerbe ein Ort voller boshafter Menschen war. Ich wusste, dass diese Menschen - inklusive Kassey - nach Vergeltung trachten würden, wenn sie sich von uns geschnitten fühlten. Sie würden irgend-

Regentanz-Zeremonie (Yenaandi),
Tillabéri, Niger, 1977

jemanden die Folgen spüren lassen. Welchen Text rezitierte Dunguri gerade über ihrem Altar? Was sagte Halidu zu den Geistern, die er kontrollierte? Meine Fantasie brodelte genauso wie mein Magen. Wenn ich meine geistige Gesundheit wahren wollte, musste ich hier weg.

Bei Anbruch der Dämmerung wurde ich immer schwächer, doch ich wehrte mich gegen den Schlaf. Wenn ich einschlief, würde ich uns in tödliche Gefahr bringen, dachte ich. Nein, ich würde stattdessen das *Genji how* zitieren. Als die Hähne schließlich krähten, war ich von meiner Nachtwache erschöpft. Cheryl schlief friedlich. Hatte ich es ein weiteres Mal geschafft, den Fluch meiner bösartigen Angreifer abzuwehren?

Bei Tagesanbruch kam Idrissa und begrüßte mich bedrückt. Auch er hatte nicht geschlafen, sondern die Nacht bei einer Totenwache verbracht. Sein zweijähriger Neffe war gestorben. Unsere trauernden Nachbarn klagten laut über den Verlust eines so jungen Lebens.

»Paul«, sagte Idrissa matt, »sie haben kein Geld für das Leichtentuch.«

Der Tod dieses Kindes auf dem Nachbargehöft raubte mir endgültig den Nerv. Ich gab Idrissa das Geld und drückte mein tief empfundenes Mitgefühl aus. Dann traf uns die nächste Nachricht: Idrissas Onkel mütterlicherseits war ebenfalls gestorben. Das Gewitter hatte ihn auf dem Feld überrascht. Er hatte Schutz in seinem Getreidespeicher gesucht und dort in der Nacht einen Herzinfarkt erlitten. Eine Nacht, zwei Tote. Was hatte ich getan, fragte ich mich quälend. Irgendjemand hatte den Tod zu meinem Haus geschickt; ich hatte ihn abgewehrt und dadurch umgelenkt. Ich war voller Kummer und Argwohn. Dann spürte ich einen Krampf im Magen und rannte zu dem Loch, das Idrissa hinter den Häusern für uns gegraben hatte. Was herauskam, schockierte sogar mich, der an die schmutzigen Details afrikanischer Durchfallerkrankungen gewöhnt war.

Ich kehrte zum Haus zurück und sagte nichts zu Cheryl, die ihrerseits auf dem Weg zu dem Loch war. Als sie zurückkehrte, war ihr Gesicht von Sorge gezeichnet. Ihr Stuhlgang ähnelte meinem.

»Wir müssen hier weg, verdammt!«, schrie ich.

Cheryl versuchte, mich zu beruhigen. »Es ist nichts Ernstes.«

»Oh doch! Es ist verdammt ernst!«, brüllte ich. »Verdammt ernst!«

In diesem Moment tauchte Idrissa auf. »Es gibt einen Transporter, der in ungefähr dreißig Minuten abfährt.«

»Wo?«

Idrissa wies jenseits des Gehöfts auf eine Stelle, an der tatsächlich ein Lkw der alten französischen Marke Berliet am Straßenrand hielt. Der Fahrer reparierte irgendetwas.

»Lauf und sag ihm, wir fahren mit. Lauf!«

Idrissa rannte los. »Cheryl, lass uns packen und so schnell wie möglich hier verschwinden.«

»Komm schon, Paul. Du bist hysterisch. Einen Tag hältst du doch sicher noch durch.«

»Nein!«, brüllte ich. »Ich kenne meine Grenzen, und ich habe sie erreicht. Lass uns packen!«

Wir stürzten ins Haus und begannen, unsere Sachen zu verstauen. Die Leute auf dem Gehöft fragten, warum wir so plötzlich aufbrachen. Ich klopfte auf meinen Bauch, und sie akzeptierten meine Lüge – oder verstanden sie, was wirklich los war?

Idrissa brachte den Fahrer zu unserem Haus. Auch er hatte es eilig loszukommen. Wir waren so nervös, dass wir unser Bettzeug nicht richtig zusammenrollen konnten. Kundiababa unterbrach uns.

»Es tut mir leid, dass ihr so überstürzt abreisen müsst. Heute gehen wir auf die Felder und bringen die Saat aus.« Er präsentierte mir drei Hühner. »Ein wenig Fleisch für dich und Cheryl – ein Zeichen für die Ehre, euch als Gäste gehabt zu haben. Wenn ihr weit weg in Amerika seid, werdet ihr in unseren Gedanken sein.«

Seine Herzlichkeit löste meine Anspannung ein wenig. Die Aufrichtigkeit und Zuneigung dieses Mannes erinnerten mich daran, dass es in Wanzerbe auch gute Menschen gab. Trotzdem musste ich fliehen.

Eine Prozession begleitete uns zu dem Transporter und gab uns die besten Wünsche mit auf den Weg. Idrissa und seine Tochter Harijitu kletterten auf die Ladefläche.

»Ich bin froh, dass wir aufbrechen, Paul«, erklärte er mir. »Ich wollte schon wieder wegfahren, als wir gerade angekommen waren.«

Cheryl und ich sahen uns an. »Weißt du was, Paul? Ich hatte das gleiche Gefühl. Als wir am Sonntag Wanzerbe erreichten, habe ich den Impuls unterdrückt, sofort wieder umzukehren.«

»Wirklich?«

Wir stiegen in das Führerhäuschen und der Fahrer ließ den Motor an. Als wir die Straße den heiligen Berg Surgumey hinaufholperten, entspannte ich mich ein wenig. Ich war einer Welt entkommen, in der der »*mauvaise foi*« mich beinahe vernichtet hätte.

Epilog:

Im Schatten der Zauberei

Die Zeit hat die Verwirrung und die Angst geheilt, die ich an meinem letzten Tag in Wanzerbe empfand. Meine Furcht verschwand noch nicht, als der Transporter den Osthang des Surgumey hinunterfuhr und Wanzerbe außer Sichtweite war. Ich war mehrere Wochen lang krank und überzeugt, dass irgendjemand versucht hatte, mich zu »richten«, so wie ich einst den europäischen Unternehmer »gerichtet« hatte. Ich wurde die »Krankheit« lange nicht los, aber nach unserer Rückkehr in die Vereinigten Staaten verschwand sie irgendwann.

In den vergangenen siebzehn Jahren habe ich viele Reisen in das Land der Songhai unternommen. Auf jeder dieser Reisen hatte ich eine andere Rolle: Ich war ein argloser Englischlehrer, ein angehender Ethnologe, der seine erlernten Forschungsmethoden ausprobierte, ein skeptischer Zauberlehrling, ein Komplize bei einem Akt der Zauberei, ein metaphysischer Abenteurer auf einer existenziellen Reise und das Opfer eines Zauberangriffs.

Wie konnte eine so abwechslungsreiche Geschichte an jenem Tag in Wanzerbe so plötzlich enden? Das hat sie nicht. Songhai bedeutet für mich mehr als eine lieb gewonnene Erinnerung; es ist ein Teil von mir. Meine Lehrerinnen und Lehrer haben mich eingeladen, ihre Welt umfassend zu teilen, und ich habe diese Einladungen angenommen. Sie haben mir viele ihrer Geheimnisse offenbart; sie werden immer bei mir bleiben. Sie haben mir gezeigt, wie man sich in der Welt der Zauberei bewegt, und ich habe diese Lektionen in meinem Alltag angewandt.

In meinem Fall ist die Ethnologie mehr geworden als das Sammeln und Präsentieren von Daten. Die Welt der Songhai hat die Grundsätze infrage gestellt, auf denen meine akademische Ausbildung fußt. Das Leben im Land der Songhai hat mich gezwungen, mich den Grenzen der westlichen Philosophie zu stellen. In meiner siebzehnjährigen Verbindung mit den Songhai hat sich mein Denken weiterentwickelt und wurde stark von ihren Kategorien und ihrer Weisheit beeinflusst. Als ich begann, ethnologische Texte zu schreiben, folgte ich den Konventionen meiner Ausbildung. Ich »sammelte Daten«, und wenn die »Daten« in ordentliche Stapel sortiert waren, habe ich sie »zusammengeschrieben«. So reduzierte ich etwa in einem Aufsatz die Beleidigungen der Songhai auf eine Reihe logischer Formeln. Ein anderes Mal verwendete ich Daten, die ich bei den Songhai »gesammelt« hatte, um über Metaphern, Gesellschaftstheorie und sozialen Wandel zu schreiben. Texte dieser Art sind auch nicht grundsätzlich verkehrt. Mit ihnen schaffen Ethnologinnen und Ethnologen einen Wissenskorpus, auf den man kritisch zugreifen und den man erweitern kann. Durch diesen offenen wissenschaftlichen Prozess wächst unser Wissen über soziale Phänomene. Und je mehr wir über soziale Phänomene wissen, desto besser verstehen wir die Welt, in der wir leben.

Aber ist das alles, worum es geht? Ich hoffe nicht. Ethnologie ist eine Wissenschaft, aber auch eine zutiefst menschliche Erfahrung. Zu Beginn meiner Karriere als Feldforscher war Adamu Jenitongo mein Hauptinformant, eine überaus kenntnisreiche Person, die mich mit Datenmaterial versorgte. Nachdem wir aus derselben Schüssel gegessen und in der Geisterhütte geschlafen hatten, wandelte sich unsere Beziehung: Wir wurden Vater und Sohn. Er konnte nicht mehr mein Informant sein; ich nicht mehr ein leidenschaftsloser Forscher. Und er hat mich vieles gelehrt – Dinge, die er nicht einmal seinen leiblichen Söhnen offenbart hatte.

Profunde ethnografische Beobachtungen in der Ethnologie sind sowohl möglich aus auch wünschenswert. Ich werde nie ein Songhai werden, trotzdem bin ich in eine Welt eingedrungen, die nur wenige Songhai unmittelbar kennen. Wie bin ich dazu gekommen, die Welt der Songhai-Zauberei zu betreten? In den Augen *Sorko* Djibo Mounmounis haben zwei Vögel mich mit einem Zeichen versehen; Vögel, die die Gottheiten Dongo und Harakoy Dikko verkörperten, wie Adamu Jenitongo mir später erklärte. Man kann nur darüber spekulieren, wie es dazu gekommen ist. Durch Vögel erwählt zu werden, ist nicht die Antwort; die Antwort liegt vielmehr in unserem Verständnis von Feldforschung. Wenn meine Feldforschung sich auf eine, zwei oder vielleicht drei Reisen beschränkt hätte, wäre ich womöglich auch auf die Welt der Songhai-Zauberei gestoßen, jedoch ohne sie wirklich zu verstehen; zumindest nicht so, wie die Songhai sie verstehen. 1979 erkannte ich meine Fehlschlüsse aus den Jahren 1976 und 1977. 1981 fand ich heraus, dass »X«, mein vertrauter Freund und »Informant« mich die ganze Zeit belogen hatte. 1982 bis 1983 entdeckte ich weitere Fehlinterpretationen, die mir in den Jahren zuvor unterlaufen waren. 1984 zwang die Hungersnot mich, alles, was ich über die Songhai gelernt hatte, neu zu bewerten.

Auch wenn sie von der Ethnologie als das Nonplusultra eingeschätzt wird, garantiert eine langfristige Feldforschung an sich noch keine profunde Erfahrung. Dafür muss man auch die Sprache beherrschen – der Einsatz eines Dolmetschers oder einer Dolmetscherin sollte nur eine Übergangs- oder vielleicht auch Notfalllösung sein. Dolmetscher und Dolmetscherinnen sind wie Schwimmwesten: Sie halten einen über Wasser und bewahren einen vor dem Ertrinken, doch sie verhindern zugleich ein wirkliches Eintauchen und Erkundungen in der Tiefe. Natürlich kann es auch zu Missverständnissen kommen, wenn man die Sprache im Feld beherrscht, doch das passiert noch häufiger, wenn man sich bei einer Feldforschungsreise auf assistierende Personen wie zum Beispiel Dolmetscher verlässt.

Langfristige Feldforschung und das flüssige Sprechen der vor Ort gesprochenen Sprache sind zwei wichtige Bestandteile des Feldforschungsrezepts, das ich zusammenstelle. Aber die wichtigste Zutat ist meiner Überzeugung nach tiefer Respekt vor anderem Wissen, anderen Welten und anderen Menschen. Als Ethnologinnen und Ethnologen müssen wir den Menschen, in deren Mitte wir arbeiten, mit Respekt begegnen. Lange haben wir uns hauptsächlich darum gesorgt, dass unseren Forschungsobjekten durch unsere Studien keine Probleme entstehen. Für mich heißt Respekt jedoch mehr, nämlich auch, vorbehaltlos Glaubensvorstellungen und Phänomene zu akzeptieren, die innerhalb unseres Wissenssystems absurd erscheinen. Ich habe meine Lehrerinnen und Lehrer ernst genommen: Sie *wussten*, dass ich in meinem persönlich Leben Wahrsagerei angewandt hatte. Sie *wussten*, dass ich Pulver gegessen hatte, um mich zu schützen. Sie *wussten*, dass ich Objekte am Körper trug, die meinen Respekt für die Geister bekundeten. Sie *wussten*, dass ich zu Hause einen Altar hatte, vor dem ich Beschwörungsformeln rezitierte. Sie mochten die

Art, wie ich mit meinem Wissen und meiner Macht umging, und lehrten mich mehr und mehr …

Aber Ethnologinnen und Ethnologen können auch zu weit gehen. Sie können zu eifrig eine fremde Realität suchen und dabei eine Linie überschreiten, hinter der sie sich unvermittelt einer gewalttätigen Wirklichkeit gegenübersehen, die nicht bloß eine epistemologische Übung ist. Wenn sie zu viel wissen, müssen sie Schweigegelübde ablegen. Wenn sie öffentlich machen, was nicht öffentlich werden sollte, kann es gefährlich werden. 1984 in Wanzerbe berührte ich diese Grenze. Kassey wusste, was ich wusste, und demonstrierte ihre unzweideutige Missbilligung. Erschrocken von der Wucht ihrer Ablehnung machte ich kehrt und floh. Wenn ich diesen unbekannten Weg weitergegangen wäre, könnte ich meine Geschichte heute womöglich nicht erzählen.

Meine Erfahrungen in der Welt der Zauberei sind nicht einzigartig. Meine Fähigkeiten als Feldforscher sind nicht außergewöhnlich. Auch das Genre dieses Buches – der Feldforschungsbericht – ist mittlerweile nichts Besonderes mehr. Man muss sich nicht mehr dafür rechtfertigen, dass ein solches Memoir lebhafte Beschreibungen, Gespräche, Träumereien bei Dämmerung, Humor und Ironie enthält. Wenn mich meine Erfahrungen mit der Songhai-Zauberei eines gelehrt haben, dann dass Zauberei eine Metapher für jenes Chaos ist, das alle soziale Beziehungen bestimmt – bei den Songhai und sonst wo. Wir alle erleiden *Zamba*, den Verrat eines guten Freundes. In allen Gesellschaften bröckeln Dinge und werden neu zusammengesetzt; wir leben *alle* im Schatten der Zauberei.

An jenem Tag 1984 habe ich die Menschen in Wanzerbe überstürzt verlassen, doch innerlich habe ich mich nie von ihnen und den anderen Menschen getrennt, die ich in Niger kennengelernt habe. Egal wie erschreckend oder gewöhnlich sie seien mögen: Ereignisse, Menschen und

Orte, denen man auf seinem Lebensweg begegnet ist, kann man nicht einfach vergessen. Ethnologinnen und Ethnologen verlassen das Gebiet ihrer Feldforschung wieder, doch für die anderen geht das Leben dort weiter. In den Jahren 1984 und 1985 litten die Menschen in Tillabéri, Méhana und Wanzerbe sehr. Es gab keinen Regen und keine Ernte. Nahrung war Mangelware. Viele Menschen starben an einer Epidemie. Der Niger sank auf den niedrigsten Stand seit Beginn der Aufzeichnungen. Aber die Songhai sind ein zähes Volk. In Tillabéri überstand Adamu Jenitongos Familie die Hungersnot. Fodie, die Enkelin des *Sohancis*, warf in einem Wutanfall einen Stein nach einem ihrer Onkel, verfehlte ihr Ziel und traf Adamu Jenitongo im linken Auge. Das Auge »starb«. Langsam verliert er auch die Sehkraft auf dem rechten Auge. Djemma und Moussa Nya nörgeln weiter an Djebo herum, die noch immer mit Moru verheiratet ist. Das »Monsterkind« Djamilla ist im Sommer 1985 gestorben, als es nach einem Regenguss in eine mit Wasser vollgelaufene Müllgrube fiel und ertrank. Inzwischen hat Djebo einen Sohn auf die Welt gebracht. Moussa näht weiter Kleider für seine Kunden und spart das wenige Geld, das er verdient, damit er seine Freundin heiraten kann.

Sorko Djibo verbringt immer mehr Zeit außerhalb von Méhana. Er hat eine Reihe bewässerter Reisfelder in Namarigungu am Ostufer des Nigers gepachtet. Obwohl er 1984 bis 1985 keine reiche Ernte einbrachte, warfen die Felder genug Reis ab, um seine Familie in Méhana zu ernähren. Wenn er sich in Méhana aufhält, läuft er mit gesenktem Kopf und vor sich hin murmelnd durch die Straßen. Djibos Bruder Zakaribaba ist ein geachteter Kräuterkundiger in der Region Méhana geworden. Die Leute reisen von weither an, um seine Heilmittel zu erwerben. Fatouma, die Marktfrau und Wahrsagerin, hat still eine zusätzliche Last übernommen und ist spirituelle Wächterin der Gemeinde geworden. Im Januar 1986 wurde sie als Medium Dongos initiiert – das wichtigste Medium im Besessenheitskult der Songhai.

Die fünfhundertjährige Tradition Wanzerbes hat eine weitere Dürre und Hungersnot überstanden. Auch die dritte Saat, die Koundiababa im August 1984 ausgebracht hatte, war nicht aufgegangen. In diesem Jahr verließen viele Menschen die Region und liefen tagelang bis zur

Adamu Jenitongos Nichte, Tillabéri, Niger, undatiert

nächsten Lebensmittelausgabestelle. Aber Koundiababa blieb in Wanzerbe, aß nur unregelmäßig und wartete auf ein Telegramm, mit dem einer seiner Söhne ihm Geld aus Lagos, Lome, Abidjan oder Amerika schicken würde. Auch Kassey blieb in Wanzerbe und behielt argwöhnisch ihre Geheimnisse und ihr gewaltiges Wissen für sich, während sie Wanzerbe von Unreinheiten befreite.

Im Sommer 1985 kam der Regen wieder in die Sahelzone. Die Bauern kehrten auf ihre Felder zurück, die Fischer auf den Niger, der wieder voller Wasser und Fische war, die Reisbauern auf ihre überfluteten Felder. Der Regen führte die Menschen heim in ihre ländlichen Dörfer, wo sie ihre unabhängige Existenz als sich selbst versorgende Bauern wieder aufnahmen.

Auch ich kehrte in den Jahren 1985 bis 1986 ins Songhai-Reich zurück. Idrissa hatte eine neue Tochter, die im Mai 1985 geboren war, dem heißesten und schwierigsten Monat der Hungersnot. In ihrer fünfjährigen Ehe hatte Jitu drei Kinder zur Welt gebracht. Während ich mit Idrissa zusammenarbeitete, hatte sie nie einen Hehl aus ihrer Abneigung mir gegenüber gemacht. Trotzdem war Idrissa mein »jüngerer Bruder«. Er vertraute mir, und ich vertraute ihm. 1984 schenkte er mir sogar einen Initiationsring. Ich hatte nicht gewusst, dass er ein Geistermedium war.

Aber im Dezember stahl Idrissa mir fünfundzwanzigtausend Francs. Ich war am Boden zerstört. Der Verlust des Geldes war mir egal: Diebstahl gibt ist in jeder Gesellschaft. Aber Idrissa war nicht bloß irgendein Informant, irgendein Songhai. Wir hatten viele herausfordernde Momente zusammen erlebt. Für mich war er wie Adamu Jenitongo und Amadu *Zima* – Männer, die mehr am Licht einer engen Freundschaft als am Schatten materiellen Gewinns interessiert waren. Die Songhai betrachteten *Zamba* als eine Gefahr auf ihrem Weg. Ich bildete keine Ausnahme. Ohne zu ahnen, dass ich von dem Diebstahl wusste, besuchte Idrissa mich im Januar 1986 auf dem Gehöft von Adamu Jenitongo in Tillabéri. Offenbar hatte ich eins meiner Hemden in Méhana liegen lassen, und Idrissa übernahm es persönlich, es mir zu bringen – eine wunderbare Geste. Ich war überrascht, ihn zu sehen, genauso wie der *Sohanci*: »Ich kenne diesen Mann.«

Zwanzig Jahre zuvor war Idrissa an einem Markttag nach Tillabéri gekommen. Als der Markt voll war, hatte er einen Stößel auf den Boden gelegt und darauf getanzt – einen Zauberer-Tanz, der die Menschen auf dem Markt mit solcher Ehrfurcht erfüllte, dass sie ihm Geld gegeben hatten, um sich vor seiner Macht zu schützen. Jemand hatte den *Sohanci* gerufen, und als dieser erschien, war Idrissa um sein Leben gerannt. Denn einen solchen Tanz dürfen nur die mächtigsten Zauberer aufführen. Falls ein anderer Zauberer wie etwa Idrissa ihn tanzte, konnte er getötet werden, vor allem wenn er sich falsch ausgegeben hatte.

»Ich habe ihn laufen lassen«, erklärte Adamu Jenitongo mir. »Er war noch so jung.« Er betrachtete Idrissa erneut. »Paul, ich vergesse nie ein Gesicht. Das ist der Junge, der vor langer Zeit hierhergekommen ist. Er ist derjenige, der dein Geld gestohlen hat, nicht wahr?«

»Ja, *Baba*.«

»Sein Charakter hat sich nicht verändert, oder?«

Idrissa blieb über Nacht und bat mich am nächsten Morgen um Fahrgeld.

Ich gab ihm tausend Francs.

Dann erklärte er mir, dass der Geist Cirey sich drei Nächte zuvor Kasseys Körper ermächtigt hatte. Durch Kassey habe der Geist ihm mitgeteilt, dass Paul ihm ein neues Gewand kaufen sollte.

»Wie viel will Cirey haben?«, murmelte ich.

»Fünfzigtausend Francs«, antwortete Idrissa.

Mir brach das Herz. Ich wusste, dass Geister wie Cirey nie nach Sonnenuntergang von ihren Medien Besitz nahmen, schon gar nicht an anderen Tagen als am Donnerstag – dem

Tag der Geister. Idrissa log und wollte das Geld garantiert selbst einstecken.

»Die Leute von Wanzerbe sollen mir einen Brief wegen Cireys Gewand schreiben, dann schicke ich *ihnen* das Geld.«

»Bist du sicher, dass du Cireys Geld nicht mir geben willst?«, beharrte Idrissa.

»Ja, das bin ich.«

Enttäuscht marschierte er Richtung Westen davon; sein kleiner Körper warf einen langen Schatten im Sand.

Auch ich stand im Begriff, Tillabéri zu verlassen. Ich packte meine Ausrüstung zusammen, als der *Sohanci* mich zu sich auf seine Matte rief.

»Dein Herz ist verdorben, nicht wahr?«

»Ja, *Baba*.«

»*Zamba* ist hart für das Herz eines Menschen. Aber auf deinem Weg ist nicht nur *Zamba*.«

»Ich weiß.«

»*Baba* ist auf deinem Weg. Paul ist auf *Babas* Weg. Vergiss das nicht. Denk immer daran.«

»Das mache ich, *Baba*.«

Moru steckte den Kopf aus der Tür seines Hauses und nahm eine meiner Taschen.

»Paul, wenn du das Buschtaxi erwischen willst, müssen wir los.«

»Okay.«

Der *Sohanci* und ich erhoben uns, und wir gingen zu dritt zum Tor des Gehöfts. »Paul«, sagte der *Sohanci*, »nächstes Jahr musst du wiederkommen, um *Baba* zu besuchen.«

»So Gott will«, sagte ich.

»Möge Gott gewillt sein«, sagte der *Sohanci*.

Mit dem warmen Blick des *Sohancis* im Rücken marschierten Moru und ich in der frischen trockenen Luft zum Busbahnhof am Westrand der Stadt. Ich blickte auf den Boden, wo unsere Schatten vor uns tanzten.

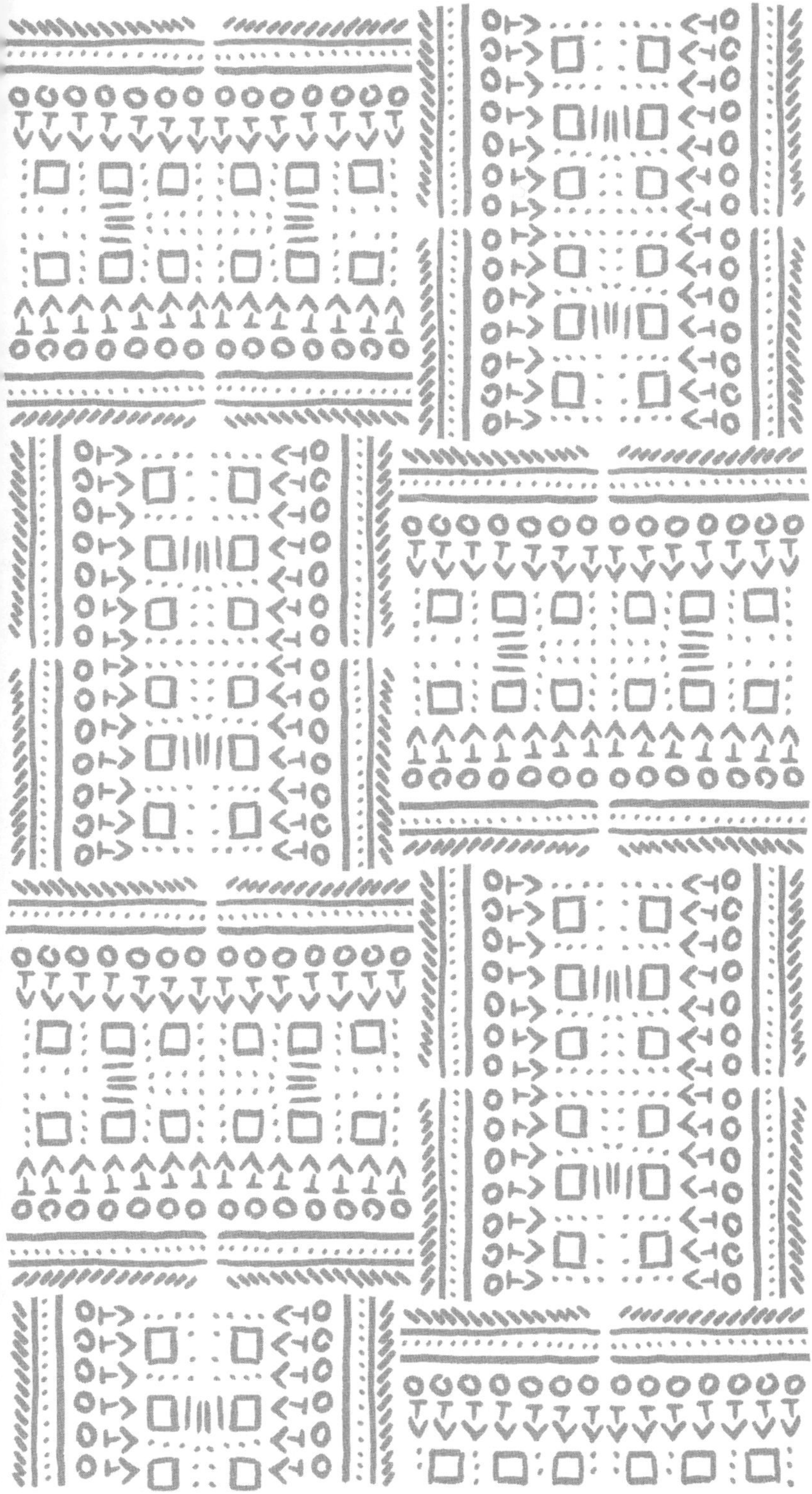

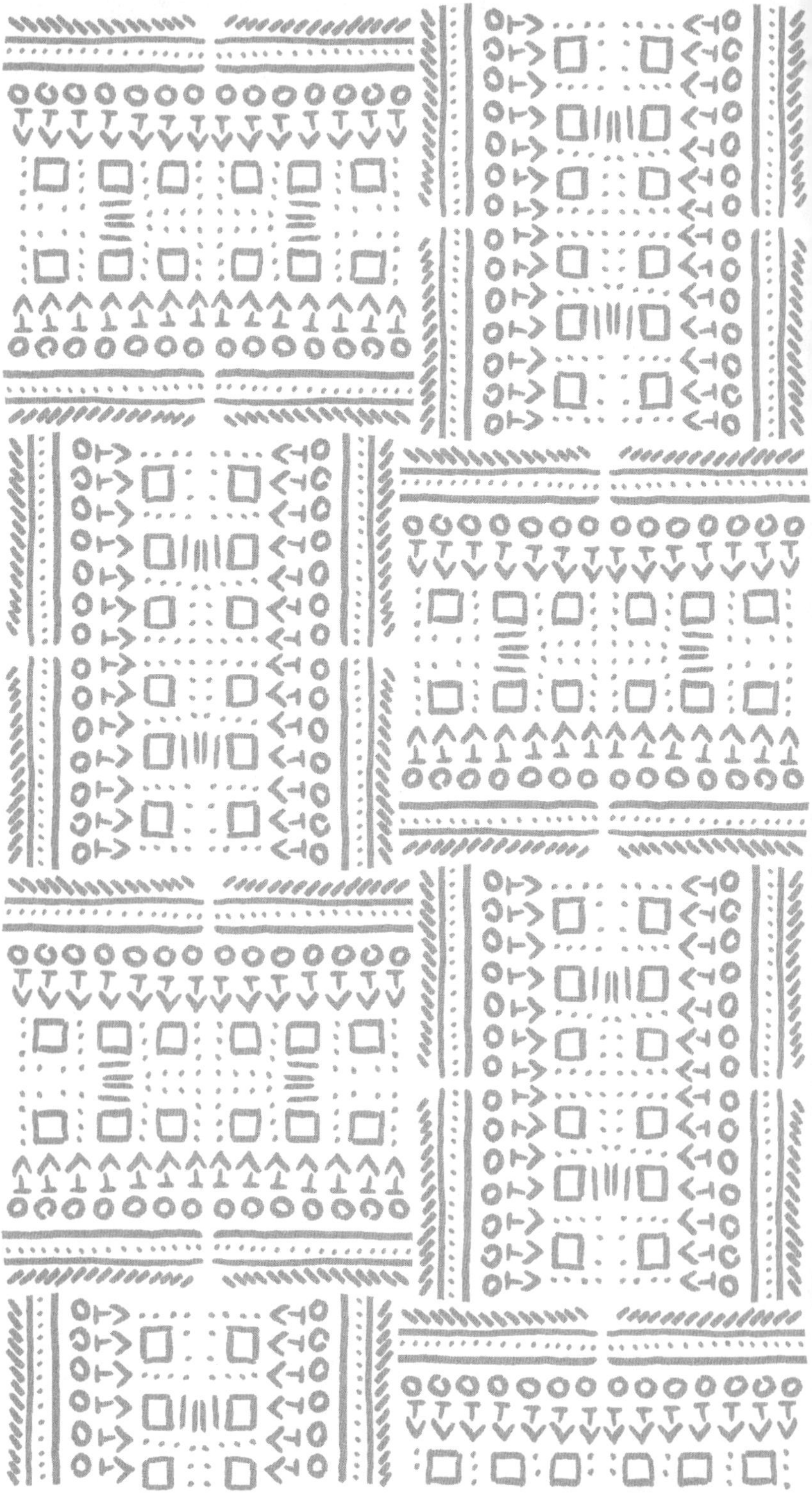

Glossar

Amiru: Dorfvorsteher. Aus dem Arabischen: *Emir.*

Anasara: Europäer. Aus dem Arabischen: *Insara* = Christ.

Aribinda: ein vom Volk der Kurumba bewohntes Dorf in Burkina Faso; berühmt für seinen Erntezauber.

Atakurma: die ersten Menschen; sie waren klein und dick.

Baata: Opferbehältnis eines Zauberers.

Baba: Vater. Aus dem Arabischen. Die Anrede wird auch verwendet, um Respekt gegenüber älteren Songhai-Männern auszudrücken.

Bella: ehemalige Sklaven der Tuareg; heute beliefern sie die Märkte der Songhai mit Brennholz und überschüssiger Hirse.

Bint al Hadash: Duftöl, mit dem man Songhai-Geister anlockt.

Bint al Sudan: Duftöl, mit dem man Songhai-Geister anlockt.

Boro bi: schwarzer Mensch oder schwarzes Volk.

Boowre: unbestimmte Pflanze, die bei der Behandlung von Asthma verwendet wird.

Boubou: weites, locker fallendes Gewand, das von Männern getragen wird.

Ceeyndi: unbestimmtes Harz, das verbrannt wird, um die Geister anzulocken.

Chef de poste: Titel eines Distriktverwalters, der der Regionalverwaltung unterstellt ist.

Cimikoy: wörtlich »jemand, der im Besitz der Wahrheit ist«; ein Zauberer oder eine Zauberin, der oder die die Traditionen der Vorfahren gewissenhaft befolgt.

Diggi: Name einer Paste, die *Sorkos* essen, um ihre übernatürlichen Kräfte zu vermehren.

Doguwa: Name einer Songhai-Geisterfamilie mit Hausa-Ahnen.

Dosari: Tephrosia linearis, Pflanze, die bei der Songhai-Zauberei Verwendung findet.

Duo: Hülse der Hirsesamen. Hexen verstecken die Seelen ihrer Opfer in Haufen von Hirsestreu.

Faran Maka Bote: legendärer Fischer, Urahn der *Sorko*, der die erste Besessenheitszeremonie überhaupt durchführte.

Ferrey: Khaya senegalensis, auch als »Afrikanisches Mahagoni« bekannt; Pflanze, die bei der Abwehr und dem Kampf gegen Hexerei verwendet wird.

Follo kadji: Wurzel eines unbestimmten Baumes, die bei Besessenheitszeremonien verwendet wird.

Fufu: Paste aus zerstoßenem Maniok.

Fula: wörtlich »Hut«; der Begriff korrespondiert mit der Berufung eines Anführers, der seinen »Hut« der Autorität empfängt.

Fulani: ein Hirtenvolk, Nachbarvolk der Songhai.

Gani: wörtlich »tanzen«; der Begriff bezeichnet darüber hinaus einen speziellen Tanz, der bei Besessenheitszeremonien vorgeführt wird.

Gao: Acacia albida, Ana-Baum, ein in der Sahelzone verbreiteter hoher Baum.

Geisterkrankheit: Krankheit, die durch einen Geist verursacht wird, der den Körper seines Opfers beherrscht.

Genji how: wörtlich »einen Busch fest- oder hochbinden«; die wichtigste Beschwörungsformel im Repertoire eines Zauberers. Ihr Ziel ist es, die Kräfte des Busches zu harmonisieren.

Genji tambo: unbestimmte Pflanze, die in der *Sorko*-Zauberei verwendet wird.

Gezema: Naya senegalensis, eine westafrikanische Kobra-Art.

Godji deli: unbestimmte Pflanze, die als Sedativum verwendet wird.

Goronfol: Tribulus terrestris, Erd-Burzeldorn, eine Pflanze, die bei der Zauberei der *Sorko* verwendet wird.

Gunda beri: wörtlich »großer Bauch«, außerdem der Name für die große Hungersnot im Sahel von 1911 bis 1914.

Guunu: Titel eines *Sohancis*, der Beschneidungen durchführen kann. Die Väter der *Guunu* sind Nachfahren von Sonni Ali Ber, ihre Mütter Hexen. Diese Genealogie macht sie mächtig genug, um Initiationsrituale durchzuführen.

Haasu kwarey: Securidaca longepedunculata, der Wilde Veilchenbaum, dessen Rinde während Hungersnöten zerstoßen und gegessen wurde.

Harakoy Dikko: die Geisterkönigin des Niger-Flusses und Mutter der Tooru, der Adeligen in der Geisterwelt der Songhai.

Hargay: Geister der »Kälte«, die Totgeburten, Unfruchtbarkeit und Tod verursachen.

Hadschi: ein Muslim, der die Pilgerreise nach Mekka absolviert hat.

Hausa: Sprache, die von den Völkern gesprochen wird, die im Osten und Süden der Songhai leben.

Iblis: (aus dem Arabischen) Teufel, der in der sechsten Ebene der Hölle wohnt.

Iri Koy: wörtlich »unser Anführer«. Der Begriff bezeichnet den Hohen Gott, der im siebten Himmel wohnt.

Juma: das besondere Nachmittagsgebet in der Freitagsmoschee zur Feier des islamischen Sabbat.

Kafia malam: unbestimmte Pflanze, die bei der Zauberei verwendet wird.

Kobe: Ficus platyphalla, Baum, der bei der Zauberei verwendet wird.

Komni tunda: unbestimmte Pflanze, die bei der Behandlung von Darmparasiten verwendet wird.

Korombey: Commiphora africana, ostafrikanischer Balsambaum, wird in der *Sohanci*-Zauberei verwendet.

Kosorey: Piliostigma reticulatum, Baum, der in der Songhai-Zauberei verwendet wird.

Kram-kram: stachelige, grasartige Sporenpflanze, die sich im Boden verbirgt.

Kusu: magische Paste, deren Verzehr einer Person in der Menschen- und in der Geisterwelt mehr Kraft verleiht.

Kwara tombo: unbestimmte Pflanze, die bei der *Sorko*-Zauberei verwendet wird.

Maalu (*Cirey*): Sohn von Harakoy Dikko, dem Geist, der den Blitz kontrolliert.

Marabout: wörtlich »verbunden mit Gott«, Bezeichnung für einen islamischen Geistlichen.

Moussa Nyori: Sohn von Harakoy Dikko; der Geist, der die Bewegungen der Wolken und Schlangen kontrolliert.

Ndebbi: der Mittler zu dem Hohen Gott. Beschwörungsformeln richten sich an Ndebbi, der die Botschaft an den Hohen Gott weiterleitet. Wenn der Hohe Gott gewogen auf eine Beschwörung reagiert, wird ein Zauber ausgesprochen. Wenn er die Bitte des Zauberers abweist, ist dessen Zauber machtlos.

Ngimgniti: Pulver, das bei der Zauberei verwendet wird.

Nya Beri: wörtlich »die große Mutter«, die Mutter aller Hargay-Geister. Nya Beri kennt keine Furcht und lebt auf Friedhöfen.

Saa nya: unbestimmte Pflanze, die von *Sorkos* verwendet wird.

Sadyara: eine zweiköpfige Schlange, die Harakoy Dikkos Geisterdorf unter dem Niger bewacht.

Sangara: Dorf im Songhai-Land, berühmt für seine Zauberer.

Sharif: ein direkter Nachkomme des Propheten Mohammed (aus dem Arabischen).

Sibitah kadj: Wurzel einer unbestimmten Pflanze, die Kräuterheiler und Zauberer verwenden.

Siria: Ficus deldekena, Baum, der bei der Zauberei der *Sorko* und *Sohanci* verwendet wird.

Sisiri: die Kette der »Macht«, die *Sohanci* in ihrem Bauch tragen.

Sohanci: patrilineare Nachfahren von Sonni Ali Ber, die Zauberei praktizieren.

Sonni Ali Ber: König des Songhai-Reiches von 1463 bis 1491 und Ahnherr der *Sohanci*, einer Gruppe von Songhai-Zauberern.

Sorko: patrilineare Nachfahren von Faran Make Bote; Lobsänger der Geister und/oder Zauberer.

Sorko benya: wörtlich »Sklave eines *Sorkos*«; ein Nicht-*Sorko*, der »gekennzeichnet« wurde als jemand, der die Gabe hat, das Wissen eines *Sorkos* zu lernen.

Soudure: bezieht sich auf die Periode, in der die Nahrungsvorräte des vergangenen Jahres aufgebraucht sind und die neue Saat noch nicht reif für die Ernte ist.

Tamaschek: die Sprache der Tuareg.

Tooru: die Adeligen der Geisterwelt, die die wichtigen Kräfte des Universums beherrschen: Wasser, Wind, Feuer, Wolken, Donner und Blitz.

Tuareg: Wüstennomaden und ein Nachbarvolk der Songhai.

Wata gaya gaya: unbestimmte Pflanze, die bei Besessenheitsritualen verwendet wird.

Youmboum: See in der Nähe von Wanzerbe, berühmt für sein verzaubertes Krokodil.

Zauberei: der bewusste Einsatz spezialisierten Wissens, um eine Veränderung zu bewirken. Zauberei ist meiner Ansicht nach weder gut noch böse; Zauberer benutzen ihr Wissen und ihre Fähigkeiten, um ihre Macht und ihren Ruf zu entwickeln.

Zerma: die »Kreuzcousins« der Songhai. Die Zerma leben im Osten des Songhai-Gebiets. Sie sprechen Songhai und teilen die Kultur der Songhai, haben jedoch eine eigene Geschichte.

Zima: Priester oder Priesterin des Besessenheitskultes.

Zongo: der Teil eines Dorfes oder einer Stadt, in dem kürzlich zugezogene Migrantinnen und Migranten anderer Volksgruppen wohnen.

Der Zauberlehrling

MICHAELA SCHÄUBLE

»Wenn ich von meinem Leben als Ethnologe und von den Menschen erzähle, die ich über die Jahre kennen und lieben gelernt habe, berühre ich mein Publikum. Nicht, weil das, was ich zu sagen habe, besonders brillant wäre, sondern weil ich meine Erlebnisse – meine Freude und meinen Schmerz wie auch die Freude und den Schmerz meiner Freunde in Niger – offen teile. Und durch diese Offenheit entsteht eine Verbindung ... Diese Art der Verbindung fehlt den meisten ethnologischen Berichten. Aber wenn es nach mir ginge, sollte genau das das Herzstück unserer Profession sein.«

Das schreibt Paul Stoller anlässlich der Verleihung der Anders-Retzius-Medaille, dem »Nobelpreis der Ethnologie«, mit der er 2013 von der Schwedischen Gesellschaft für Anthropologie und Geografie für seine Verdienste im Fach ausgezeichnet wurde. Und genau diese Offenheit und Verbindlichkeit sind es, die, gepaart mit Empathie, wissenschaftlicher Präzision und politischem Scharfsinn, Paul Stoller zu einem der eloquentesten Ethnologen der Gegenwart machen.

Seit über dreißig Jahren erzählt Stoller emotional bewegende Geschichten über Migration, religiöse Praktiken, Freundschaften und Familienbande, über die Möglichkeiten und Grenzen menschlicher Sinneswahrnehmungen, aber auch über Krankheit und Tod. Sein Repertoire an Schreibstilen und literarischen Genres reicht von autobiografischen Schriften und Memoiren über klassische Ethnografien, Essays, bis hin zu Romanen und zahlreichen journalistischen Blog-Einträgen, weil es eben nicht *die* eine Form gibt, über menschliches Erleben und Erkennen zu schreiben. All seinen Texten gemein ist, dass Stoller nicht abstrakt über Themen und Zusammenhänge schreibt, sondern seine eigenen Erlebnisse und Wahrnehmungen, zumeist basierend auf seinen ethnologischen Feldforschungen in Westafrika und New York City, als Ausgangspunkt des Erzählten nimmt.

Mit *Im Schatten der Zauberei* liegt nun erstmals ein Text von Paul Stoller in deutscher Übersetzung vor. Gemeinsam verfasst mit seiner damaligen Frau und Forschungspartnerin, der Soziologin Cheryl Olkes, erzählt der Text von Stollers jungen Jahren als »Zauberlehrling« bei den Songhai in der Republik Niger (1976–1984). Als Autobiografie im Stil eines Memoirs wird die schrittweise Initiation in die Welt der Magie und Hexerei beschrieben, bei der der Ethnologe selbst zum Protagonisten wird. Erzählt in der ersten Person Singular, ist der Text trotz des zunächst vielleicht befremdlich anmutenden Themas zugänglich geschrieben und nicht im Geringsten esoterisch. Die Leserinnen und Leser erkunden gemeinsam mit Stoller die Kosmologie der Songhai und lernen durch seine Augen eine (unsichtbare) Welt kennen, die von zahlreichen Geistern, Gottheiten und Hexen bevölkert ist und durch magische Praktiken und Zauberei zusammengehalten wird. Sie werden mit Situationen konfrontiert, die nicht immer plausibel oder logisch erscheinen und sich, schenkt man Stollers Berichten Glauben, nicht restlos erklären lassen. Dabei geht es ihm und Olkes aber nie darum, eine westliche Leserschaft belehren oder gar bekehren zu wollen, sondern es handelt sich vielmehr um eine Einladung, Einblicke in eine gänzlich fremde Lebens- und Vorstellungswelt zu bekommen, deren Regeln und Gesetzmäßigkeiten man – wie übrigens der Ethnologe selbst auch – nie ganz verstehen können wird.

Schon die beiden Epigrafe, die dem Buch vorangestellt sind, verweisen auf den Anspruch, beiden Welten gerecht zu werden – sowohl der Welt der Zauberer, Hexen und Magier in Niger als auch der des westlichen Wissenschaftsglaubens. Indem Stoller und Olkes ein Songhai-Sprichwort und ein Wittgenstein-Zitat nebeneinanderstellen, wird klar, dass hier zwei Wirklichkeiten gleichberechtigt zueinander sprechen und in einen Dialog treten sollen. Wie in einem Theaterstück werden die zentralen Figuren vorab namentlich und anhand ihrer Rollen vorgestellt. Das ist etwas für einen ethnologischen Text, auch wenn er autobiografisch angelegt ist, sehr Ungewöhnliches, denn es impliziert indirekt den fiktionalen oder emblematischen Gehalt der Charaktere. Damit meinen Stoller und Olkes aber nicht, dass die erzählten Geschichten erfunden oder austauschbar wären. Vielmehr erleichtert die Aufstellung die Ein- und Zuordnung der vielen neuen Namen und verweist darauf, dass es in dem Text nicht primär um Wissensvermittlung, sondern um die Begegnungen mit Individuen geht, die alle eine bestimmte Rolle innerhalb eines sozialen und spirituellen Gefüges innehaben.

Eine der wichtigsten Figuren neben Stoller als Erzähler ist dessen langjähriger Lehrer Adamu Jenitongo. Wie eine Vaterfigur führt Jenitongo seinen »Zauberlehrling« an die Geheimnisse der Zauberei und Kräutermedizin der Songhai heran, aber verschweigt ihm auch immer wieder Informationen und besondere Zaubersprüche, für deren mächtige Effekte er ihn noch nicht bereit hält. Er bildet Stoller zu seinem Nachfolger aus, obwohl (oder vielleicht auch weil) dieser immer wieder mit seiner Rolle hadert und selbst nicht so recht an viele der magischen Praktiken oder Substanzen zu glauben scheint. Aber er erweist sich als wissbegieriger Schüler, der die Zeichen der unsichtbaren Welt schrittweise zu deuten und selbst zu manipulieren lernt.

Mir selbst ist Paul Stoller zuerst als ausgewiesener Kenner des bekannten französischen Dokumentarfilmers Jean Rouch (1917–2004) begegnet. Noch bevor Rouch zu einem der Wegbereiter der französischen Avantgarde wurde, hatte er seit den frühen 1950er-Jahren als Ethnologe bei den Songhai im Niger geforscht und gefilmt. Stoller war sehr von Jean Rouchs unkonventioneller Denk- und Arbeitsweise beeinflusst, mit der dieser die Protagonistinnen und Protagonisten seiner Filme selbst zu Wort kommen ließ und auch seine eigene Rolle in diesem Prozess mitreflektierte. Und tatsächlich bezeichnet Stoller Jean Rouch immer wieder als einen seiner beiden Mentoren, der, neben Adamu Jenitongo, sein Denken bis heute bestimme. Alles, was er schreibe, so sagte Stoller einmal, fuße auf der Grundlage des Wissens und Handelns von Rouch und Jenitongo und geschehe in deren Andenken, auch wenn sein eigener Weg ein anderer gewesen sei. Schlussendlich ist er nicht selbst Zauberer und auch nicht Filmemacher geworden, sondern Wissenschaftler mit einem besonderen Talent zum Geschichtenerzählen. Anders als Jean Rouch erzählt er seine Geschichten nicht in Bildern oder filmischer Form, sondern anhand von Anekdoten und dichten Situationsbeschreibungen.

Aber Stoller ist alles andere als ein Mainstream-Ethnologe. Die Art und Weise, mit der er sich selbst und seine eigenen Reaktionen und Handlungen offenlegt und kritisch hinterfragt, ist ungewöhnlich radikal. Vor allem in der autobiografischen Erzählung *Stranger in the Village of the Sick. A Memoir of Cancer, Sorcery and Healing* (2005) über den Umgang mit seiner Krebserkrankung entwirft Stoller eine Chronik des eigenen Überlebens, die auf Elementen einer Auto-Ethnografie basiert. Er dokumentiert akribisch seine emotionalen Reaktionen, als nach fünfzig Jahren bester Gesundheit plötzlich ein Lymphom bei ihm diagnostiziert wird, und schildert, wie er lernt, mit dieser letztlich unheilbaren, aber nicht unmittelbar tödlichen Krankheit zu leben. Der persönliche Zugang und die Schonungslosigkeit der Schilderungen haben einen seltsam tröstlichen Effekt.

Das Leben mit der Krankheit spielt auch eine zentrale Rolle in dem Buch *Yaya's Story. The Quest for Well-Being in the World* (2014), in dem Stoller Memoir, Ethnografie und philosophische Betrachtungen kombiniert. Hier verschränkt er die Geschichten zweier Lebenswege: zum einen die von Yaya Harouna, einem Songhai-Händler, den es nach New York verschlagen hat, und zum anderen seine eigene. Er kontrastiert die beiden Biografien, die unterschiedlicher kaum sein könnten, bis zu dem Punkt, als sich ihre Wege in Harlem kreuzen und beide durch ihren Kampf gegen den Krebs in einer Art existenzieller Konvergenz zusammengebracht werden. Der Umgang mit der schweren Krankheit, der diese ungewöhnliche Freundschaft bestimmt, und das gemeinsame Streben nach Gesundheit und Wohlbefinden werden für Stoller zum Material für eine poetische Parabel über menschliche Widerstandskraft.

Mit seinem jüngsten Roman *The Sorcerer's Burden. The Ethnographic Saga of a Global Family* (2016) schließt sich der Kreis der teils biografisch-dokumentarischen, teils fiktionalen Erzählzyklen, der mit *Im Schatten der Zauberei* begonnen hatte. Auch hier beruft sich Stoller wieder auf seine mittlerweile fünfunddreißigjährige ethnografische Arbeit bei den Songhai in Niger und erzählt die fiktionalisierte Geschichte eines nigrischen Zauberlehrlings, der sein traditionelles Wissen in einer globalisierten Welt bewahrt und kreativ erneuert.

In allen seinen Texten erzählt Stoller von sich selbst, er bezieht öffentlich Stellung, eckt an und macht sich damit auch angreifbar. In aktuellen Publikationen, vor allem in Form von Blogs, positioniert er sich gegen Trumps Bildungs-, Gesundheits- und Migrationspolitik und die Neoliberalisierung der amerikanischen Universitäten und reflektiert kritisch über neue Technologien und soziale Medien. Mit seinen über siebzig Jahren ist er regelmäßiger Blogger bei der *Huffington Post* und in seinem aktuellsten Buch *Adventures in Blogging. Public Anthropology and Popular Media* (2018) macht er sich Gedanken über neue und populäre Formen des Publizierens, anhand derer akademisches Wissen für eine breite Öffentlichkeit zugänglich gemacht und strategisch sinnvoll in politische Debatten eingebracht werden kann.

Das Schreiben geht ihm aber nicht immer so leicht von der Hand, wie es in seinen Texten erscheinen mag. Denn hinter der vermeintlichen Leichtigkeit und Zugänglichkeit steckt ein hartes Ringen um den richtigen Ton, konzise Präzision und das richtige Format, die eine große Imaginationskraft und Faszination für das Andere, Fremde freisetzen sollen, ohne es zu exotisieren. Mit dieser Arbeits- und Schreibweise hat er Strömungen in der Ethnologie entscheidend mitgeprägt, die heute die aktuellen Debatten des Faches bestimmen. Schon in seiner Essaysammlung *The Taste of Ethnographic Things. The Senses in Anthropology* (1989), beispielsweise, hat er als einer der Ersten über die Bedeutung von Geräuschen, Gerüchen und Geschmack für das Erleben und kulturelle Bildung geschrieben und damit das Forschungsfeld der sogenannten »Anthropologie der Sinne« (*anthropology of the senses* oder *sensory ethnography*) mitbegründet.

Auch die sogenannte »Existenzethnologie« (*existential anthropology*), wie sie etwa von dem Harvard-Professor Michael D. Jackson, einem engen Freund Stollers, vertreten wird, ist stark von seinem humanistischen Zugang geprägt, der immer die Frage ins Zentrum stellt, wie Menschen versuchen, dem eigenen Leben Sinn zu geben.

Und schließlich sind seine Werke auch als Wegbereiter der sogenannten »ontologischen Wende« in der Ethnologie zu verstehen. Die Vertreter dieser Denkrichtung gehen von radikal unterschiedlichen Wirklichkeiten aus und lehnen auch ein modernes westliches Weltverständnis, das auf der Trennung von Natur und Kultur basiert, ab. Das bedeutet, dass sie die Vorstellung zurückweisen, dass wir alle in *einer* Welt leben und es lediglich unterschiedliche Blickweisen darauf gibt beziehungsweise Kausalitäten unterschiedlich bewertet oder interpretiert werden. Stattdessen gehen die Theoretikerinnen und Theoretiker der ontologischen Wende in der Ethnologie tatsächlich von einer Vielzahl von Welten (und Naturen) aus, in denen jeweils unterschiedliche Gesetzmäßigkeiten gelten. Nichtwestliche, aber auch nichtmenschliche Ontologien sollen dabei den gleichen Stellenwert einnehmen wie diejenigen Modelle über die Entstehung und das Wesen der Welt, die uns vertraut sind. Auch für Stoller gibt es parallel mehrere gültige »Seinsweisen«, die nicht zwangsläufig miteinander kompatibel sind. Aber das Problem der Übersetzbarkeit verschiedener

Ontologien stellt sich für Paul Stoller gar nicht, da er verschiedenste Ontologien oder formale Wissensmodelle – zum Beispiel Wissenschaftlichkeit und den Glauben an Zauberei – trotz ihrer vermeintlichen Widersprüchlichkeiten wertfrei nebeneinander stehen lassen kann.

Er selbst lässt sich auf keine eindeutige Schule innerhalb des Faches Ethnologie reduzieren, und genau das macht die Stärke seiner Texte aus. Im Mittelpunkt stehen nämlich nie Theorien oder abstrakte Hypothesen, sondern immer die Menschen, denen er auf seinen Reisen und Forschungen begegnet, und schließlich auch die Menschen, die seine Geschichten lesen.

»Lafia – Peace«. So unterschreibt Paul Stoller seine gesamte Korrespondenz, und diese Wünsche für ein friedfertiges Miteinander gelten allen seinen Leserinnen und Lesern überall auf der Welt.

Zu den Autoren

Paul Stoller, 1947 in Washington, D.C. geboren, hat an mehreren Universitäten unterrichtet und ist derzeit Professor für Anthropologie an der West Chester University, West Chester, Pennsylvania. Er hat ein Dutzend (wunderbare) Bücher und zahlreiche ethnologische Fachartikel veröffentlicht. *Im Schatten der Zauberer* aus dem Jahr 1987 ist sein erstes Buch und zugleich das erste, das auf Deutsch erscheint. Ethnografische Feldforschung betrieb Stoller vor allem in Westafrika und später in New York über westafrikanische Immigranten (*Urban Anthropology*). Er ist einer der angesehensten Afrikanisten seiner Generation, viele seiner Studien gelten mittlerweile als ethnologische Klassiker. Sowohl in den Vereinigte Staaten als auch in Europa wurde er mit zahlreichen Auszeichnungen bedacht.

Cheryl Olkes war seit ihrer Mitarbeit am vorliegenden Buch im fachethnologischen Bereich nicht mehr aktiv.

Zur Nachwortautorin

Michaela Schäuble studierte Vergleichende Literaturwissenschaft, Ethnologie und Empirische Kulturwissenschaft in Tübingen und an der Yale University (USA). Sie ist ausgebildete Dokumentarfilmerin und kuratiert regelmäßig Filmprogramme für Ausstellungen und Filmfestivals. 2009 wurde sie mit einer Arbeit über Nationalismus und Gewalterinnerung im Nachkriegskroatien promoviert. Seit 2014 ist sie Professorin für Sozialanthropologie mit Schwerpunkt Medienanthropologie an der Universität Bern. Aktuell forscht sie zu ekstatischen religiösen Kulten und Heiligenverehrung im Euro-mediterranen Raum sowie zu Trance und Inszenierung im ethnografischen Dokumentarfilm. Neuere Publikationen umfassen die Monografie *Narrating Victimhood: Gender, Religion, and the Making of Place in Post-War Croatia* (Berghahn Books 2014/2017) und den Online-Sammelband *Mining Imagination: Ethnographic Approaches Beyond the Written Word* (AnthroVision, 2016), https://journals.openedition.org/anthrovision/2322

Impressum

Deutsche Erstausgabe

ORIGINALAUSGABE: *In Sorcery's Shadow. A Memoir of Apprenticeship among the Songhay of Niger*
Erschienen bei The University of Chicago Press, Chicago, 1987

OffeneBibliothek Nr. 1

Alle Fotografien stammen vom Autor (© Paul Stoller) mit Ausnahme von Abb. S. 25 (Foto: Issifi Djibo) und Abb. S. 304 (Foto: Daouda Godji).

Zitat auf S. 5:
Ludwig Wittgenstein, *Philosophische Untersuchungen. Kritisch-genetische Edition*, hg. v. Joachim Schulte, Frankfurt a.M.: Suhrkamp/Wissenschaftliche Buchgesellschaft 2001 [1953], PU 426.

TEXT: Paul Stoller und Cheryl Olkes
ÜBERSETZUNG: Kristian Lutze, Köln
LEKTORAT: Constanze Wirsing und Andreas Hemming, Halle/Saale
KORREKTORAT: Martin Thorn und Asta Machat
GESTALTUNG: Silke Fahnert und Uwe Koch, Köln
PROJEKTMANAGEMENT: Akademischer Verlagsservice Gunnar Musan
DRUCK UND BINDUNG: Memminger MedienCentrum
Printed in Germany

ISBN 978-3-905799-54-5